比较

总第139辑

2025年第4辑

COMPARATIVE STUDIES

吴敬琏 主编

中信出版集团 | 北京

比较

COMPARATIVE STUDIES

主管 中信集团

主办 中信出版集团股份有限公司

出版 中信出版集团股份有限公司

主编 吴敬琏

副主编 肖梦 吴素萍

编辑部主任 孟凡玲

编辑 马媛媛 王艺璇 安明瑜

封面设计 李晓军 / **美编** 杨爱华

发行总监 周广宇

独家代理：财新传媒有限公司

电话：（8610）85905000 **传真：**（8610）85905288

广告热线：（8610）85905088 85905099 **传真：**（8610）85905101

电邮：ad@ caixin. com

邮发代号：16-1509

订阅及客服热线：400-696-0110 **传真：**（8610）85905190

订阅电邮：circ@ caixin. com **客服电邮：**service@ caixin. com

地址：北京市朝阳区工体北路 8 号三里屯 SOHO 办公楼 E 座 7－8 层（**邮编：**100027）

2025 年《比较》的出版得到了上海汇智经济学与管理学发展基金会的资助。

目　录

Contents

第139辑

统一增长理论

国民财富的增长与不平等的起源

奥戴德·盖勒

1. 引言

自智人于大约30万年前出现在非洲以来，从停滞时代向持续经济增长时代转型是历史上最重大的变革事件之一。世界各地人们的生活水平曾经在数千年里基本止步不前，但是到最近两个世纪却发生了深刻的质变：全球人类预期寿命翻了一番以上，人均收入跃升了近14倍（见图1）。人类生活的核心驱动力——之前与其他物种并无差别，着眼于生存和繁殖——也随之出现急剧演化，由此改变了世界各地的生活品质。

然而，这一转型在全球范围的展开并不整齐划一。当经济繁荣在最近几个世纪蓬勃兴起时，初期只发生在少数几个地区，因而带来了人类特有的第二个重大变革：不同社会之间出现了巨大的不平等。西欧国家及其部分旁支国家的生活条件在19世纪得到大幅改善，而大部分其他地区直至20世纪下半叶才迎来类似的起飞，导致全球各地的发展水平呈现极大差异（见图2）。

---

* Oded Galor，美国布朗大学经济学Herbert H. Goldberger讲席教授，统一增长理论创始人，致力于寻找人类社会演化整体过程的共同特点，探索经济发展的深层决定因素。他的研究跨越经济学、历史学、人类学、社会学、生物学等多个学科，在广泛的社会科学领域产生了深远影响。著有《人类之旅》（中信出版集团，2023）等。原文“Unified Growth Theory：Roots of Growth and Inequality in the Wealth of Nations”发表于*The Annual Review of Economics*，2015（17）：197－216（https：//doi.org/10.1146/annurev-economics-090324-034939）。

** 作者感谢主编拉里·萨缪尔森（Larry Samuelson）的宝贵评论。

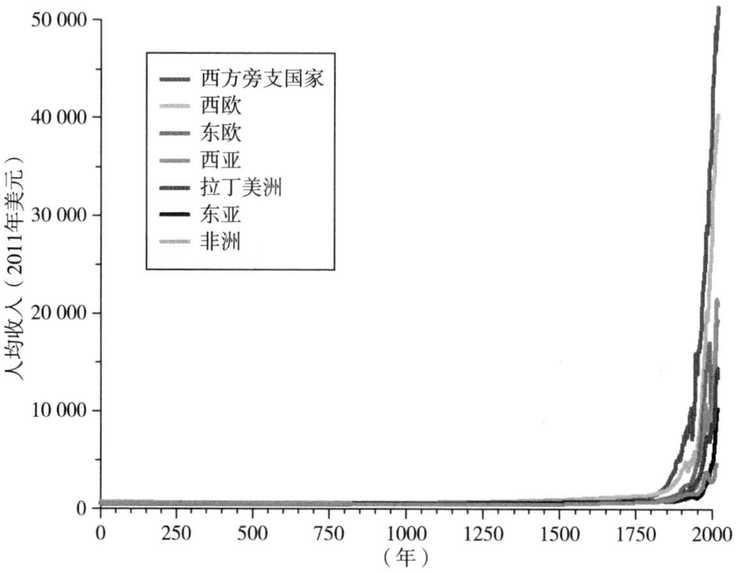

图1　增长之谜

注：该图显示，世界各地的人均收入水平在数千年近乎停滞状态之后，于过去两个世纪急剧提高。图中曲线是根据 Maddison Project Database 在 2010 年、2013 年和 2018 年发布的数据推算得到。

资料来源：https：//www.rug.nl/ggdc/historicaldevelopment/maddison/，以及 Bolt and van Zanden（2014），Bolt et al.(2018)。

在智人出现后占据人类历史绝大多数时间的经济冰封期过去后，最近两个世纪的生活水平突然爆发式提高，这一增长之谜该如何解释？同一时期，各国的财富水平走向分化，不同区域的差距显著扩大，这一不平等之谜又该如何解释？

社会福利水平提高与全球不平等加剧主要源于不同社会从停滞走向增长发生时间的差异，而非它们在现代增长阶段（modern growth regime）的增长轨迹不同。人类历史进程中持续运转的若干深层因素影响了这一转型发生的时间，并对经济繁荣的巨大跃升以及不同国家的差距拉大起到了关键作用。

2. 统一增长理论

2.1　哲学基础

传统增长模型曾帮助我们理解要素积累和技术进步在增长过程中的作用，

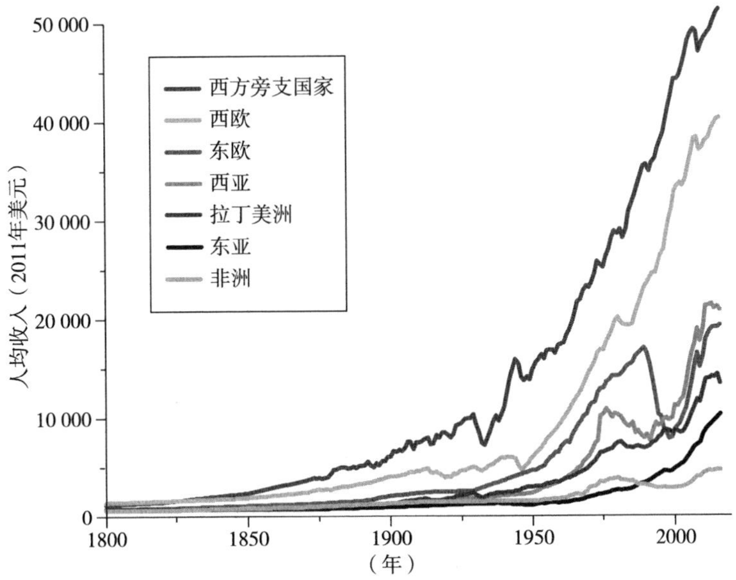

图 2　不平等之谜

注：该图显示，世界各地的人均收入水平在过去两个世纪中出现严重分化。图中曲线是根据 Maddison Project Database 在 2010 年、2013 年和 2018 年发布的数据推算得到。

资料来源：https：//www. rug. nl/ggdc/historicaldevelopment/maddison/，以及 Bolt and van Zanden（2014），Bolt et al.（2018）。

尤其是对促进各国生活水平趋同的影响。①但由于只关注现代增长阶段，传统模型对增长之谜和不平等之谜的解释力受到了限制。具体来说，该理论基本上忽略了触发从停滞走向持续增长的力量，以及人口状况在历史上扮演的角色，而这些内容是我们理解增长进程与国家之间不平等起源的关键所在。②

鉴于大量证据表明历史因素和史前因素对发展进程具有深远影响，增长理论过度关注现代增长阶段的做法已变得越来越不合理。显然，只要增长理论继续依靠互不相关的独立模型去分别描述停滞时代与现代增长阶段之间的发展过

① 早期增长理论的开创性著作包括：Solow（1956），Lucas（1988），Romer（1990），Grossman and Helpman（1991），以及 Aghion and Howitt（1992）等。这一理论体系的许多模型得出了发展水平趋同的核心结论，但初始条件也可能发挥显著作用，特别是在信贷市场不完善且存在非凸特征的情况下（Galor and Zeira，1993；Galor，1996）。

② 如果不考虑人口因素的影响，会导致理论预测不符合关键历史阶段的特征，包括：（1）在马尔萨斯时代，人口增长基本上抵消了资本积累和技术进步，使它们对人均收入的长期水平和增长率影响甚微；（2）在人口转型阶段，生育率下降对促进向现代增长转型具有决定性作用。

程，我们对于现代增长进程的认识就注定是不够完整的，而且有可能是扭曲的。

文艺复兴时期的天文学家哥白尼给人类的宇宙观带来了革命，他在科学研究中遇到过类似的挑战。哥白尼指出，若没有统一的理论来描述宇宙运行，科学知识就会变得碎片化和不完整，“这就好比一位艺术家，从不同模特那里搜罗来手部、脚部、头部和身体其他部位的图像，每个部分都画得非常出色，但由于并非来自同一人体，彼此不匹配，结果画出来的是一个怪物，而非人体”（转引自 Kuhn，1957，p. 137）。

无独有偶，最近几十年来，物理学家竭力创建一个“万物理论”，意指把量子力学与爱因斯坦的广义相对论结合起来，可以统一解释宇宙中全部物理现象的理论框架，涵盖引力、电磁力、弱核力和强核力等所有相互作用。这种追求源自如下信念，即对宇宙物理层面的全面理解必须以能够解释所有已知物理现象的单一理论作为基础。

统一增长理论（Unified Growth Theory）的发展源自相似的信念：若增长理论不能涵盖贯穿人类整个发展进程的主要驱动因素，人们对经济发展主要动力的理解将始终是不完整和脆弱的。该理论的兴起是因为我们认识到，碎片化的经济增长理论，即把现代经济增长时代与停滞时代当作彼此独立的现象而非统一过程的相互连接的部分，本质上不足以解释塑造当前增长进程与世界各国巨大差异的总体历史因素。

统一增长理论试图迎接这些艰巨挑战，为覆盖人类全部历史的社会演化提供统一的理论分析框架，把历史上的增长驱动力与当代的繁荣和不平等联系起来（Galor，2005，2010，2011，2022）。该理论揭示了影响我们星球上所有地区人类之旅的普遍的“变革之轮”，发现并追踪是哪些作用力把人类束缚在维持基本生存状态，最终又触发了从停滞时代迈向持续增长时代的伟大转型，以及由此导致各国财富水平的巨大差距。

借助这一新颖的综合性框架，该理论能够展示整个历史进程中的内生技术进步、人口规模与结构，以及人均收入的发展状况。它将发展进程的若干核心特征纳入单一的分析框架，其中包括：（1）人类历史绝大多数时期普遍经历的停滞时代；（2）逃离这一贫困陷阱，其标志是人均收入与人口数量激增；（3）人力资本开始成为经济增长的主要驱动力；（4）人口转型中促使生育率大幅下降的催化因素；（5）向持续经济增长时代转型；（6）各国富裕水平在最近两个世纪中的显著分化。③统一增长理论揭示了从停滞迈向增长这一伟大转型的主要经济驱动因素，并凸显了它们对于理解发达国家和欠发达国家当代增长进程的重要意义。此外，对于历史因素和史前因素如何影响世界不同地区人均收入水平在过去两个世纪的分化，该理论同样能带来深刻启发。

统一增长理论的独特力量在于，它能将复杂且往往混乱的历史潮流去粗取精，发现普遍支配世界各个地区人类发展旅程的最基本因素。人类的发展历史充满了吸引眼球的无数细枝末节：伟大文明的兴衰起落，传奇帝王的征伐成败，艺术家创造的文化瑰宝，思想家和科学家开拓的宇宙认知。我们很容易迷失在细节交织的海洋中，随波逐流，而对下方隐藏的洪流毫无察觉。

与之相反，统一增长理论探讨的是塑造人类旅程的基本力量，它揭示这些力量如何在漫长的经济冰封期持续发挥作用，在对人均收入水平影响甚微的同时逐渐积聚起势能。随着技术进步在工业革命中突破临界值，基础教育对适应快速变化的环境来说变得不可或缺。父母掌握的资源增加推动人口增长速度提高，但由于父母对子女的投资逐渐转向人力资本培育，技术进步的速率开始超越人口增长速度，使人均收入和人口的增长速度双双提升。最终，对人力资本的需求提高促使生育率急剧下降，把经济增长进程从人口膨胀的抵消效应中解放出来，为持久的经济富足铺平了道路。

这一理论并不是首次尝试对人类历史的核心驱动力做归纳描述。柏拉图、黑格尔和马克思等伟大思想家都认为，历史通常是按照无可回避的普遍规律来演进的，与不同社会为塑造自身命运而付出的努力无关（Popper，1945）。与他们相比，统一增长理论既没有假设人类社会将不可避免地走向乌托邦或反乌托邦，也不打算对这一进程的方向及其后果的合理性做道德评判，而是旨在构建一个尊重事实、基于科学和跨越学科界限的理论框架，以理解智人出现以来的社会演化进程。

---

③ 统一增长理论这个术语是我本人首先提出的（Galor，2005），从哲学视角来看，它是指把全部增长进程纳入单一框架的增长模型，其内容包括：（1）技术、人口和人均收入在人类全部历史上的内生演进过程；（2）马尔萨斯停滞时代；（3）走出马尔萨斯陷阱的内生转型过程；（4）人口转型的开启；（5）持续经济增长的出现。有些理论模型反映了整个增长进程的部分片段（例如 Fernandez-Villaverde，2001；Hazan and Berdugo，2002；Doepke，2004；Cervellati and Sunde，2005；Voigtländer and Voth，2006；Boucekkine et al.，2007；de la Croix and Licandro，2013；Dalgaard and Strulik，2015），还有些则依赖外生的人口变化趋势和技术进步轨迹（Hansen and Prescott，2002；Parente and Prescott，2005）以及外部冲击（Lagerlöf，2003）来提供解释。

2.2 不同的发展阶段

在人类历史上的大多数时候，发展进程被马尔萨斯规律主宰。技术进步和土地开垦导致出生率提高、死亡率下降，最终使人口和资源的增长比例失衡。不同社会在技术进步和土地生产率上的差异造成了人口密度的不同，但对生活水平仅有短期影响。④当然，规模更大的人群更可能出现能够开发新工具、新产品和新工艺的优秀人才（Simon，1977；Kremer，1993；Galor，2022），也可以产生更强大的创新需求（Boserup，1965）。此外，人口规模较大的社会还会因为劳动分工与相互交流的深化而受益，有利于新技术的快速推广。

人口与技术之间这一自我强化的反馈循环从人类诞生便已出现，并在大多数历史时期延续。技术进步让更多人口得以生存繁衍，人口规模扩大又刺激了更快的创新。不过在马尔萨斯时代，技术进步最终会被人口增长的效应抵消，导致人均收入长期徘徊在基本生存水平。

直至几个世纪之前，人类还常常过着一种“肮脏、野蛮和朝不保夕的生活”（Hobbes，1904，1651）。每四个新生儿中就有一个在满周岁前因为饥寒或疾病而夭折，女性经常在生产时死亡，预期寿命很少超过 40 岁。大多数人饮食贫乏单调，普遍不识字。在这些凄凉的现实之中，或许更令人感到惊恐的是经济危机不只意味着厉行节约，更经常导致饥荒泛滥与社会崩溃。

值得注意的一点是，当时绝大多数人的生活状况更接近于数千年之前的先祖，而非当今的后裔。15 世纪英格兰农民的生活状况与古代中国或玛雅的农夫非常接近，而且他们同古希腊牧民、古埃及农民，乃至新石器革命之初的耶利哥牧羊人也都相差无几。

很有些讽刺的是，正当马尔萨斯宣称这一“贫困陷阱”是人类永远无法逃脱的宿命之时（Malthus，2008，1798），他发现的基本作用机制已开始动摇，触发了从停滞走向增长的深刻转型。最近几个世纪以来，全球许多地区纷

④ 利用统一增长理论框架开展的实证分析为马尔萨斯作用过程与马尔萨斯停滞现象提供了支持，参考资料包括：（1）对公元 1—1500 年的跨国研究（Ashraf and Galor，2011）；（2）对公元 900—1870 年 17 个国家的时间序列数据分析；（3）对公元 1300—1800 年前工业化时代欧洲社会的定量分析；（4）对前工业化社会的国内案例研究，其中包括中国（Chen and Kung，2016），英国（Klemp，2012；Møller and Sharp，2014；Attar，2023），德国（Pfister and Fertig，2020），意大利（Fernihough，2013），西班牙（Chaney and Hornbeck，2016），瑞典（Lagerlöf，2015），以及丹麦、瑞典和挪威（Klemp and Møller，2016）等。

纷逃离马尔萨斯陷阱，生活水平有了巨大提高。人口增长率在人口转型中急剧下滑，破坏了马尔萨斯的作用机制，把经济增长从人口膨胀的反作用中解放出来。最终，技术进步与人力资本培育为持续经济增长时代的到来铺平了道路。然而，这一伟大进步是不平衡的，当财富水平在最近几个世纪中快速累积时，它在某些地区发生得比其他地区更早，于是造成了不同社会之间的严重不平等。

在这些深刻变化发生以后，若干根本性的谜题也随之浮现：是哪些基本因素造成了漫长的停滞时代？人类究竟是如何逃脱贫困陷阱的？既支配漫长经济冰封时代又使人类最终逃脱这一时代的那些力量，是否已彻底终结了停滞时代，并决定了如今全球不同地区生活水平的巨大差异？

统一增长理论揭示了导致马尔萨斯陷阱的核心力量，也阐释了最终使人类逃离束缚的机制。这一决定人类历史多数时候的漫长停滞时代，在背后受哪些基本因素支配？为什么前工业化时代的小规模技术进步时期未能激发持续的经济增长？为什么人口膨胀会蚕食技术进步带来的潜在人均收益？马尔萨斯时代的人口规模与结构转变对最终逃离贫困陷阱具有怎样的作用？

统一增长理论发现了从停滞转向增长的激发因素，破译了这场深刻转型背后的机制：是什么导致过去两个世纪的人均收入突然快速提高？用什么来解释人均收入与人口增速在人类历史上大多数时候保持的正向联系发生了明显的逆转？如果没有人口转型中的生育率大幅下降，走向持续经济增长的转型还能否发生？欠发达国家在追求持续增长方式的过程中面临哪些障碍？

此外，统一增长理论给我们提供了新的思路，以探讨发达地区与发展中地区的差距在过去两个世纪急剧扩大的根源：人类的各个社会是否受到它们形成时的历史和地理条件的内在制约？是哪些因素激发了某些国家从停滞到增长的急剧变化，而另一些国家依旧深陷长期停滞状态？为什么某些经济体发生人口转型的时间比其他经济体领先了一个多世纪？发达经济体走向持续经济增长的转型是否给更贫困地区的发展造成了不利影响？深层的制度、文化和社会因素在推动各国富裕水平分化的过程中发挥了怎样的作用？历史因素和史前因素是否给全球经济发展留下了持久的印迹？

2.3 难题及其解答

开发统一的理论分析框架，以反映不同的发展阶段，并允许不同发展机制之间的无缝内生转型，这要求在方法与观念上有不凡的创新。只有借助这些突破，才能够设计出一个可呈现如下变化的动态系统：（1）自发地逃离支配人类历史大多数时期的、在全球保持稳定的马尔萨斯均衡；（2）逆转父母掌握的资源与生育成功（reproductive success）之间的正向联系，使生育率显著下降，把经济增长进程从人口膨胀的抵消效应中解放出来。

2.3.1 逃离马尔萨斯陷阱的机制

在马尔萨斯时代，技术创新、领土扩张、制度变革或流行病等因素会造成人均收入偏离长期平均值，继而诱发强烈的人口反应，促使人均收入回归历史正常水平。那么，又是何种因素把人类推出了马尔萨斯均衡的边界？人类世界是如何逃离马尔萨斯的章鱼腕足和经济黑洞的掌控的？

在探寻从停滞向增长转型背后的催化剂时，有些人喜欢把工业革命视作一场外来冲击：将我们的世界突然推离马尔萨斯均衡的引力范围，进入现代经济增长的轨道。然而18—19世纪的记录表明，这一时期的生产率进步是逐渐实现的，而非突如其来的一次性飞跃（Crafts and Harley，1992）。在工业革命的前夕与早期阶段，技术进步是渐进发生的，并伴随着人口激增，人均收入则只有小幅提高。又过了近一个世纪，马尔萨斯的作用力才消失，人口增长放缓，为前所未见的经济起飞开辟了道路。

这一渐进却显著的转型提出了理论上的重大挑战。产生此类相变（phase transition）的最简单办法是，给带有多重局部稳定均衡特征的动态系统制造重大冲击，但这无法充分解释我们观察到的从停滞迈向增长的起飞现象。因此，关于经济增长的统一理论必须创建一个可以从马尔萨斯稳定（吸附性）均衡起步，实现量变到质变的动态系统。然而悖论的是，这与稳定均衡的本质似乎存在冲突，在稳定均衡中，起支配作用的引力会阻止渐进式逃离。

统一增长理论为解开人类社会如何逃离马尔萨斯稳定均衡这个谜题提供了理论框架。它的基本理念是，在多维的非线性动态系统中，当某个变量跨越临界值时，会触发系统的定性结构发生突然而深刻的变化，导致一种稳定均衡消失，被新的稳定均衡取代。⑤统一增长理论找出了在整个马尔萨斯时代积聚势能的基本力量，它们最终会达到临界值，一经跨越，马尔萨斯均衡的引力就会消失。正是这些力量使我们有可能逃脱持久稳定的均衡状态。

---

⑤ 分岔理论（bifurcation theory）表明，当某个参数跨越临界值时，可能引发非线性动态系统的质变，导致原先的稳定均衡消失，进入新的稳定均衡状态（Galor，1996，2007）。

技术进步与人口规模和结构之间彼此强化的相互作用贯穿人类历史，逐渐积聚起势能。在人类历史上的大多数时候，这一相互作用对人均收入水平的长期影响几乎可以忽略不计。但最终，随着技术进步速率在突破临界值后加快，教育成为适应技术快速演变的必要条件，这促使父母把部分稀缺资源配置给子女的教育。尽管技术进步提高了父母的收入，给生育率和人口增速的提升创造了空间，但父母将资源配置给子女的人力资本积累却使人口增速落后于技术进步的速度，由此开启了经济增长。⑥

当然，此时的人均收入增长在很大程度上仍受到人口膨胀的制约。直至生育率大幅下降，才把经济增长从人口膨胀的反向作用下彻底解放出来，为持续经济增长时代铺平道路。父母掌握的资源与生育成功之间存在正向联系，这一现象在其他物种中也清晰可见，那么，又是何种因素促使人类的生育规律发生了神奇的反转?

2.3.2　在收入提高的同时促使生育率下降

在后马尔萨斯增长阶段，技术进步给人类生育率带来了方向不一的复杂效应。收入提高放宽了基本生存状态下的消费约束，让家庭可以把更多资源用于养育子女，这属于收入效应。与此同时，适度培育人力资本的需要促使一部分资源被用于改善子女素质，这属于替代效应。在替代效应较弱时，收入效应占据主导地位，家庭养育子女的数量和素质都有所提升。

统一增长理论认为，人力资本对于适应快速变化的技术环境发挥着关键作用，这是一个有实证支持的重要观点，也是父母掌握的资源与生育成功的正向联系最终被逆转的原因。在工业化过程中，技术进步的持续加速显著提升了人力资本投资的回报，导致在提高收入水平的同时，替代效应占据了主导。于是，居民家庭不可避免地把更多资源转向子女素质的提升，促使生育率下降，收入水平与生育成功之间长期保持的正向联系终被逆转。⑦

---

⑥ 理论上，人们面临基本生存的消费约束，低于这个标准将无法继续存活。工资收入提高可以让父母用更少的时间解决生存问题，把更多时间用于养育子女，从而增加子女的数量。

⑦ 该模型假设人们的效用来自消费以及子女的数量和素质，这些都属于正常商品。子女素质提高会增加他们活到生育年龄的概率。人们面临一个基本生存的消费约束，低于此标准将无法存活。养育子女要耗费父母的时间。在马尔萨斯时代，收入水平提高会减少满足基本生存所需耗费的时间，让父母有时间养育更多子女。当社会逃离马尔萨斯陷阱时，技术进步推动收入提高，带来相互冲突的收入效应和替代效应。收入提高既会推高生育率，也会增加养育子女的机会成本，从而压低生育率。如果偏好是同质的，这两种效应会相互抵消，使子女数量和子女素质获得的总投资保持不变。但是随着技术进步加速，父母用于提升子女素质的时间会有更高的效益，促使更多投资转向子女素质，生育率也就相应下降。更详细的技术性论证可参阅 Galor（2011，ch. 5）。

3. 变革之轮

所谓的“变革之轮”包含哪些力量，它们在马尔萨斯时代持续发挥作用，最终使人类逃离贫困陷阱，让人力资本成为增长的主要驱动力，导致收入水平与生育成功的正向联系被逆转，并使人类的生活水平在过去两个世纪得以急剧提升？

这些力量在初期显得微妙而隐晦，却随着时间推移逐步积聚放大，就像是放置在稳火上的一壶水逐渐吸收热量的过程。起初，水面并无任何变化迹象，尽管温度渐渐升高，却依旧保持平稳，没有显而易见的影响。可这样的平静是假象，随着水分子吸收热量，它们之间的连接被削弱，运动速度加快。最终在达到临界温度后，水发生突然的相变，开始沸腾并汽化。

在过去两个世纪，人类经历了类似的相变过程。跟壶里的水从液态变成气态差不多，在数十万年经济停滞的表象之下发生着持续强化的进程，社会相变只是整个进程的高潮（见图3）。从停滞走向增长的转型可能显得剧烈而突然，实际情况也是如此，但驱动变革的基本力量从人类诞生之初便已开始运转，在漫长历史中逐渐积聚起势能。那么，促使这一相变剧烈爆发的又是何种因素？

图3　社会的相变

注：该图由 Ally Zhu 绘制。

3.1 人口规模与技术进步之间相互作用的强化

人口增长与技术进步之间的相互作用在历史上构成了一个自我强化的循环。从新石器革命到工业革命前夕的大约1.2万年中，技术进步使地球上的人口扩张了约400倍。反过来，更多的人口加快了创新步伐，推动人类从发展初期使用的石制工具跃迁到作为工业革命初期象征的蒸汽技术。

在前工业化时期，农业技术和种植方法的进步改善了人们的饮食和生活条件，通过提高生育率和降低死亡率，刺激人口增长。然而，随着可耕地日渐稀缺，人口膨胀会导致人均粮食份额减少，生活水平下滑，直至人均粮食份额回到原有水平才会稳定下来。所以，尽管技术进步能带来人口增加，却不会对人类的富裕水平产生持久影响。

当然，人口的大量增长仍深刻地塑造了各个社会和文明。当新石器革命在公元前1万年左右启动时，地球上大约生活着240万人。当罗马帝国和玛雅文明在公元1年前后达到全盛时，全球人口已增长78倍，接近1.88亿。又过了大约一千年，当维京海盗劫掠北欧，中国首次记录火药的运用时，全球人口已增至约2.95亿。到公元1500年，即哥伦布美洲探险的高峰期，全球人口已接近5亿。而随着19世纪的到来与工业化的启动，人类已处在跨越10亿人口大关的门槛。

从历史记录来看，人口规模对技术进步的影响在不同文化和地区中显而易见。肥沃新月地带等较早发生新石器革命的地区出现了规模最大的史前定居点，并在技术上保持领先。与之类似，有更适合农耕的土地以及随之而来的更稠密人口的地区，也更容易发展出先进技术（Diamond，1997）。

技术进步与人口规模在历史上彼此强化的联系加快了创新步伐，直至达到临界值，引发社会形态的变化。⑧而随着技术进步达到前所未有的速度，人力资本成为适应快速变化的经济环境的关键。对人力资本的需求增加，鼓励父母把有限的资源配置在数量更少的子女的教育上，由此造成的生育率下降缓解了人口膨胀的反向作用，为持续经济增长的出现开辟了道路。

技术进步与人口规模这两大变革之轮之间的相互作用是点燃人类社会发生

---

⑧ 在马尔萨斯时代与后马尔萨斯时代，人口与技术之间相互作用的强化有大量事件证据（Boserup，1965；Simon，1977；Kremer，1993；Galor，2022）以及时间序列数据分析（Madsen et al.，2010）的支持。

决定性相变的火花之一，助推我们逃离停滞时代（Galor and Weil，2000）。⑨

3.2 适应过程与技术进步之间相互作用的强化

人口结构与技术进步之间的相互作用构成了人类历史上另一个自我强化的循环过程。技术进步会不时缓解马尔萨斯时代的生存压力，此时不仅会带来人口数量的膨胀，也会改变其结构。代际遗传特征与不断变化的技术环境匹配较好的人可以获得更高的收入，这在马尔萨斯时代有助于取得更大的生育成功，使他们的遗传特征在群体中变得更为普遍。此类匹配特征逐渐占据优势，则会进一步刺激技术创新并导致人口结构的继续改变，最终促进从停滞向持续增长的转型。⑩

马尔萨斯式的生存环境促进了有利于增长的遗传特征和文化习俗的演化，包括重视人力资本投资的倾向、着眼于未来的心态以及创业开拓精神等（Galor and Moav，2002；Galor and Michalopoulos，2012；Galor and Özak，2016）。⑪此类特征会加速技术进步，创造彼此强化的循环作用，为根本改变人类的富裕程度奠定基础。

以上过程的缩影是父母对子女素质的态度发生了变化。新石器革命促进了劳动分工以及个人乃至社区之间的贸易联系，提高了人类交往的复杂度，也增加了人力资本的回报。对较为重视孩子素质的父母来说，他们的子女会获得更高的收入，从而在生育成功受资源数量正向影响的马尔萨斯时代拥有更多的后裔。于是，重视子女素质的倾向会获得演化优势，并日渐成为人口中的主流倾向。而随着这些特征日渐普遍，技术进步的速度又会继续得到加强，最终推动从停滞迈向增长的转型（Galor and Moav，2002）。⑫

---

⑨ 这一模型的量化分析可以参阅 Lagerlöf（2006）。

⑩ 有人或许会质疑，就我们对经济发展进程的解释而言，显著的演化过程能否发生得足够快。的确，像复杂器官的形成等演化过程相当漫长，可能需要数百万年的时间，但生物种群中的遗传特征的构成却可以很快发生变化。其中较为突出的包括新石器革命后对地方疾病的自然免疫力，这会提升人们对传染病的抵抗力；还有对各地食物来源的代谢能力，例如在驯养奶牛、山羊和绵羊的人群中出现的乳糖耐受力；某些人群对长期生活在高海拔地区的适应力等。此外，文化的演化速度可能会快得多（Galor，2022）。

⑪ 工业革命时期出现的经济激励进一步推动了创业精神的普及（Doepke and Zilibotti，2008）。

⑫ 事实上，近期对于古代 DNA（脱氧核糖核酸）的分析表明，自新石器革命以来，在西亚和欧洲的人群中，重视教育的倾向在过去 9 000 年中确实在逐渐加强（Akbari et al.，2024）。

在加拿大魁北克地区，1608—1800 年欧洲定居者留下的近 50 万后裔的大量家谱记录，为检验上述理论提供了独一无二的人口实验室。对初始定居者四代以上后裔的追踪研究展示了以下有趣图景：后裔人数最多的家族来自生育率适中的初始定居者，他们的子女人数不算太多，但对人力资本的投入相对更大。相反，生育率较高的初始定居者的家庭规模较大，但每个孩子得到的投资较少，在几代之后留下的后裔人数反而更少。这一证据表明，子女数量适中的家庭在经历几代之后，留下的后裔人数会更多，源于较小的家庭规模对每个孩子的生存、婚姻、文化教育和生育后代产生了积极的影响（Galor and Klemp，2019）。⑬

魁北克的初始定居者在这个高生育率时期面临的情况，至少在一个关键方面反映了人类散居在地球各地时的境遇：定居在人口承载能力远远超出初始人群规模的环境中。从这个证据中可以合理地推断，在马尔萨斯时代的高生育率时期，人口结构的变化更为迅速，人力资本投资倾向较高的个体的占比会逐渐提升。

因此，技术进步与人类适应性之间相互强化的联系贯穿人类历史，改变了人口结构，使有利于增长的遗传特征更加普遍。这一变化加速了创新步伐，直至达到引发相变的临界值。随着技术进步达到前所未有的速率，人力资本成为在变动的经济环境中生存的关键因素。对人力资本的需求提高促使父母们——不管他们之前对教育的态度如何——纷纷减少养育的子女数量，而把更多的资源投入人力资本积累。生育率由此下降，缓和了人口膨胀的抵消效应，为持续经济增长的突然出现铺平了道路。

技术进步与人类适应性这两大变革之轮之间的相互作用，是点燃社会剧烈相变的另一朵火花，推动人类逃离经济停滞状态，而无论人口规模如何（Galor and Moav，2002）。⑭

3.3 变革之轮转动中的地区差异

变革之轮支配了全球各地的人类在整个历史上的发展进程。技术创新促进了人口增长，推动了人口对变化的技术环境的适应调整。反过来，规模更大、

---

⑬ 来自英格兰 1541—1851 年的证据展示了类似情形：把更多资源配置在子女人力资本积累上的家庭，活到成年的后裔人数更多（de la Croix et al.，2019）。

⑭ 该模型的定量分析可参阅 Collins et al.（2014）。

适应性更强的人口提升了人类开发新技术和掌控周围环境的能力。这些因素相结合，刺激了社会形态的转变，把人类从马尔萨斯陷阱的持续拉扯中解放出来。转型释放出空前的创新浪潮，又鼓励了人力资本的培育，导致生育率下降以及生活水平大幅提高。

当然，技术进步与人口规模和结构之间的相互作用在不同社会中呈现显著差别。多方面的历史因素，包括制度、文化、地理和社会特征，以及殖民主义的遗产等，影响了这些自我强化的进程的速度，给现代增长阶段的出现勾勒出不同的时间线。尤其突出的是，能够保护财产权利、拥抱前瞻性思维、鼓励知识传播，并且具有更强贸易倾向的社会从停滞迈向增长的转型速度要快得多（Galor，2010，2011，2022）。

在相互依存日益加深的世界中，不平衡的发展态势进一步加剧。特别是殖民时代的贸易发挥了关键作用，影响不同国家人口转型发生的时间、全球的人口分布以及各国人均收入差距的拉大（Galor and Mountford，2006，2008）。国际贸易扩张促使工业化经济体专注于技能密集型产品的生产，由此带来的对技能劳动力的需求让人力资本投入继续增加，加快了这些经济体的人口转型以及向现代增长阶段的转化。与此相反，国际贸易鼓励非工业化经济体专注于劳动密集型初级产品的生产，导致这些地区对人力资本的需求较弱，不利于教育和技能的投资，迟滞了它们的人口转型，延长了它们陷在经济停滞中的时间。⑮

4. 利用统一增长理论重构人类历史

人类的发展旅程卓尔不凡，轨迹独一无二，与地球上其他物种的演化经历截然不同。让人类独辟蹊径的首要因素是大脑。我们这个物种面临的独特演化压力促使大脑的能力不断增强。依靠强大的认知能力以及社会合作和交流能力，人类逐渐发展出更先进的技术，提高了狩猎和采集的效率，以探索不同的栖息地，拓宽自己的物质基础。这一资源扩张刺激了人口增长，并给善于开发和利用新技术的个体带来生存优势。所谓的“技术人”（Homo technologicus）由此兴起：他们的双手善于制作狩猎武器和烹饪工具，进化后的臂膀适合投掷长矛，发达的头脑可以创造、策划、开展合作和完成复杂交易。

---

⑮ 有学者利用 223 个国家在 1962—2019 年的面板数据，展示了贸易对各国生育率和教育带来不同影响的证据（Ekanayake et al.，2023）。技术传播则是相互依存的世界中决定相对发展水平的另一个关键因素（Cervellati et al.，2023）。

数十万年以来，技术进步与人类适应性之间彼此强化的相互作用逐渐提高了人类在不断变化的环境中繁荣兴旺的能力。随着人类的繁盛和扩张，他们最终走出非洲，散布到全球各地，占据了新的生态位。他们学会了在严酷的气候条件下保护自己，在不同的栖息地打磨狩猎和采集技术，从而继续推动人口增长。

到大约1.2万年前，人类经历的首次重大转型——新石器革命——极大地改变了历史的走向。在短短几千年内，很大部分人口放弃了游牧生活方式，进入定居农业社会：耕种土地，饲养牛羊等牲畜，适应新的稳定环境。灌溉等创新以及耕作技术的改进使农业产量得到提高，可以养活更加密集的人口。人口规模扩张又促进了专业分工，催生了一个不需要参与食品生产的新阶级，这部分群体专职从事写作、艺术和科学探索等，推动更多的技术进步，并建立起持久的技术领先优势。

人类所处的环境景观逐渐改变：农场演化成村庄，村庄扩建为小镇，乃至有围墙保护的城市。城市中修建起壮丽的宫殿、庙宇和堡垒，精英群体盘踞其中，组建强悍的军队，发动血腥战争，去争夺土地、名望和权势。

在历史上的大多数时候，技术进步、人口增长与人类适应性之间的相互作用构成了自我强化的循环。技术进步促使人口膨胀，并推动社会特征对创新成果的适应调整。反过来，人口增长和社会适应性又拓展了创新者的群体数量，增加了对新技术的需求，进一步推动新的创造和适应。数千年来，正是这些基本力量把人类推向前方：技术在改善，人口在增长，社会在调整适应，推动各种文明持续进步。

不过，人类社会的一个基本方面即生活品质仍然没有多大改变。在历史上的大多数时候，技术进步并未给生活水平带来显著的长期改善。相反，技术进步与资源扩张主要推动了人口膨胀。面对不断增加的人口，技术进步的收益被稀释。尽管创新偶尔会带来短期的经济繁荣，它们最终仍会被人口增长抵消，使生活水平再度回到基本生存状态。在古代的中国、埃及、希腊、波斯和罗马，肥沃的土地与稳定的政治经常带来巨大的技术成就，随着新工具和新工艺的传播，生活水平暂时得到提高。但这样的改进总是短暂的。

最终，变革之轮的相互作用加速，这促使技术进步的速率越过了临界值。18—19世纪在欧洲北部兴起了工业革命，快速创新创造了对新型资源的需求，即劳动者在不断变化的技术场景中生存必需的知识和技能。⑯

受过教育的劳动者能够适应快速变化的技术环境，对他们的需求增加显著促进了人力资本形成。在制造业、贸易和服务业中，越来越多的职业要求能写会算以及各种机械技能，这给父母带来了投资子女教育的激励。而随着父母掌握的资源逐渐投向人力资本形成，人口增速开始落后于技术进步的速度，促使人均收入开始提高。最终，对人力资本的需求增加迫使父母大幅降低生育率，以便更多地投资于子女教育，人口大转型的特征就此展现（Galor and Weil，2000；Galor and Moav，2002；Galor and Mountford，2008）。⑰还有，预期寿命增加和儿童死亡率下降使教育回报的收获期得到延长，进一步加强了投资人力资本和降低生育率的激励（Galor and Weil，1999；Cervellati and Sunde，2005）。技术与技能的互补有利于缩小性别工资差距，这提高了养育子女的机会成本，也促使家庭规模继续缩小（Galor and Weil，1996）。上述力量共同引发了人口大转型，打破了经济增长与生育率之间长期存在的正向联系。⑱

生育率的显著下降把发展进程从人口膨胀的制衡压力下解放出来，让技术

---

⑯ 快速变化的技术背景对人力资本的影响是理解这一机制的核心，这方面的研究参见：Galor and Tsiddon（1997），Galor and Moav（2000），Hassler and Rodríguez-Mora（2000）。各种证据显示，在工业化早期阶段，技术与技能之间表现出明显的互补性，例如英国（De Pleijt et al.，2020）、法国（Squicciarini and Voigtländer，2015；Franck and Galor，2021，2022）和德国（Becker et al.，2011）推动了深刻的教育改革（Galor and Moav，2004，2006；Galor et al.，2009）。更广泛地说，许多研究表明受过教育的人在适应快速变化的技术环境方面拥有比较优势（Schultz，1975；Foster and Rosenzweig，1996）。还有证据显示，教育是英国在1270—2010年经济增长的主要驱动力（Madsen and Murtin，2017）。

⑰ 文化因素在推动生育率下降上发挥了关键作用（Spolaore and Wacziarg，2022）。法国的生育率在18世纪中叶开始下降（几乎领先其他西欧国家一个世纪），就被广泛归结为文化的影响（Blanc，2024）。当然，法国在1870年以后更显著的生育率下降则主要是由于技术加速带来的经济因素。

⑱ 在人口转型时期，人力资本回报率提高对生育率下降的作用是统一增长理论的一个基本要素。来自多个国家的坚实证据显示，在相应历史时期存在子女数量与素质的取舍关系，包括美国（Bleakley and Lange，2009；Ager and Cinnirella，2020），德国（Becker et al.，2010），法国（Murphy，2015；Bignon and García-Peñalosa，2021），爱尔兰（Fernihough，2017），中国（Shiue，2017），英国（Klemp and Weisdorf，2019）和尼日利亚（Okoye and Pongou，2024）。另外有跨国研究进一步证实，技术进步加速对子女数量和素质的取舍产生了影响（Galor and Mountford，2008；Vogl，2016；Madsen and Strulik，2023）。

进步的成果能带来持续的富足，而不限于短期收益。⑲随着劳动力队伍的技能提高和人力资本投资增加，技术进步得以继续加速，社会繁荣程度得以继续提升，实现了人均收入的持续增长。

过去两个世纪极具革命意义，从几乎所有可能想到的指标来看，人类的富裕水平都以史无前例的速度提高。全球人均收入增长了约 14 倍，预期寿命翻了一番以上。儿童高死亡率屡见不鲜的严酷世界让位于把失去一个孩子当作重大悲剧的富足时代。在数千年前的新石器革命的传播过程中，新技术从肥沃新月地带与长江流域的初始中心向四方辐射。与之相似，工业革命和人口转型最早从西欧起步，到 20 世纪已逐渐扩展到全球大片地区，让所经之处普遍实现了繁荣。

不过，就像壶中的某些水分子会比其他水分子更快变成蒸汽一样，全球各地的人类社会形态转变是在不同时间发生的，导致更早经历这一转型的国家与更久受制于停滞状态的国家之间出现了过去难以想象的巨大差距。

全球人类生活水平的改善既不算普遍，也非必然。长期存在的制度、文化、地理和社会特征，加上殖民主义的影响，导致各国从停滞迈向增长的转型步伐各不相同，相互之间的生活水平显著拉大。发生在关键节点的制度改革会让各国偶然走入迥异的路径，逐渐加深彼此间的不平等（North，1990；Acemoglu and Robinson，2012）。类似的是，有利于经济增长的文化习俗的传播并不平衡，也导致人类进步呈现许多不同的轨迹（Guiso et al.，2006；Tabellini，2010；Spolaore and Wacziarg，2013）。当然还有植根于遥远过去的深层因素，它们往往决定着文化习俗、政治制度和技术变革的兴衰，影响不同社会实现繁荣富足的能力。

肥沃的土地与适宜的气候等地理因素促使某些地区出现了有利于增长的制度、文化和语言特征，包括着眼于未来的心态、性别平等意识、社会合作精神等，还有相关的语言习惯和有效的国家能力。⑳与之相比，适合兴办大规模种植园的地区经常建立起不利于增长的攫取性政治和教育制度（Engerman and

---

⑲ 生育率下降对后来的增长进程与相对发展的核心作用来自有关的定量分析（Cervellati and Sunde，2015），并有 21 个发达经济体在 1820—2015 年的时间序列数据的支持（Madsen et al.，2020）。

⑳ 这些内容可参阅：Galor & Özak（2016）、Boserup（1970）、Alesina et al.（2013）、Talhelm et al.（2014）、Andersen et al.（2016）、Galor et al.（2025）、Mayshar et al.（2022）等。

Sokoloff，1997；Galor et al.，2009）。生物多样性促进人类向定居农业社会转型，影响新石器革命开启的时间，对前工业化时代的发展有所帮助（Diamond，1997）。但随着人类社会走向如今的全球化时代，由于农业比较优势带来的技术外溢作用有限，上述积极效应随之消失（Galor，2022）。最后，各个社会的人口多样性对经济繁荣程度以及各个社会内部和相互之间的不平等程度具有持久影响。适度的人口多样性对经济繁荣有利，便于平衡多样性给相互交流和创新带来的好处以及给社会团结制造的挑战（Ashraf and Galor，2013）。[21]

当然，历史不等于宿命。尽管地理和环境等自然因素不可避免地塑造了全球各地的相对发展进程，却未必会限制我们前进的道路。破解深层因素对发展进程的影响，可以助力我们制定有效的增长促进策略，减轻历史包袱的拖累。至关重要的是，要根据每个国家独特的历史和地理背景以及制度和文化遗产来量身定制，因为没有放之四海而皆准的政策。走向成功之路，必须直面由历史塑造的当代挑战，包括不平等、社会排斥、腐败和短视等，同时拆除制造和维持这些挑战的障碍。

5. 从人口爆炸到人口崩溃

过去两个世纪的人均收入提高让全球人口出现了史无前例的激增，在20世纪早期引发了灾难在即的担忧，认为食品供给将不足以支撑快速增加的人口（Ehrlich，1968）。然而，人口趋势在后续的巨大转变让大家的担忧转换了方向。随着全球一半以上国家的生育率下降到更替水平之下，人们对未来的忧虑颇为讽刺地变成了人口崩溃与社会衰败的景象。

统一增长理论认为，生育率在现代增长阶段初期提高，又在人口转型中急剧下滑，这是增长进程的内在特征之一。该理论还推测，生育率可能下降到持续低于更替水平，造成长期的人口下降趋势。

当然，这一劳动力减少、老年抚养比提高的趋势并不必然预示着社会崩溃。统一增长理论着重指出，生育率下降可以通过若干渠道带来生产率的显著提升，其中包括：（1）减缓由人口增长导致的资源和基础设施的稀释；（2）增加父母对子女教育的投资；（3）提高女性劳动参与率；（4）强化采用人工智能技术

---

[21] 有关内容可参阅：Arbatlı et al.（2020），Ashraf et al.（2021），Galor et al.（2023，2024）。

促进生产率提高的激励。尽管老年抚养比会因为生育率下降和预期寿命延长而提高，经生产率调整后的抚养比却可能下降，因为劳动年龄人口会得到更优质的教育，掌握更多的资源，并获得人工智能技术的助力。还有，人工智能推动的医疗技术进步会让老年人在传统退休年龄之后依旧保持生产力，进一步缓解萎缩的劳动力队伍面临的压力。

最关键的是，正如对社会崩溃的担忧可能被夸大一样，人口下降会妨碍技术进步的说法也可能不成立。人工智能的巨大潜力可以加速创新，哪怕是在人口减少的背景下。生育率下降确实会带来道德、哲学和经济上的挑战，却也会创造大量机会，让我们能维持生产率增长、提升全球范围的生活水平，以及减少人类对地球生态的负面影响。

在人工智能时代快速变化的技术环境中维持普遍的繁荣富足，需要战略性地投资于增强劳动力队伍的灵活性和韧性，充分利用人口多样性在适应力方面的优势，同时又能维护社会的和谐。

6. 结论

自智人在大约 30 万年前出现在非洲以来，人类走过了充满传奇的旅程。我们很容易在细节的汪洋大海中随波漂流，而对下方的宏大洋流一无所知。统一增长理论揭示了这些深层的趋势及其对人类进步的作用：大脑进化、新石器革命和工业革命、人力资本形成、人口大转型、从停滞到增长的起飞，以及各国财富水平的分化等。它为解密人类发展旅程提供了一条清晰的轴线，以探讨增长和不平等的起源，乃至人类物种的未来轨迹等。舍此之外，人类的发展史可能沦为单纯的重大事件列表或费解的文明兴衰杂记。

（余江　译）

参考文献

Acemoglu D，Robinson JA. 2012. *Why Nations Fail：The Origins of Power, Prosperity, and Poverty*. New York：Crown Currency.

Ager P，Cinnirella F. 2020. Froebel's gifts：how the kindergarten movement changed the American family. CESifo Work. Pap. 8504，CESifo，Munich，Ger.

Aghion P，Howitt P. 1992. A model of growth through creative destruction. *Econometrica* 60（2）：323 –51.

Akbari A，Barton AR，Gazal S，Li Z，Kariminejad M，et al. 2024. Pervasive findings of directional selection realize the promise of ancient DNA to elucidate human adaptation. bioRxiv 2024. 09. 14. 613021.

Alesina A, Giuliano P, Nunn N. 2013. On the origins of gender roles: women and the plough. *Quarterly Journal of Economics* 128 (2): 469 – 530.

Andersen TB, Dalgaard CJ, Selaya P. 2016. Climate and the emergence of global income differences. *Review of Economic Studies* 83 (4): 1334 – 63.

Arbatlı CE, Ashraf QH, Galor O, Klemp M. 2020. Diversity and conflict. *Econometrica* 88 (2): 727 – 97.

Ashraf Q, Galor O. 2011. Dynamics and stagnation in the Malthusian epoch. *American Economic Review* 101 (5): 2003 – 41.

Ashraf Q, Galor O. 2013. The "Out of Africa" hypothesis, human genetic diversity, and comparative economic development. *American Economic Review*. 103 (1): 1 – 46.

Ashraf QH, Galor O, Klemp M. 2021. The ancient origins of the wealth of nations. In *The Handbook of Historical Economics*, ed. A Bisin, G Federico, pp. 675 – 717. London: Academic.

Attar MA. 2023. Technology and survival in preindustrial England: a Malthusian view. *Journal of Population Economics* 36 (4): 2071 – 110.

Becker SO, Cinnirella F, Woessmann L. 2010. The trade-off between fertility and education: evidence from before the demographic transition. *Journal of Economic Growth* 15: 177 – 204.

Becker SO, Hornung E, Woessmann L. 2011. Education and catch-up in the industrial revolution. *American Economic Journal: Macroeconomics* 3 (3): 92 – 126.

Bignon V, García-Peñalosa C. 2021. The toll of tariffs: protectionism, education and fertility in late 19th century France. Working Papers. , Aix-Marseille Sch. Econ. , Marseille, France.

Blanc G. 2024. The cultural origins of the demographic transition in France. Lewis Lab Working Paper. 2024 – 02, Univ. Manchester, Manchester, UK.

Bleakley H, Lange F. 2009. Chronic disease burden and the interaction of education, fertility, and growth. *Review of Economics and Statistics* 91 (1): 52 – 65.

Bolt J, Van Zanden JL. 2014. The Maddison project: collaborative research on historical national accounts. *Economic History Review* 67 (3): 627 – 51.

Bolt J, Inklaar R, de Jong H, Van Zanden JL. 2018. Rebasing "Maddison": new income comparisons and the shape of long-run economic development. *VoxEU*, Jan. 25. https://cepr.org/voxeu/columns/rebasing-maddison-shape-long-run-economic-development.

Boserup E. 1965. *The Conditions of Agricultural Growth: The Economics of Agrarian Change Under Population Pressure*. London: Aldine Publ.

Boserup E. 1970. *Women's Role in Economic Development*. New York: St. Martin's Press.

Boucekkine R, De la Croix D, Peeters D. 2007. Early literacy achievements, population density, and the transition to modern growth. *Journal of European Economic Association* 5 (1): 183 – 226.

Cervellati M, Meyerheim G, Sunde U. 2023. The empirics of economic growth over time and across nations: a unified growth perspective. *Journal of Economic Growth* 28 (2): 173 – 224.

Cervellati M, Sunde U. 2005. Human capital formation, life expectancy, and the process of development. *American Economic Review* 95 (5): 1653 – 72.

Cervellati M, Sunde U. 2015. The economic and demographic transition, mortality, and comparative development. *American Economic Journal: Macroeconomics* 7 (3): 189 – 225.

Chaney E, Hornbeck R. 2016. Economic dynamics in the Malthusian era: evidence from the 1609 Spanish expulsion of the Moriscos. *Economic Journal* 126 (594): 1404 – 40.

Chen S, Kung JKS. 2016. Of maize and men: the effect of a new world crop on population and economic growth in China. *Journal of Economic Growth* 21: 71 – 99.

Collins J, Baer B, Weber EJ. 2014. Economic growth and evolution: parental preference for quality and quantity of offspring. *Macroeconomic Dynamics* 18 (8): 1773 – 96.

Crafts NFR, Harley CK. 1992. Output growth and the British industrial revolution: a restatement of the Crafts-Harley view. *Economic History Review* 45 (4): 703 – 30.

Dalgaard CJ, Strulik H. 2015. The physiological foundations of the wealth of nations. *Journal of Economic Growth* 20: 37 – 73.

De la Croix D, Licandro O. 2013. The child is father of the man: implications for the demographic transition. *Economic Journal* 123 (567): 236 – 61.

De la Croix D, Schneider EB, Weisdorf J. 2019. Childlessness, celibacy and net fertility in pre-industrial England: the middle-class evolutionary advantage. *Journal of Economic Growth* 24: 223 – 56.

De Pleijt A, Nuvolari A, Weisdorf J. 2020. Human capital formation during the first industrial revolution: evidence from the use of steam engines. *Journal of European Economic Association* 18 (2): 829 – 89.

Diamond J. 1997. *Guns, Germs, and Steel: The Fates of Human Societies.* New York: W. W. Norton.

Doepke M. 2004. Accounting for fertility decline during the transition to growth. *Journal of Economic Growth* 9: 347 – 83.

Doepke M, Zilibotti F. 2008. Occupational choice and the spirit of capitalism. *Quarterly Journal of Economics* 123 (2): 747 – 93.

Ehrlich PR. 1968. *The Population Bomb.* New York: Ballantine Books.

Ekanayake PNS, Madsen JB, Bharati T. 2023. Trade and economic growth: Does the sophistication of traded goods matter? *Journal of Economic Growth* 28 (4): 481 – 24.

Engerman SL, Sokoloff KL. 1997. Factor endowments, institutions, and differential paths of growth among New World economies: a view from economic historians of the United States. In *How Latin America Fell Behind*, ed. S Haber, pp. 260 – 306. Stanford, CA: Stanford Univ. Press.

Fernandez-Villaverde J. 2001. Was Malthus right? Economic growth and population dynamics. PIER Work. Pap. 01 – 046, Univ. Pa., Philadelphia.

Fernihough A. 2013. Malthusian dynamics in a diverging Europe: Northern Italy, 1650 – 1881. *Demography* 50 (1): 311 – 32.

Fernihough A. 2017. Human capital and the quantity-quality trade-off during the demographic transition. *Jorunal of Economic Growth* 22: 35 – 65.

Foster AD, Rosenzweig MR. 1996. Technical change and human-capital returns and investments: evidence from the green revolution. *American Economic Review* 86 (4): 931 – 53.

Franck R, Galor O. 2021. Flowers of evil? Industrialization and long run development. *Journal of Monetary Economics* 117: 108 – 28.

Franck R, Galor O. 2022. Technology-skill complementarity in early phases of industrialisation. *Economic Journal* 132 (642): 618 – 43.

Galor O. 1996. Convergence? Inferences from theoretical models. *Economic Journal* 106 (437): 1056 – 69.

Galor O. 2005. From stagnation to growth: Unified Growth Theory. In *Handbook of Economic Growth*, Vol. 1A, ed. P Aghion, SN Durlauf, pp. 171 – 293. Amsterdam: North-Holland.

Galor O. 2007. *Discrete Dynamical Systems.* Berlin: Springer Sci. Bus. Media.

Galor O. 2010. The 2008 Lawrence R. Klein lecture—Comparative economic development: insights from Unified Growth Theory. *International Economic Review* 51 (1): 1 – 44.

Galor O. 2011. *Unified Growth Theory.* Princeton, NJ: Princeton University Press.

Galor O. 2022. *The Journey of Humanity: A New History of Wealth and Inequality with Implications for Our*

Future. New York: Penguin.

Galor O, Klemp M. 2019. Human genealogy reveals a selective advantage to moderate fecundity. *Nature Ecology & Evolution* 3 (5): 853 – 57.

Galor O, Klemp M, Wainstock DC. 2023. Roots of inequality. NBER Work. Pap. 31580.

Galor O, Klemp M, Wainstock DC. 2024. Roots of cultural diversity. Working Papers. 17481, Institute of Labor Economics, Bonn, Germany.

Galor O, Michalopoulos S. 2012. Evolution and the growth process: natural selection of entrepreneurial traits. *Journal of Economic Theory* 147 (2): 759 – 80.

Galor O, Moav O. 2000. Ability-biased technological transition, wage inequality, and economic growth. *Quartlery Journal of Economics* 115 (2): 469 – 97.

Galor O, Moav O. 2002. Natural selection and the origin of economic growth. *Quartley Journal of Economics* 117 (4): 1133 – 91.

Galor O, Moav O. 2004. From physical to human capital accumulation: inequality and the process of development. *Review of Economic Studies* 71 (4): 1001 – 26.

Galor O, Moav O. 2006. Das Human-Kapital: a theory of the demise of the class structure. *Review of Economic Studies* 73 (1): 85 – 117.

Galor O, Moav O, Vollrath D. 2009. Inequality in landownership, the emergence of human-capital promoting institutions, and the great divergence. *Review of Economic Studies* 76 (1): 143 – 79.

Galor O, Mountford A. 2006. Trade and the great divergence: the family connection. *American Economic Review* 96 (2): 299 – 303.

Galor O, Mountford A. 2008. Trading population for productivity: theory and evidence. *Review of Economic Studies* 75 (4): 1143 – 79.

Galor O, Özak Ö. 2016. The agricultural origins of time preference. *American Economic Review* 106 (10): 3064 – 103.

Galor O, Özak Ö, Sarid A. 2025. Roots of cultural and linguistic traits. *Economic Journal* In press.

Galor O, Tsiddon D. 1997. Technological progress, mobility, and economic growth. *American Economic Review* 87 (3): 363 – 82.

Galor O, Weil DN. 1996. The gender gap, fertility, and growth. *American Economic Review* 86 (3): 374 – 87.

Galor O, Weil DN. 1999. From Malthusian stagnation to modern growth. *American Economic Review* 89 (2): 150 – 54.

Galor O, Weil DN. 2000. Population, technology, and growth: from Malthusian stagnation to the demographic transition and beyond. *American Economic Review* 90 (4): 806 – 28.

Galor O, Zeira J. 1993. Income distribution and macroeconomics. *Review of Economic Studies* 60 (1): 35 – 52.

Grossman GM, Helpman E. 1991. *Innovation and Growth in the Global Economy*. Cambridge, MA: MIT Press.

Guiso L, Sapienza P, Zingales L. 2006. Does culture affect economic outcomes? *Journal of Economic Perspectives* 20 (2): 23 – 48.

Hansen GD, Prescott EC. 2002. Malthus to Solow. *American Economic Review* 92 (4): 1205 – 17.

Hassler J, Rodríguez-Mora JV. 2000. Intelligence, social mobility, and growth. *American Economic Review* 90 (4): 888 – 908.

Hazan M, Berdugo B. 2002. Child labour, fertility, and economic growth. *Economic Journal* 112 (482): 810 – 28.

Hobbes T. 1904 (1651). *Leviathan: Or the Matter, Forme & Power of a Commonwealth, Ecclesiastical and Civil.* Cambridge, UK: Cambridge University Press.

Klemp MP. 2012. Prices, wages and fertility in pre-industrial England. *Cliometrica* 6: 63 – 77.

Klemp M, Møller NF. 2016. Post-Malthusian dynamics in pre-industrial Scandinavia. *Scandinavian Journal of Economics* 118 (4): 841 – 67.

Klemp M, Weisdorf J. 2019. Fecundity, fertility and the formation of human capital. *Economic Journal* 129 (618): 925 – 60.

Kremer M. 1993. Population growth and technological change: one million BC to 1990. *Quarterly Journal of Economics* 108 (3): 681 – 716.

Kuhn TS. 1957. *The Copernican Revolution: Planetary Astronomy in the Development of Western Thought.* Cambridge, MA: Harvard University Press.

Lagerlöf N. 2003. From Malthus to modern growth: the three regimes revisited. *International Economic Review* 44 (2): 755 – 77.

Lagerlöf NP. 2006. The Galor-Weil model revisited: a quantitative exercise. *Review of Economic Dynamics* 9 (1): 116 – 42.

Lagerlöf NP. 2015. Malthus in Sweden. *Scandinavian Journal of Economics* 117 (4): 1091 – 133.

Lagerlöf NP. 2019. Understanding per-capita income growth in preindustrial Europe. *International Economic Review* 60 (1): 219 – 40.

Lucas RE Jr. 1988. On the mechanics of economic development. *Journal of Monetary Economics* 22 (1): 3 – 42.

Madsen J, Strulik H. 2023. Testing unified growth theory: technological progress and the child quantity-quality tradeoff. *Quantative Economics* 14 (1): 235 – 75.

Madsen JB, Ang JB, Banerjee R. 2010. Four centuries of British economic growth: the roles of technology and population. *Journal of Economic Growth* 15: 263 – 90.

Madsen JB, Islam MR, Tang X. 2020. Was the post-1870 fertility transition a key contributor to growth in the West in the twentieth century? *Journal of Economic Growth* 25: 431 – 54.

Madsen JB, Murtin F. 2017. British economic growth since 1270: the role of education. *Journal of Economic Growth* 22: 229 – 72.

Madsen JB, Robertson PE, Ye L. 2019. Malthus was right: explaining a millennium of stagnation. *European Economic Review* 118: 51 – 68.

Malthus TR. 2008 (1798). *An Essay on the Principle of Population.* Oxford, UK: Oxford University Press.

Mayshar J, Moav O, Pascali L. 2022. The origin of the state: land productivity or appropriability? *Journal of Political Economy* 130 (4): 1091–44.

Møller NF, Sharp P. 2014. Malthus in cointegration space: evidence of a post-Malthusian pre-industrial England. *Journal of Economic Growth* 19: 105 – 40.

Murphy TE. 2015. Old habits die hard (sometimes): Can deípartement heterogeneity tell us something about the French fertility decline? *Journal of Economic Growth* 20: 177 – 222.

North DC. 1990. *Institutions, Institutional Change and Economic Performance.* Cambridge, UK: Cambridge University Press.

Okoye D, Pongou R. 2024. Missions, fertility transition, and the reversal of fortunes: evidence from border discontinuities in the emirates of Nigeria. *Journal of Economic Growth* 29 (2): 251 – 325.

Parente SL, Prescott EC. 2005. A unified theory of the evolution of international income levels. In *Handbook of Economic Growth*, Vol. 1B, ed. P Aghion, SN Durlauf, pp. 1371 – 416. Amsterdam: North-Holland.

Pfister U, Fertig G. 2020. From Malthusian disequilibrium to the post-Malthusian era: the evolution of the preventive and positive checks in Germany, 1730 – 1870. *Demography* 57（3）: 1145 – 70.

Popper K. 1945. *The Open Society and Its Enemies*. London: Routledge.

Romer PM. 1990. Endogenous technological change. *Journal of Political Economics* 98（5 Pt. 2）: S71 – 102.

Schultz TW. 1975. The value of the ability to deal with disequilibria. *Journal of Economic Literature* 13（3）: 827 – 46.

Shiue CH. 2017. Human capital and fertility in Chinese clans before modern growth. *Journal of Economic* Growth 22: 351 – 96.

Simon JL. 1977. *The Economics of Population Growth*. Princeton, NJ: Princeton Univ. Press.

Solow RM. 1956. A contribution to the theory of economic growth. *Quarterly Journal of Economics* 70（1）: 65 – 94.

Spolaore E, Wacziarg R. 2013. How deep are the roots of economic development? *Journal of Economic Literature* 51（2）: 325 – 69.

Spolaore E, Wacziarg R. 2022. Fertility and modernity. *Economic Journal* 132（642）: 796 – 833.

Squicciarini MP, Voigtländer N. 2015. Human capital and industrialization: evidence from the Age of Enlightenment. *Quarterly Journal of Economics* 130（4）: 1825 – 83.

Tabellini G. 2010. Culture and institutions: economic development in the regions of Europe. *Journal of European Economic Association* 8（4）: 677 – 716.

Talhelm T, Zhang X, Oishi S, Shimin C, Duan D, Lan X, Kitayama S. 2014. Large-scale psychological differences within China explained by rice versus wheat agriculture. *Science* 344（6184）: 603 – 8.

Vogl TS. 2016. Differential fertility, human capital, and development. *Review of Economic Studies* 83（1）: 365 – 401.

Voigtländer N, Voth HJ. 2006. Why England? Demographic factors, structural change and physical capital accumulation during the Industrial Revolution. *Journal of Economic Growth* 11: 319 – 61.

前沿

Guide

Comparative

产品市场竞争、创造性破坏与创新

瑞秋·格里菲斯　约翰·范里南

1. 引言

产品市场竞争是有利于创新和增长，还是会抑制对研发的激励？这是社会科学中最持久的问题之一，也正是对这个问题的回答，构成了阿吉翁和豪伊特思想（Aghion and Howitt，1992）的核心特征。阿吉翁和豪伊特将产业组织（Industrial Organization，IO）的关键要素纳入现代宏观增长模型。一些著名的发明家和企业家，比如，彼得·蒂尔（2014）认为，激烈的竞争会阻碍创新，进而通过降低创新的预期回报来抑制生产率增长。有许多人往往以为这一结论就是熊彼特（Schumpeter，1943）要告诉我们的主要信息，因为熊彼特曾经说过，竞争带来的静态效率收益（例如，更低的价格）会被动态效率损失抵消，因为当价格等于边际成本时，所有创新租金都会消失。与这一结论不同，竞争主管机构则通常认为竞争是有益的，不仅因为更低的价格带来的静态收益，而且因为竞争有利于创新，换言之，竞争能够鼓励新企业进入，并迫使在位企业创新（以继续保持对竞争对手的领先地位）。

正如我们将会看到的，也有不少理论预测竞争对创新既有积极影响，也有消极影响。经验证据也可以说“好坏参半”。既然如此，政策制定者是应该通

---

* Rachel Griffith，曼彻斯特大学经济学教授。John Van Reenen，伦敦经济学院罗纳德·科斯讲席教授，并担任 MIT（麻省理工学院）数字经济倡议研究员。本文摘自即将由中信出版集团出版的《创造性破坏经济学》一书。——编者注

过允许创新者拥有垄断势力来奖励成功的创新，还是应该通过强化市场施加给企业的竞争压力来推进前沿领域的创新？这两方面孰轻孰重？是不是必须做出非此即彼的取舍？又或者，这两类政策可以作为互补的机制来运用？

争论中反复出现的一个主题是，“竞争”可能有不同的含义。衡量市场竞争强度的各种可观察指标（如企业数量、集中度、价格—成本差率等），都是更深层基本要素的内生结果，后者如替代弹性（消费者偏好）和市场进入壁垒等。当然，这些基本要素本身也是可以通过商业策略、技术创新和政府政策来改变的。

本文的结构安排如下。第 2 节对上述议题进行思想史考察，然后引出阿吉翁和豪伊特提出的内生增长理论。第 3 节解释步进型创新（step-by-step innovation）模型的核心洞见，并阐述竞争与创新之间的倒 U 形关系。然后，接下来的第 4 节研究该方法在竞争政策、贸易政策和结构性产业组织模型中的一些应用。最后一节给出了我们的结论。

2. 思想史考察

2.1 理论基础

从斯密到阿罗—德布鲁

自亚当·斯密的《国富论》（Smith，1776）出版以来，经济学家普遍认为竞争是经济增长和繁荣的重要驱动力。标准的经济学模型，如阿罗—德布鲁的一般均衡模型（Arrow and Debreu，1954），通过将这一关于稀缺资源有效配置的结果形式化，推导出了福利经济学第一定理。

从资源有效配置这个观念出发，可以非常自然地延伸出一个问题，那就是，企业之间的资源错配是如何抑制总体生产率增长的。当不同企业的生产率水平存在差异时，例如，就像布鲁姆和范里南（Bloom and Van Reenen，2007）研究的，由于不同企业在管理能力上存在差异，更激烈的竞争会导致一个达尔文式过程，即低效率企业不断萎缩甚至破产，而高生产率企业则得以生存和发展。阻抑这一过程的市场摩擦通常会导致总体生产率降低。因此，资源错配就成了现代宏观经济学的一个核心问题（例如，Hsieh and Klenow，2009）。

除了企业之间的这种再配置效应，经济学家圈子内还流传着另一种潜在的“民间智慧”，那就是，竞争能够提高企业内部的生产效率。莱宾斯坦

（Leibenstein，1966）将这种思想称为“X 效率”，约翰·希克斯爵士（Sir John Hicks）则用一句俏皮话很好地概括了这一点：“垄断利润带来的最大好处是平静的生活。”对于这一思想，可以通过多种途径加以形式化，其中最简单的也许是承认企业通常不会最大化股东价值，因为企业所有者和经理人之间存在委托—代理问题。企业之所以会受制于委托—代理问题，是因为（通常很分散的）企业所有者不可能完全观察到管理层的努力和绩效，也不可能实施最优合同来促使管理层付出最优水平的努力。竞争可以促进管理层努力尽责，而且这不仅仅是因为 CEO（首席执行官）在面临激烈竞争时会更加害怕企业破产（Hart，1983；Schmidt，1997）。①

熊彼特

熊彼特（1943）强调了创新和企业家精神对资本主义的重要性。由于熊彼特对形式化的均衡模型持怀疑态度，所以他的贡献在最初很难融入现代经济学。熊彼特还强调，竞争会降低对创新的激励，其主要机制是竞争会减少创新者的事后利润。② 既然从事研发是有成本的，那么回报必定表现为某种暂时的利润优势。如果竞争马上就会将驱动创新的准租金降为零，例如，利润因为即时的创新扩散而消失，那么人们就不会有动力从事研发。或者，用现代经济学术语来说，研发（成果）的非竞争性和非排他性意味着，在一个分散的竞争经济中，研发必定是供给不足的。

政策制定者早就认识到了这个问题。专利制度之所以要授予创新者暂时的垄断权，正是为了让他们能够获得一定的收益流（这是对创新者公开发布专利让未来的发明家可以利用这些专利知识的回报）。经常有人呼吁，要废除授

---

① 另一种方式可能是通过管理层对其职业的关注和劳动力市场来提供激励，详见 Holmstrom（1982）的讨论。不过需要注意的是，管理层激励与产品市场竞争之间的关系其实是模糊不清的。对于这一点，Raith（2003）的模型阐述得最为清楚，该模型在霍特林竞争的背景下，利用消费者价格敏感性来衡量竞争强度。更激烈的竞争意味着管理层努力的边际增加会将更多市场份额转移到努力水平更高的企业手中，这就增强了对努力的激励，因为这与 CEO 的薪酬部分挂钩。但是，竞争同时意味着对于给定的努力水平，利润将会减少，从而产生相反的效果。这就是标准的权衡取舍：竞争降低了平均创新租金，同时也增加了研发努力的边际回报。

② 熊彼特还认为，竞争削弱了企业在研发上进行投资的能力，因为企业可投资的资金（资源）减少了。这需要假定金融市场存在不完全竞争。如若不然，一家企业如果有了一个可以盈利的创意，就可以直接从金融市场上借钱来为创新提供资金，或者允许风险资本家持有部分股权。后来，这个问题在 Arrow（1962）那里得到了进一步探讨，但由于篇幅所限，本文只关注产品市场摩擦。

予某个特定产品的专利，以恢复竞争（最近的一个例子是新冠疫苗和特效药）。如果我们可以忽略动态激励，那么最优政策就是以边际生产成本提供新药。但是这样一来，也就剥夺了研发带来的利润，那么新药从一开始就不会被研发出来。因此，废除知识产权显然会减少对创新的激励。③

阿罗

阿罗（Arrow，1962）的一个关键贡献是阐明了如何推翻如前所述的熊彼特的洞见。阿罗是通过比较垄断行业和完全竞争行业的创新激励做到这一点的。谁将在降低成本的研发上投入最多？经济行为主体的决策取决于对创新后和创新前利润的对比。阿罗假设，竞争性企业如果进行成功创新就会成为垄断者，因此创新后的租金在垄断和竞争两种情况下是相同的。但是根据定义，垄断者已在持续赚取创新前的租金，因此其新增利润将少于竞争对手，因此也就没有动力投资研发。

垄断者不愿通过创新来取代自己的租金流，这被称为“阿罗替代效应”，与熊彼特式激励正好相反。

2.2 20世纪90年代初的产业组织文献

到20世纪90年代初，产业组织文献开始将上面讨论的这些激励纳入正式模型，并创建了一些新的模型。其中一种处理方法是构建一个存在空间竞争的市场进入模型。该模型有两个阶段。在第一个阶段，企业决定是否进入，若进入，则要支付一定的沉没成本。在第二个阶段，参与产品市场上的博弈，即产品差异化会产生不完全的横向竞争，正如霍特林（Hotelling，1929）和萨洛普（Salop，1979）描述的那样。竞争取决于两个因素：（1）内生决定的企业数量，以及（2）产品的可替代性，而后者又取决于消费者的偏好（体现为实际运输成本或心理距离成本）。如果消费者开始意识到产品的可替代性更强（竞争加剧），那么市场上任何给定数量的企业的利润加成空间都会降低。如果我们把进入的总沉没成本视为研发投资，那么这种情况会导致市场吸引力降低，

③ 一些经济学家（例如，Boldrin and Levine，2009）认为，如果不设立专利权，也还有许多其他保护创新的方法（例如，保密、规定前置时间、留住关键研发人员等），而且专利权可能弊大于利。诚然，尽管如科恩等人（Cohen and Levin，1989）所述，这些机制都很重要，而且在某些行业比在其他行业更重要，但是我们还是怀疑是否需要全面废除专利制度。例如，很难相信如果没有专利制度，生物制药行业还能够蓬勃发展。

从而总研发也将降低。达斯古普塔和斯蒂格利茨（Dasgupta and Stiglitz，1980）用“事后竞争驱逐事前竞争”来描述这种效应，这就是熊彼特竞争效应的本质所在。④

吉尔伯特和纽伯里（Gilbert and Newbery，1982）则强调垄断者可能会进行更多创新的另一个原因。他们考虑的是非革命性创新的研发激励，所谓的“非革命性”是指，成功创新者的成本优势不足以在制定垄断价格的同时将其他所有企业赶出市场。他们比较了在位垄断者与新进入者在这种创新上的研发激励。阿罗替代效应将给予进入者最强的研发激励。然而，如果垄断者进行创新，他就可以继续充当垄断者。相反，如果进入者创新成功，他就可以进入市场并成为双寡头之一。由于双寡头垄断下的共同利润将低于垄断利润（除非存在完全共谋），所以垄断者将会在创新上投资更多。这种先发制人激励，就是吉尔伯特和纽伯里（1982）所说的（私人）效率效应（efficiency effect）。后来出现的几篇论文，将替代效应和效率效应纳入更一般的产业组织理论模型（Tirole，1989，第 8 章和第 10 章）。

2.3 内生增长理论

在 20 世纪 80 年代末和 90 年代初，经济学界一直将这些创新模型坚定地归入微观经济理论领域，对此雷因加努姆（Reinganum，1989）给出了很好的综述。阿吉翁和豪伊特（1992）发动的“革命”是将它们的一些洞见引入宏观增长模型。

早期的内生经济增长模型有一个问题：它们都预测竞争加剧会降低研发的回报，从而抑制创新。其中有一些模型，如罗默模型，对供给侧的设定相对简单，即假设具有恒定的替代偏好弹性和对称的企业垄断竞争。虽然这种模型设定能够简化分析，从而可以运用代表性行为主体方法，但是它没有考虑企业异质性、创造性破坏以及策略性竞争问题。竞争会阻碍创新的预测呼应了熊彼特

④ 需要注意的是，在这些模型中，通常会出现低效率的高研发水平。由于企业是通过“商业窃取”来争夺市场份额的，并且没有将竞争对手因进入市场的成本沉没而损失的利润内部化，因此实际上存在着低效率的高进入。在更一般的模型中，需要对这种商业窃取效应与研发的知识外部性进行权衡，而且经验数据表明，知识外部性是很大的。大多数实证研究也发现，知识溢出占据了主导地位，从社会的角度来看，这就意味着创新投资不足（例如，Bloom，Schankerman，and Van Reenen，2013）。

在早期的洞见，即竞争会降低企业通过投资沉没成本（比如研发成本、进入成本）可以获得的租金。阿吉翁—豪伊特模型中出现了同样的效应，但是他们这篇论文通过内生的创新将产业组织与经济增长联系起来，从而为后续丰富的实证和理论研究开辟了道路。

3. 理论与经验证据的互证

3.1 研究创新与市场结构之间关系的实证方法

最初的尝试

在最早的时候，经验证据都是基于对特定企业或行业的案例研究积累起来的。尽管这些数据对理论发展和直觉培养很有用，但是直到二战结束之后，实证研究领域才与整个经济学界一起转向更加系统的定量证据。舍雷尔是研究竞争与创新之间实证联系的先驱，他通过横截面分析发现市场集中度与专利申请活动之间存在正相关关系（Scherer，1965a，1965b）。科恩和莱文（1989）对这个领域早期的计量经济学文献进行了全面综述，他们得到的结论是，尽管有些因素，如技术方面的创新机会和权利方面的专属性（appropriability），对创新有非常明确的正面影响，但是对市场结构的作用却仍然非常模糊。

现代文献

在那之后，随着关于创新和市场结构的新面板数据（通过长期跟踪同一批企业而得到）、新计量经济学方法和更强大计算机的出现，对内生增长理论的预测加以考察的微观—实证文献大量涌现，这支迅速兴起的文献深受阿吉翁和豪伊特的开创性研究的影响。

布伦德尔、格里菲斯和范里南（1995，1999）的论文是最早运用企业层面创新面板数据来推进这支文献的研究之一。他们解决了两个相关的问题：是否可以把市场结构与创新之间的相关性解释为因果关系？如果这种关系是因果关系，那么为什么市场结构会使企业更具创新性？

他们发现了三个主要结果。首先，他们用于衡量全行业竞争强度的指标与创新有很强的正相关性（例如，对进口更加开放和/或市场集中度较低的行业拥有更多可直接衡量的创新和专利）。其次，在同一个行业内，拥有较高市场份额的企业往往更具创新性。这几位经济学家认为，这一点可以用高市场份额的企业有更强的创新激励来解释，就像吉尔伯特和纽伯里（1982）指出的那样。他们的第三个结果是，可以通过检验股票市场（作为企业价值的衡量指标）对创新事件的不同反应来检验这一假说。他们证明，上市公司创新成功或专利增加提高其股票市场价值，特别是当这些创新是“令人惊喜的创新”时，后来，科根等人（Kogan et al.，2017）在他们的事件研究中采用了这一思想。最重要的是，他们证明，对于已经拥有很高市场份额的企业来说，创新引发的价值增长幅度要大得多。

在布伦德尔、格里菲斯和范里南的研究中，一个关键组成部分是，收集企业层面新的创新面板数据并采用新的计量经济学方法：他们设计了一个固定效应估计量，它能够利用样本前（pre-sample）数据来控制动态计数数据模型中未观察到的异质性。

创新数据

这支文献的一个关键问题是如何衡量创新的产出。布伦德尔、格里菲斯和范里南使用由科学政策研究中心（Science Policy Research Unit，简称 SPRU）收集的已商业化的创新数据，并将它们与上市公司的会计数据联系起来。科学政策研究中心的数据是基于专家调查得出的。这些调查确定了自二战以来英国 4 000 多项“在技术上最重要、在商业上最成功”的创新，以及最早生产和使用这些创新的企业的名称（关于该数据集的具体情况，见 Pavitt et al.，1987）。这些数据提供了一个很长的时间序列，为关于创新的新兴实证研究的大量涌现创造了条件（Geroski，1995）。⑤ 此外，布伦德尔、格里菲斯和范里南则利用来自美国专利局更传统的专利数据进行了匹配。

除了全要素生产率（简称 TFP），衡量创新的其他主要指标还有专利数量和研发支出等。全要素生产率是衡量增长的一个“剩余指标”（residual measure），不能用其他因素来解释。这几个指标各有优缺点。

研发支出是一种创新投入，而不是创新产出。此外，研发支出通常只包含实验室中正式研发活动的费用，而不涉及不那么正式的创新探索活动的支出。再者，在许多国家，以及在许多时期，并没有要求企业必须披露其研发支出的强制性规定。例如，在 1990 年之前的英国，即便上市公司，一般也不会披露

⑤ 欧盟统计局（Eurostat）开展的社区创新调查（Community Innovation Survey，CIS）也试图对创新进行直接衡量。然而，那个调查中所提出的问题其实在很大程度上混淆了扩散（对企业来说是新的）与我们所定义的创新（对经济来说是新的），详见如下网页：https://ec.europa.eu/eurostat/web/microdata/Community-innovation-survey。

研发支出。在美国，也只有上市公司需要披露自己的研发情况，而非上市公司则不需要。在这方面，来自行政管理的数据要更好一些，尽管它们通常只是其中部分样本，并且研究人员往往很难获得访问权限（关于例外情况，请参阅 Dechezleprêtre et al.，即将出版；Rao，2016）。

专利申请量、创新数量和全要素生产率都是衡量创新产出的指标。就专利数量而言，它作为衡量创新的指标本身就具有非常高的异质性（Griliches，1990）：一项专利可能代表一项价值数十亿美元的全新技术，也可能只代表一项价值不大的对现有技术的微小增量改进。使用研发支出这个指标的优势在于，它是以美元衡量的，因此具有"自然价值"。为了解决专利估值问题，现在已经出现了多种多样的解决办法，包括被引加权（假设更有价值的专利更经常被引用）、专利家族规模（在更多的国家获得保护表明专利具有更大的价值）、续期状况和/或使用股票市场数据（例如，Pakes，1986；Kogan et al.，2017）。

全要素生产率是衡量技术进步的一个指标（因而也是衡量已实施创新活动的指标）。⑥ 然而，对大多数企业来说，全要素生产率的增长并没有推动技术前沿的发展，而只是反映了创新的扩散，这些得到扩散的创新对一些企业来说可能是全新的，但是对世界来说却不是。此外，全要素生产率也可能反映了技术以外的东西，如管理效率的提高。再者，采用全要素生产率来衡量创新，还需要假设全要素生产率总能得到很好的测算。然而实际上，在测量产出和投入方面都存在大量问题。例如，缺乏企业专属的产出价格测算方法意味着全要素生产率通常只能反映价格成本加成和技术效率（Hall，1988；Klette and Griliches，1996；de Loecker，2011）。投入价格和质量的错误测算也会导致偏差（Goldberg et al.，2016）。不过，尽管存在这些问题，近年来在改进全要素生产率测算和生产函数估计方面已经取得了巨大进展［参见 de Loecker and Syverson（2021）的综述］。全要素生产率的优势在于，理论上它可以用基数尺度来衡量，且与研发支出相比，它适用的企业范围更加广泛。

⑥ 全要素生产率反映了对各种技术的采用，这些技术有时是可以直接衡量的，例如，信息和通信技术、机器人、新药、人工智能等。由于"无形资本"方法将这些视为其他形式的资本，所以理论上说，可以通过永续盘存法以与有形资本相同的方式进行测算（详见 Haskel and Westlake，2017）。但是，这些测算其实主要是针对技术扩散而不是针对创新本身的。创新才是本文的重点。

创新的计量经济学分析

现代实证研究文献在解决一系列以往的实证挑战上都取得了进展。先前的研究主要使用横截面数据来分析创新与市场结构之间的相关性。然而，这种关系本质上是动态的和非线性的。一项成功的创新可能会导致企业成长和企业市场份额的增加（从而带来根本的内生性问题），同时市场份额的增长会改变企业创新的能力和动力。

布伦德尔、格里菲斯和范里南的贡献在于，他们将一种新方法引入对面板数据的计量经济学分析中，能够在上述动态反馈效应至关重要的情况下，估计具有固定效应的非线性计数数据模型。这一点至关重要，因为事实上，对创新的任何一种衡量方法，基本上都属于某种计数数据过程（例如，专利数量）。企业固定效应试图捕捉未被观察到的异质性，例如企业面临的差异巨大的技术机会和创新成果专属性条件。如果不能控制这些企业能力变量，就可能导致企业创新绩效与其市场地位之间的虚假相关性。在有了更丰富的面板数据后，研究人员就能够控制影响创新和企业绩效的其他可能导致混淆的企业和行业特征变量。政策变化和更好的计量经济学方法有助于经济学家识别竞争对创新的因果影响。这些都属于通常所说的“样本前均值缩放”方法（pre-sample mean scaling），它们在布伦德尔等人（Blundell et al.，2002）的研究中得到了进一步发展。

3.2 将理论和经验证据更紧密地联系在一起

到21世纪初，积累起来的经验证据更多了，但是它们在表面上似乎与理论文献相矛盾。产业组织理论（如Salop，1979）和内生增长理论（如Romer，1990；Aghion and Howitt，1992）的预测是，产品市场竞争加剧会降低市场进入和创新的回报，从而阻碍创新。然而，经验研究文献（如布伦德尔、格里菲斯和范里南的研究）则发现创新有正的净效应。此外，尽管一些理论研究也指向了这个方向（比如阿罗，他提出了替代效应），但是这些理论结果并没有被纳入内生增长的典型模型中。

倒U形模型：理论

为了将这些经验证据与内生增长的标准理论相协调，阿吉翁、布鲁姆、布伦德尔、格里菲斯和豪伊特（Aghion，Bloom，Blundell，Griffith，and Howitt，2005，以下简称“ABBGH”）构建了一个倒U形关系模型。他们的想法建立在哈里斯和维克斯（Harris and Vickers，1987）的基础之上，后者总结了竞争可以通过激励当前的技术领导者及其跟随者一同创新从而刺激创新的观点。这个观点与增长理论相融合，并在阿吉翁、哈里斯和维克斯等人的研究中得到进一步拓展（Aghion，Harris，and Vickers，1997；Aghion，Harris，Howitt，and Vickers，2001）。

哈里斯和维克斯（1987）的研究的新颖之处在于，他们假设领导者和跟随者的创新都是步进型的，也就是说，由于知识溢出等原因，创新者不可能领先落后企业太多。如果一家已经处于技术前沿的企业进行了创新，那么后来者就可以学习并复制领先者之前的技术。⑦

这个假设也就意味着，经济中存在着两种类型的行业：（1）平齐行业（leveled sectors）或"并驾齐驱"（neck-and-neck）行业，这类行业中两家企业在技术上相当；（2）非平齐行业（unleveled sectors），这类行业中领先者比其竞争对手领先一步。⑧ 这个模型意味着，创新激励不仅取决于创新后的租金（之前假设所有创新都由"外来者"完成的内生增长模型就是这样建模的），还取决于创新后租金和创新前租金之间的差异。当更强的竞争增加了创新带来的增量利润时，即当它使企业的创新前租金比创新后租金减少得更多时，竞争就能促进创新和增长。

在这个模型中，创新的作用是使企业能够逃避竞争，即在技术方面领先对手一步。当企业在相似的技术水平上运营时，这种为了逃避竞争而创新的激励可能是最强的：因为在这种情况下，企业有强烈的动机为抢占市场而竞争（competition for the market）以逃避在市场中竞争（competition in the market）。

相比之下，当创新是由使用更低劣技术的企业（落后企业）进行的时候，它们的创新前利润本身就很低，而且增强产品市场竞争对这种利润没有太大影响。这样一来，增强产品市场竞争减少了它们的创新后租金，从而形成一种租值耗散效应，这会阻碍它们进行创新。

---

⑦ 基本模型具有双寡头结构，但是可以将它进一步一般化，以便将跟随者视为一组企业。

⑧ 阿吉翁等人（Aghion et al.，2001）分析了更一般的情况，即领先者可以领先任意多步的情况。但是，在这种情况下，无法求得均衡研发水平和稳态产业结构的解析解。因此，在这种情况下不能在形式上证明所需的定性结果（例如，竞争与创新之间存在倒 U 形关系），也不能在形式上刻画竞争与技术差距分布之间的关系。不过，最近的研究通过数值模拟方法解决了这一缺陷（Aghion，Bergeaud，and Van Reenen，2021）。

因此，总的来说，竞争强度提高产生的结果可能是模棱两可的。这个模型既考虑了阿罗替代效应（逃避竞争效应），又考虑了经典的租值耗散效应（熊彼特效应）。之所以会出现倒U形，是因为竞争对手并驾齐驱的行业在经济中的占比本身就是内生的，而且取决于不同类型行业的均衡创新强度。当竞争强度（用消费者价格敏感性来衡量）较低时，相互竞争的在位者并驾齐驱的行业在经济中所占的均衡比例将会更大；因此，总体而言，逃避竞争效应更有可能压倒熊彼特效应。相比之下，当竞争非常激烈时，则熊彼特效应更有可能占据主导地位，因为在均衡时，由初始利润较低的落后企业进行创新的行业所占比例更大。

ABBGH将上述这些结果与竞争对均衡产业结构的影响相结合，证明了倒U形关系的存在，即如果初始竞争强度很低，那么竞争强度提高会导致平均创新速度加快；相反，如果初始竞争强度很高，那么竞争强度提高会导致平均创新速度减慢。

之所以会形成这样一种动态变化模式，是因为当竞争不太激烈时，并驾齐驱的企业从事创新的激励就会很低，整个行业只能缓慢地离开这种平齐状态（leveled state），且这种情况发生在并驾齐驱的企业中有一家进行创新的时候。当行业处于非平齐状态时，整体创新速度是最高的，此时行业很快就会离开非平齐状态（意味着落后的企业将会创新）。因此，行业大部分时间都将处于平齐状态，在这种状态下，逃避竞争效应将占据主导地位，而这就意味着如果从低竞争强度开始，竞争加剧应该会导致更快的平均创新速度。

相反，在初始竞争非常激烈的情况下，处于非平齐状态中的落后者进行创新的激励相对较小。因此，行业将会相对缓慢地离开非平齐状态。与此同时，处于平齐状态中的企业如果创新成功可获得较大的利润增量，创新激励相对较大，从而整个行业会相对较快地脱离平齐状态。因此，行业大部分时间将处于非平齐状态，这时熊彼特效应对落后者发挥作用，而领先者永远不创新。所以如果初始竞争强度很高，那么竞争加剧会导致平均创新速度变慢。

总而言之，当竞争强度较低时，逃避竞争效应占主导地位，而当竞争强度较高时，作用于落后者的熊彼特效应占主导地位，原因就在于竞争会对技术差距的跨行业稳态分布产生上述“结构效应”。

倒U形模型：证据

ABBGH通过对英国企业的专利数量与勒纳指数（行业层面的价格与边际

成本的偏离程度）之间的关系进行非参数估计，为上述理论预测提供了经验证据支持。他们同时使用二次曲线（exponential quadratic curve）和非参数样条回归（nonparament spline）拟合数据，给出了原始数据中的基本关系（见图1）。横轴是1减去勒纳指数，所以它是随竞争强度递增的。例如，0.9这个值表示价格与边际成本的偏离程度为10%，而该值为1时则表示价格等于边际成本（完全竞争）。这些都是基于年度行业观察值估计出来的。当行业竞争强度从0.87开始逐渐上升时，被引加权专利（cite-weighted patents）数量随之增加，但是最终稳定在0.95左右；然后，当竞争变得更激烈时，被引加权专利数量出现下降。

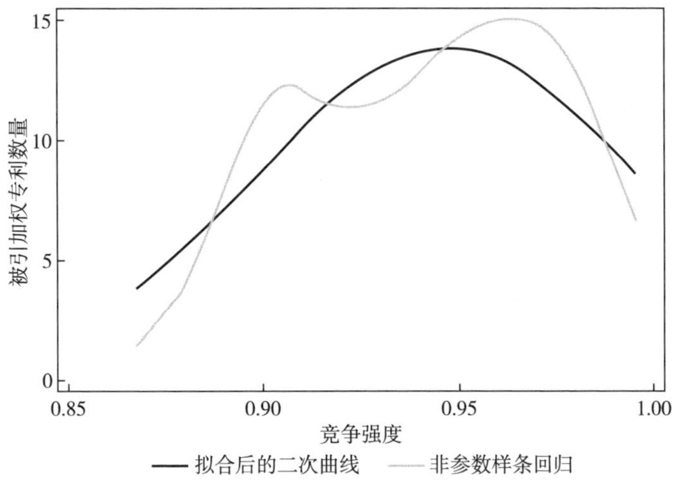

图1　经验上的倒U形关系

资料来源：经牛津大学出版社期刊部许可，根据 Aghion et al.（2005）论文中的图2重新绘制。

对于这种相关性关系，疑问之一是对市场势力的测度本身是否存在内生性问题。也就是说，这种相关性到底是代表了市场势力对创新的影响还是创新对市场势力的影响？为了解决这个问题，ABBGH用了三套政策（作为工具变量）来测算勒纳指数：（1）撒切尔时代的私有化，（2）欧盟的单一市场计划，以及（3）英国垄断和兼并委员会的调查，这种调查会导致对某个行业实施结构性或行为上的补救措施。由于它们都包括了行业和时间固定效应，所以通过这些工具变量可以利用不同行业发生政策变化的时间来确定竞争的影响。图1显示的原始数据中的基本关系支持这种扩展分析。此外，正如理论预测的那样，对于任何水平的产品市场竞争，竞争强度越高的行业都表现出了更高的创新活动水平，并且竞争强度越高的行业的倒 U 曲线越陡峭。这几位经济学家还证明了这些结果对其他可以替代的创新指标（如研发支出而不是专利数量）和竞争指标（如赫芬达尔指数而不是反勒纳指数）都有很高的稳健性。我们将在下文第 4. 1 节讨论这些发现的一些政策含义。

对倒 U 形曲线模型的直接扩展

ABBGH 的研究催生了一系列后续研究，这些文献提出了多个或互补或矛盾的理论模型，而且既为倒 U 形曲线模型提供了实证支持，也给出了一些质疑这种关系的稳健性的证据。

在对该方法进行直接扩展的一系列论文中，有一篇是阿吉翁等人（Aghion et al. , 2009）的文章，他们研究了作为一种竞争形式的外国企业进入的影响，结果证明这种进入对国内在位企业的影响取决于企业之间的技术差距。阿吉翁等人（Aghion et al. , 2008）、格里菲斯和麦卡特尼（Griffith and McCartney, 2014）则考虑了劳动力市场制度的缓解作用。春山（Haruyama，2006）提出了另外三个原因，补充了 ABBGH 的研究并强化了倒 U 形曲线模型；这些原因包括跨行业研发溢出效应、技术进步的累积效应和企业的租金保护行为。哈什米（Hashmi，2013）运用美国的数据发现竞争与创新之间存在负相关关系。ABBGH 的模型假设领先者和落后者之间的技术差距只有一步；哈什米放宽了这一假设，然后阐明了放松假设后会产生更加丰富的动态变化模式，它们意味着竞争和创新之间的关系可能是正的、负的，也可能是倒 U 形的，具体取决于竞争对手在技术领域中彼此之间距离的远近（ABBGH 称之为行业的“并驾齐驱程度”）。不妨直接用哈什米自己的话来说：

> 英国样本和美国样本的实证结果的调和，取决于假设的英国各行业并驾齐驱的程度是否比美国更高。这只是对不同实证结果的一种可能解释。不同的结果也可以归因于数据集和样本的差异。

贝内托、罗奇纳 - 巴拉奇纳和桑奇斯（Beneito，Rochina-Barrachina，and Sanchis，2017）使用西班牙数据发现竞争与创新之间存在正相关关系。他们对 ABBGH 模型的扩展体现在，能够容纳低效率企业在竞争加剧时面临退出威胁的可能性，他们由此构建一个竞争对创新的效应既可以是正的，也可以是倒 U 形的模型。在存在使用非前沿技术的落后企业的行业中（ABBGH 所说的“非平齐行业”），退出威胁意味着这些落后企业有激励通过创新来避免破产，这可以抵消熊彼特效应的负面影响。德邦特和范德克尔霍夫（De Bondt and Vandekerckhove，2012）对这支文献进行了极好的综述，并强调了凯密恩和施瓦茨（Kamien and Schwartz，1976）的早期研究。凯密恩和施瓦茨在他们的论文中已经阐明了倒U形关系，但是在文献中没有得到充分的承认。⑨

总之，一些论文为倒U形关系提供了经验支持⑩，而另一些论文则提供了质疑这种关系的稳健性的经验证据⑪，我们自认为，倒U形关系一直保持得相当好。无论如何，总体而言，创新和竞争之间的关系往往是正相关的，而不是负相关的。

4. 若干应用和进一步的发展

这些研究具有广泛的政策含义，对未来的经济学研究也有广泛的启发。我们在这里只讨论其中的三个方面：竞争政策、国际贸易和结构模型。

4.1 竞争政策

竞争政策，或者说反垄断政策，是指政府为了防止不必要地出现和滥用市场势力而制定的一整套法律、法规和政策。其中最主要的是并购政策，即竞争监管机构对拟议中的并购展开调查，判断它是否违反了公共利益。此外，有关串谋和滥用市场支配地位的政策也很重要。

经济思想早就深深嵌入竞争政策当中，例如，消费者福利已被普遍采纳为衡量企业并购是否有害的基本准则。例如，一个标准测试就是，拟议中的企业

---

⑨ 在凯密恩和施瓦茨的模型中，企业展开研发竞争以争取先获得专利，为此企业需要在加速研发工作带来的成本与成功创新带来的回报之间进行权衡；竞争加剧会使其他企业先获得专利的风险上升，从而导致倒U形关系。

⑩ 这些论文包括：Aghion 和 Braun（2008）对南非的研究；Lambertini 等人（2017）的研究；Peneder 和 Woerter（2014）用瑞士数据进行的研究；Polder 和 Veldhuizen（2012）对荷兰的研究；Askenazy、Cahn 和 Irac（2013）用法国数据进行的研究。

⑪ 其中包括：Hashmi（2013）的研究；Tingvall 和 Poldahl（2006）用瑞典数据进行的研究；Michiyuki 和 Shunsuke（2013）对日本的研究；以及 Correa（2012）的研究。这些研究对 ABBGH 模型的参数化版本进行了计量经济学检验，并证明了存在与美国联邦巡回上诉法院于1982年成立这个事实相符的结构性断点的证据。这些研究发现，1982年之前竞争与创新之间存在正相关关系，1982年之后则不存在这种相关关系，同时他们认为 ABBGH 得到的经验结果是由错误的模型设定导致的。

并购是否会导致竞争显著减少，而竞争减少则通常被理解为很可能导致（经质量调整后的）价格上涨。

而且，在与竞争政策（反垄断政策）相关的各种案件中，人们也越来越多地讨论了创新问题。例如，欧盟委员会最初就是以不利于创新为由阻止了陶氏化学和杜邦农业化学品部门的合并（European Commission，2017）。吉尔伯特和格林（Gilbert and Greene，2015）调查了美国高科技行业的一系列并购案例，他们发现，自2000年以来，美国反垄断执法部门对高科技企业并购的大多数质询都包括了对损害创新的指控。例如，美国司法部在对微软的诉讼案中表示了对损害创新的担忧，在它最近对谷歌的诉讼案中也是如此（欧盟委员会竞争总司同样提出了这个理由）。不久前，美国联邦贸易委员会也提起诉讼称，脸书（Facebook，现改名为Meta）收购照片墙（Instagram）和瓦次普（WhatsApp）损害了创新。吉尔伯特等人（Gilbert，Riis and Riis，2021）对这些案例进行了更详尽的讨论，并阐明了怎样做可以将倒U形模型的各个要素扩展到对企业并购的分析中。

然而，法官们经常抱怨说，标准经济学在现实世界中作用有限。在司法实践中，熊彼特的“动态考量因素”经常与反垄断的传统静态考量因素相抵触。根据传统的反垄断观点，横向合并可能产生垄断势力，从而导致静态的消费者损失，但是更集中的市场份额可以支撑更大的创新。这些结果可能是由前面讨论过的激励效应引发的，它们通过缓解阻碍研发的融资约束（有很高的沉没成本/固定成本和很大的不确定性），或者通过减少重复性研发来发挥作用。因此理论上，并购各方可以诉诸如下辩护，即动态效率收益最终可以抵消甚至超过静态无谓损失。

然而，正如我们已经看到的，这些论点在普遍意义上可能都是相当脆弱的，因为有很多原因可以解释为什么竞争更加激烈的市场可以刺激更多创新（例如，阿罗替代效应）。但是事实上，这个论点也是可以颠倒过来的。即使并购降低了价格（比如，并购可能带来短期边际成本的大幅下降），从长期来看，竞争减少带来的创新损失也可能会超过这些静态收益。

那么，倒U形模型对政策意味着什么呢？很明显，它并不意味着应该对拥有市场支配地位的企业放宽竞争政策。但它确实表明，在竞争强度很高时，尽管严厉的反垄断政策的范围并不像以前的理论建议的那么大（即更关注“为抢占市场而竞争”而不是“在市场中竞争”的那些政策），但仍有必要权衡可能导致的潜在动态效率损失与它们能够带来的静态效率收益。

大多数竞争监管机构（至少在欧洲各国是这样）都有一个前提假设，那就是，竞争有利于创新/动态效率。例如，欧盟委员会前首席经济学家凯-乌韦·库恩就认为，最具争议的那些并购案例（那些在欧盟委员会发布反对声明之后依然进入并购第二阶段的案例），本质上都是在竞争强度较低的市场中进行的（Kuhn et al.，2012）。因此，它们通常位于倒U形曲线向上倾斜的区域，而这就意味着竞争减少对创新产生了负面影响。

不过，来自自然实验的证据，即从观察反垄断政策变化对创新影响中得到的经验证据，仍然显得不足。瓦辛格等人（Watzinger et al.，2020）发现，在美国政府将电话电报公司（AT&T）拆分为多家"小贝尔公司"（Baby Bells）之后，创新大幅增加。相比之下，对所有进入起诉程序的美国反卡特尔案件所做的研究表明，卡特尔运行时的创新水平高于卡特尔被压制时的创新水平，但是这种影响是通过放松融资约束而不是通过产品市场竞争效应产生的（Kang，2020）。

阿吉翁和豪伊特的观点还意味着，需要考虑市场自由化和严厉的反垄断政策对落后于技术前沿的那些行业的影响。当然，这并不是说这些行业应该受到保护，而是说需要配套的制度和政策来应对可能出现的工人流离失所的情况。研究结果还表明，在企业利用前沿技术的那些行业中，反垄断政策可能特别有助于刺激创新，因为这些企业会寻求逃避竞争。在企业落后于技术前沿的行业中，则可能需要其他政策来促进企业旨在追赶前沿的创新。这些政策可以提高企业之间展开势均力敌竞争的行业在经济中的占比，从而在总体上鼓励创新。

最后一个含义是，专利政策是竞争政策的必要补充。专利制度确保创新企业能够获得奖励，而竞争政策则确保不创新的企业最多只能赚取微薄利润。然而，更重要的是，专利政策不能让处于技术前沿的企业太过容易就能锁定自己的市场优势地位。

尽管创新议题一直存在，但是现在它正在成为竞争监管机构的优先事项。这主要是因为充满活力的高科技行业日益重要。在这些行业中，创新（而不是价格）成了竞争的关键模式。这在数字技术领域最为明显。在美国，这个领域现在已经被GAFAM（谷歌、亚马逊、脸书、苹果和微软）等大型跨国公司主导。这些跨国公司获得了极高的市场估值，并在越来越多的行业占据了主导地位。它们之所以能够占据主导地位，部分原因是强大的网络效应，这种效应使得它们的核心市场具有“赢家通吃”的性质。例如，谷歌在搜索领域占据主导地位，很大程度上是因为它拥有了相关数据。只要有人在使用谷歌进行搜索，就有助于谷歌提高底层基础算法的质量。与此同时，谷歌的搜索算法越好，使用它的人就会越多。竞争对手很难进入这个市场，因为谷歌在搜索上积累的数据意味着其他搜索引擎很难像谷歌一样有吸引力，即便它们得到了雄厚的资金支持也无济于事（比如微软的必应）。谷歌的搜索产品本身是免费的，但是它的价值可以通过广告收入来实现。

从竞争政策的角度来看，像 GAFAM 这类的大型跨国公司会带来很多问题。其中一个主要的问题是，这些大公司本身也是占主导地位的平台，有能力通过扼杀竞争对手的创新来减少未来的竞争，从而巩固自己的市场势力［参见 Tirole（2020）的全面综述］。这些占主导地位的平台型企业可能采取的一种策略是，通过降低与新进入平台之间的互操作性等商业手段，扼杀有前途的初创企业。这一策略正是 2004 年欧盟委员会对微软具有里程碑意义的反垄断诉讼的核心（详见 Kuhn and Van Reenen，2009；Genakos et al.，2018）。归根结底，这其实是试图通过限制对某些关键设施（如平台或核心数据）的访问来削弱竞争对手的创新能力。

如果不能通过提高竞争对手的成本来阻止其创新，那么另一种可能的策略就是收购竞争对手。在 20 世纪 90 年代，初创企业的最终目标是进行首次公开发行（IPO）。但是现如今，风险投资人更有可能告诉创业者，“退出战略”不再是通过首次公开发行成为下一个亚马逊或微软，而是被某个科技巨头收购。这可能对小企业有好处，但是也剥夺了消费者本来能够从在位企业与其他供应商的竞争中获得的好处。

而且，这样的收购可能比简单地减少竞争更加有害。坎宁安等人（Cunningham et al.，2021）描述了“扼杀式收购”（killer acquisition）现象，即某家占主导地位的大型公司收购一家较小的企业之后，立即扼杀了后者“稚嫩”的技术创新。坎宁安等人指出，这种情况在制药行业时常发生，也就是说，当生物技术创新企业正在研发的新药可能威胁到大型制药公司现有的疗效较差的产品时，大型制药公司可能更愿意继续享受其现有品牌药给它们带来的收益，而不想花费额外的研发资源将新药推向市场（例如，进行第 III 期临床试验或营销推广）。

这里的关键问题是，那些占主导地位的大型公司可能会利用自己的市场势力来削弱竞争对手进行创新的能力和动力。理论上，竞争监管机构可以对这种行为采取行动，但是在实践中，此类行动面临非常大的困难。例如，不妨以对并购的调查来加以说明。标准做法是考察并购各方当前的市场份额，以评估竞争（受到损害的）风险。但是像GAFAM这样的大企业对初创企业的收购是基于后者的未来成长潜力，而不是目前的规模。当脸书收购照片墙和瓦次普时，后两者都是规模相对较小的平台，无论当时市场上有什么看法，在收购时都不能使脸书的市场份额增加太多。然而，照片墙和瓦次普显然都极具发展潜力，未来可能威胁到脸书的主导地位。因此，阻止收购的理由必须基于未来竞争（受到损害的）风险。然而要做到这一点在美国尤其困难，因为司法部和联邦贸易委员会必须说服法官，竞争受到损害的可能性超过了50%。而并购各方则可以轻易辩称，这方面的经验证据不足。

正如梯若尔（2020）和德·洛克尔等人（de Lockor，Obermeier and Van Reenen，2021）指出的，在这种情况下，举证责任应该更多地转到那些占主导地位的企业身上，这样才能更有力地保证收购不会减少创新。《福尔曼评论》（*Furman Review*，2019）也刊文建议英国竞争与市场管理局在判断并购对创新的影响方面推进一系列类似的改革，并针对数字部门建立一个专门的监管机构。欧盟委员会在制定《数字市场法》（Digital Markets Act）时也遵循了类似的思路。

所有这些对竞争政策的考虑，全都植根于阿吉翁和豪伊特一再强调的洞见：对未来创新的激励应该始终处于决策的核心位置。

4.2 国际贸易

国际贸易格局的变迁给竞争带来了一系列剧烈的变化。然而，国际贸易的影响是非常复杂的，因为它可能在多个边际上发挥作用［参见Shu and Steinwender（2019），以及Melitz and Redding（2023）对此更详细的讨论］。在这里，我们将简要讨论贸易竞争对生产率水平的影响（静态效应）和生产率增长（创新）的影响（动态效应）。

贸易对生产率的静态影响

范里南（2011）在一篇综述文章中指出，总体而言，以往的研究发现竞争对生产率有正面影响，尽管肯定存在很大的异质性。这种影响中有一部分是通过对外延边际（效率较低的企业退出市场）和集约边际（效率较低的企业失去部分市场份额）的重新配置实现的。例如，西维尔森（Syverson，2004）的研究表明，在竞争强度更高的地区，混凝土行业的生产率更高，因为生产率较低的企业收缩规模甚至退出了。另一部分影响则是来自企业内部的变化，即竞争强度提高会促使在位企业提升其生产率，后来，巴克斯（Backus，2020）通过重新考察西维尔森的具体数据证明了这一点。从理论上看，这是一种更模糊的影响，因为就像倒U形曲线一样，当管理者更努力地工作以避免失去租金时，可能会出现正的阿罗式逃避竞争效应，但是较低的租金可能会产生负的熊彼特效应。实证研究结果表明，平均效应为正。赫尔姆斯和施密茨（Holmes and Schmitz，2010）对相关证据进行综述并讨论了许多有趣的案例研究，例如五大湖地区的开放。他们强调了竞争如何迫使在位企业转向更有效的管理实践。还有一些研究则利用衡量管理绩效的指标，从计量经济学的角度证明了竞争对改善管理的重要性（如Bloom and Van Reenen，2007；Bloom，Propper，Seiler and Van Reenen，2015；Bloom，Sadun and Van Reenen，2016）。

然而，这些文献基本上是静态分析，它们并没有研究创新本身。我们接下来讨论这个问题。

动态创新效应

许多文献关注出口对创新的正面影响。出口壁垒的减少实质性地拓展了企业面临的有效市场规模。大量模型告诉我们，更大的市场将会鼓励创新。例如，如果研发存在固定成本，那么更大的市场意味着这些固定成本可以分摊到更多单位的产品上。有几篇文章证明了出口市场规模增长对创新的积极影响（Aghion，2018；Aghion，Bergeaud，and Van Reenen，2021；Aw，Roberts，and Xu，2011）。

当企业产品市场的进口壁垒（如关税）减少时，直接的产品市场冲击就会更加明显。因为在这种情况下，企业面临来自外国出口商的日益激烈的竞争。虽然外国企业进入某一家企业的投入品市场，可能会在很多方面会给该企业带来明显的好处（比如，投入品的种类更多、质量更高、成本更低，等等），但是从阿吉翁—豪伊特模型的视角来看，产品市场竞争带来的影响可能还有其他模糊不清的效应（例如，上面讨论的倒U形关系）。

布伦德尔等人（Blundell et al.，1995，1999）早期针对企业层面的研究发现，即便在控制固定效应之后，企业所在行业的进口渗透率与创新之间也存在正相关关系。虽然这个结论很有启发性，但也可能是其他因素推动了这种关系：例如，对国内经济增长预期的未被察觉的冲击可能会同时促进创新和进口。

最近的许多研究都将中国的崛起作为一个潜在的外生准自然实验。显而易见的是，中国经济增长与其政策决策密切相关，这始于邓小平于20世纪80年代初领导的经济改革。此后，中国经济向世界开放，整个中国发展成了“世界工厂”。随着2001年12月中国加入WTO（世界贸易组织），这个趋势一度加速，导致西方国家从中国进口的商品大幅增长。

“中国冲击”（Autor，Dorn，and Hanson，2013）对美国劳动力市场的影响已经得到了广泛讨论。布鲁姆、德拉卡和范里南（Bloom，Draca，and Van Reenen，2016）则研究了自20世纪90年代中期以来来自中国的进口对12个欧洲国家技术变革的影响。他们发现，尽管受中国冲击影响更大的企业减少了雇用的员工数量，但是无论从原始专利数量还是从被引加权专利数量来看，这种冲击都增加了创新。这几位研究者还发现，IT（信息技术）的采用率和全要素生产率都有所提高。此外，低技术企业的就业下降更为明显，这意味着“中国冲击”刺激了技术升级，这一方面是通过企业内部的技术改造实现的，另一方面是通过推动资源重新配置到更具创新能力的企业实现的。总体上看，来自进口产品的竞争对创新的影响是正面的，这种影响一方面源于专利的长期增长差异与中国进口渗透率之间的简单相关性，另一方面也与这项研究的识别策略有关，该策略使用的是中国加入WTO时取消了针对它的特定行业配额（更具体地说，中国在加入WTO时，出口不再受《多种纤维协定》的配额限制）。

与此不同，奥托、多恩、汉森和舒（Autor，Dorn，Hanson，and Shu，2020）在研究美国的数据后发现，从中国进口对美国企业专利申请数量的影响是负面的。不过，奥托等人（Autor et al.，2020）采用的识别策略与布鲁姆等人（Bloom et al.，2016）的不同，他们将美国相关行业从中国进口的增加作为这些行业的一个外生变量。然而，布鲁姆、罗默、泰瑞和范里南（Bloom，Romer，Terry，and Van Reenen，2021）却证明，利用与奥托等人相同的工具变量分析欧洲数据，仍然能够得到从中国进口对创新有正面影响的结果。⑫

⑫ 布鲁姆等人（2021）通过构建要素再配置模型为他们的研究奠定了理论基础。在那个模型中，由于中国竞争而在企业中被转移的资源（如熟练劳动力）被重新配置到创新活动中。他们将这一模型嵌入宏观内生增长模型中，以阐明中国对西方总体创新的巨大影响。奎斯普（Quispe，2020）也发现，中国加入WTO对秘鲁产品的质量提升有正面影响。

不过事实上，奥托等人和布鲁姆等人都认为，ABBGH 提出的倒 U 形方法可以调和欧盟与美国的不同结果。在 20 世纪 90 年代，欧洲制造业市场的竞争强度普遍低于美国制造业市场，原因是欧洲监管力度更大、市场更加碎片化（当时欧洲单一市场仍在建设中）。因此，来自中国的冲击使得欧洲各国沿着倒 U 形曲线向上倾斜的部分移动。与欧洲不同，在竞争更加激烈的北美市场，各行业可能处于倒 U 形曲线向下倾斜的部分，因此更激烈的竞争会导致熊彼特效应压倒逃避竞争效应。⑬

4.3 结构式产业组织方法

结构式模型的引入

如前所述，与罗默式增加产品类型的方法相比，阿吉翁—豪伊特将创造性破坏纳入内生增长的方法的一个优势在于，将关注的核心放到企业的异质性上（例如，进入者与在位者决策中的异质性）。这个特点使得阿吉翁—豪伊特的方法成了思考创新和市场结构关系的自然框架。

在某种意义上，阿吉翁—豪伊特框架是产业组织理论和宏观经济分析的结合，前者的核心向来就是不完全竞争和企业异质性，而后者则需要进行直接加总，以便理解各种一般均衡结果，如经济增长。

受阿吉翁—豪伊特框架的影响，采用结构式产业组织模型的研究越来越多，但是它们更多地借鉴了现代产业组织方法，即直接估计特定行业的创新行为模型。这与上述对创新和市场结构的简约式研究形成了鲜明对比，这些研究不那么执着于从特定的行为模型中估计结构参数。

采用结构式方法的优势在于，可以明确地描述博弈参与者的行为，而且理论上深层参数也是可以识别的。这样一来，就有可能进行更加可信的反事实分析（例如，如果禁止并购，将会发生什么），并直接考察价格和创新的变化。更加重要的是，研究者利用结构式方法还可以对不同政策和市场结构发生变化时的社会福利进行定量分析。

然而，结构式方法也有其缺点，那就是，研究者通常不得不将注意力集中在某一特定的行业上，这样才能从制度上证明模型假设的合理性。因此，得到

---

⑬ 这一解释与我们之前从比较 ABBGH 关于英国创新的研究结果与哈什米（Hashmi，2013）关于美国创新的研究结果中得出的结论相一致。

的结果很难一般化。此外，为了求出参数，通常必须做出更强的假设，特别是关于函数形式的假设。同时，结构式模型和估计方法都相当复杂，这就使得评估识别假设的可信度变得更加困难。

基于短期价格博弈和数量博弈的静态结构式产业组织模型现在已经司空见惯（对这个领域的文献综述，请参见 Pakes，2021；Ackerberg et al.，2007）。然而，这些研究大多将生产率水平与品牌和产品的数量/质量视为给定的。但研发投资的目标恰恰就是要增强这些基本因素，并且发生在较早期的阶段。考虑到博弈后期的不完全竞争，结构式动态投资模型必定是策略性的。估计这些动态博弈带来了许多棘手的问题，尤其是因为均衡不仅是多重的，而且必定是“局部的”。

对关于创新和竞争的若干结构式产业组织论文的评述⑭

戈特勒和戈登（Goettler and Gordon，2011）估计了个人电脑微处理器行业的动态寡头垄断博弈。在这个行业中，领导者英特尔公司与另一个巨头超威半导体公司之间的竞争持续了几十年。戈特勒和戈登将需求和企业定价动态化，从而把产品的耐用性纳入他们的模型。他们对英特尔公司垄断下的创新进行了反事实分析，结果发现，在没有超威半导体公司的情况下，英特尔的创新能力会提高4%左右。然而，由于存在与超威半导体的竞争，消费者剩余总体上更高了，原因是价格更低了。这两位研究者强调，他们的研究结果主要取决于产品的耐用性。为了刺激需求，产品升级必不可少，而且只有在消费者高度重视质量、对价格相对不敏感的情况下，产品升级才会发生。尽管如此，他们从研究中得出的核心结论仍然是，从对创新的影响这个角度来看，（完全）垄断要优于双寡头垄断。

戈特勒和戈登（2011）在他们的研究中利用了完全解（full solution）概念，它要求明确地刻画整个博弈。⑮ 巴贾里、本卡德和莱文（Bajari，Benkard，and Levin，2007）提出了一个分两步估计动态投资模型的方法，利用这个“两

⑭ 当然，我们的评论可能会失之偏颇，这是难以避免的。此外，我们还不得不略去许多非常优秀的论文。例如，有学者（Yang，2020）研究了纵向关系下创新的激励机制，例如系统芯片供应商向手机制造商销售技术的情形。从实证研究的角度看，假设高通公司与一家智能手机制造商合并，由此带来的好处（它们可以协调研发激励，减少双重边际化）超过了阻止其他智能手机制造商进入或增加其成本带来的损害。

⑮ Benkard（2004）对飞机制造业进行研究时也是采用的这一方法。

步法”，研究人员可以放松对函数形式的某些假设（本质上，它是通过采用半参数方法来估计研发策略对应规则的）。这种方法不需要求解完全均衡。哈什米和范比斯布鲁克（Hashmi and Van Biesebroeck，2016）利用全球汽车行业的数据实施了这个两步法。他们针对普通消费者构建了一个汽车质量模型，其中质量是由作为动态控制变量的创新（以专利数量作为代理变量）决定的。创新作为市场结构的函数不容易表征，但是他们确实发现，在新企业进入后，虽然在位企业的创新有所下降，但是总创新量增加了。因此，他们的结论与布伦德尔等人（1999）一致，即虽然高市场份额会带来更多创新，但是更高的总体竞争会带来更多的总创新。

上述两篇论文的不足之处在于，它们分析的只是少数在位企业的创新决策。井上的研究（Igami，2017）克服了这个缺点，将在位企业和进入者（后者可以达二十多家企业）一起纳入模型⑯，并关注在位企业和进入者在创新激励方面的差异。⑰ 他这项研究的背景是1981—1998年的硬盘驱动器（HDD）制造业。井上发现，尽管在位企业有成本优势和先发制人的激励，但由于存在阿罗替代效应，即它们不希望“蚕食”自己的产品，于是它们的创新要少于新进入企业。

井上和上竹（Igami and Uetake，2020）使用来自硬盘驱动器行业更晚近的数据（1996—2016年），再次对这个问题进行了研究（这是一个行业快速整合时期，导致整个行业最终只剩下三家全球性的参与者）。在这一背景下，他们更关注的是行业整合对创新的影响，以及竞争监管机构在允许如此多的企业合并这个问题上是否过于宽松了。与井上前一项研究（Igami，2017）不同的是，在后一项研究中，他们明确地将企业并购和前沿技术的演变规律内生化了，后者指克拉底定律（Kryder's Law）⑱，而它们在井上的前一篇论文中仍然是外生的。他们的估计表明，创新和竞争之间的关系更像是一条上升到一个平

⑯ 有学者（Aw，Roberts，and Xu，2011）研究了韩国的电机行业。该国这个行业的特点是存在着许多企业。他们采用了垄断竞争框架。这种模型设定抑制了在位企业和新进入者之间的策略性互动。

⑰ 从方法论的角度来看，井上的研究是建立在Aguirregabiria和Mira（2007）的研究基础上的，后者采用的研究框架是不完全信息进入博弈（分别讨论了静态和动态情形）。

⑱ 克拉底定律（Kryder's Law）是一个工程规律，它的含义是，硬盘驱动器的记录密度大约每12个月翻一番（因此存储容量也将如此）。克拉底定律与摩尔定律类似，后者表明半导体芯片的电路密度（因此处理速度）每18～24个月翻一番。

台并维持在该平台上的曲线，而不是一条倒 U 形曲线。他们通过反事实分析证明，当行业从（完全）垄断变为双寡头垄断，再从双寡头垄断变为三寡头垄断时，总创新将会增加。不过，在此之后，结果就不那么清晰了，而是在时间和空间上都会表现出很大的异质性。最后，井上和上竹总结道，目前竞争监管机构奉行的“经验法则”，即当一个行业仅剩下三家企业之后不允许再有进一步的合并，大体上是正确的。

最近出现的另一篇非常有意思的论文出自巴塔查里亚之手（Bhattacharya，2021），这项研究的背景是美国海军设立的小企业创新研究项目（Small Business Innovation Research，SBIR）。巴塔查里亚认为，这个项目是一个三阶段博弈。各企业为取得研发采购合同而出价竞标；海军提出了一个创新性问题，征求解决方案。企业之间相互竞争，其中一部分企业可以从海军那里获得第一阶段合同，它们要给出一份白皮书。在那些以这种方式进行创新的企业中，有一部分企业有机会进入第二阶段。在第二阶段，企业要尝试开发一个可行的原型。最后，海军在第三阶段军事生产合同中选择不超过一家企业来生产新产品，入选的企业可以获得可观的资金。

巴塔查里亚观察了第二阶段和第三阶段的合同（包括海军支付的资金和其他一些合同特征）以及每个阶段获得成功的企业的特征。他创建了一个模型，在这个模型中，企业必须决定在第一阶段和第二阶段投入多少研发努力，这种努力是由第三阶段获得奖励（尽管似乎机会很小）的前景驱动的。第一阶段的努力增加了随机发现创新（具有不同的价值）并在竞争中取得进展的机会。第二阶段的更大努力将会降低生产创新的成本。海军在第三阶段将合同发给盈余最高的企业（创新价值减去生产成本），但是只支付剩余的一小部分给该企业。这样一来，就会产生经典的“要挟”（Hold-up）问题，这意味着企业的研发投入将会“太少”。然而另一方面，业务窃取效应也可能导致研发“过度”。因此在这里，经典的阿吉翁—豪伊特权衡仍然存在，至于哪种效应占主导地位则主要是一个实证问题。

巴塔查里亚（2021）利用一个结构式模型估计了动态序贯竞争，然后对反事实政策进行了仿真实验。结果他发现，加大竞争强度（例如，通过允许更多企业进入第二阶段）能够提高创新的质量和社会福利；在第三阶段，允许赢家保留更多剩余也有同样的效果。然而，这样的政策在实践中并没有出现。巴塔查里亚认为，这是因为海军的狭隘利益决定了它更重视成本控制，而不是如何实现社会最优结果。⑲

关于结构式模型的结论

对创新与竞争关系的产业组织模型进行结构式估计是一个新兴的研究领域，但是由于所涉问题的复杂性，研究进展并不特别迅速。总的来说，我们对现有文献的看法是，尽管不同行业之间确实存在着许多差异，但是破除垄断（这里指非常低的竞争）、增加进入似乎确实能够增加总创新。但是到了某一时刻，这种创新增加会趋于平缓。这与在位企业的创新减少的事实是相符的（而新进入者的创新则弥补了这种减少）。目前尚不清楚的是，整体创新收益可能在什么时候出现逆转（倒 U 形曲线什么时候出现拐点）。

上面讨论的这些模型，以及更多具有内生投资的结构式动态产业组织模型的发展，构成了一个令人兴奋的前沿研究领域，我们认为，有希望在未来十年看到更多的论文［另请参见 Pakes（2021）的文献综述］。这里有待解决的一个问题是，如何以更加透明的方式将这些复杂的模型建立在现实的制度和有良好识别的因果参数的基础之上。

5. 结论

阿吉翁和豪伊特的研究将产业组织文献中关于市场结构和创新的洞见与宏观增长理论相结合，正因为如此，他们的框架提供了将微观洞察与增长政策联系起来的有力途径。

这个领域的研究有相当清晰的演变轨迹。到 21 世纪初，用于分析创新和市场结构的计量经济学和数据分析工具已经得到了很好的发展，利用它们，可以在仍然存在未观察到的异质性的情况下，估计竞争动态及其非线性影响。然而，与熊彼特当年强调的竞争会通过创新租值消散对创新产生负面影响的观点不同，这些研究（例如，Blundell et al.，1999）都有力地表明，竞争对创新有正面影响。ABBGH 采纳了阿罗的观点，认为在位垄断企业原有的租金会阻碍创新，因为这些租金将会被新的创新租金流取代。当这两个洞见阐述的效应结合在一起时，它们的影响是含糊不清的。当我们在一个“步进型”创新均衡模型中进行分析时，可以对倒 U 形曲线以及竞争对平齐行业的影响做出一些明确的预测。随着时间的推移，这种关系可以保持得相当好，尽管平均而言，

⑲ 也参见豪厄尔等人（Howell et al.，2021）对美国空军小企业创新研究项目改革的因果评估。

我们从前述文献综述中得出的结论是，竞争对创新的正面影响似乎仍然占主导地位。

那么，接下来的研究应该走向何方？一位作曲家永远不可能提前创作出未来的音乐，因为如果他做到了这一点，那么未来的音乐就已经存在，不再属于未来了。尽管如此，我们还是可以在这里提出如下几点建议。

首先，经济的重心已经转向了高科技和创新行业。因此，了解这些行业的动态变化越来越重要。创新需要事后奖励，因为这有助于增强私人部门从事创新的激励（我们希望企业为未来的市场而竞争）。但是，除了给予创新应得的奖励，明智的政策制定者还应该设法减少各种人为壁垒，这些壁垒维护占主导地位的企业，帮助它们削弱竞争对手的创新能力，使后者无法赶上或取代领导者，因而会减少市场的动态竞争。其中一些壁垒是由政府通过监管、设置贸易壁垒等创造的。但是，还有一些壁垒可能是由在位企业创设的，它们非常理性地希望降低自己被取代的可能性（因此它们希望提前扼杀为市场而竞争）。在位企业通常使用的策略包括收购潜在的竞争对手，通过减少互操作性或其他商业手段来提高竞争对手的成本，以及通过游说活动来保护原有的市场势力。我们需要建立恰当的制度、制定合适的政策（特别是竞争监管机构的制度），以降低在位企业实施这类“策略”的能力，哪怕它们以前是通过合法创新取得成功的（Van Reenen，2018）。这比市场结构本身具有更广泛的意义。日益加剧的不平等已经成为许多现代资本主义社会的基本特征，我们需要确保在位者不会利用他们的财富和权力让他们自己及其后代锁定精英地位（Case and Deaton，2020）。

其次，从方法论的角度来看，这支文献应该更多地利用准实验来更好地识别竞争对创新（和其他结果）的影响。ABBGH 框架的强大之处就体现在开创了这种方法。

最后，对这支文献还有一个一般性的批评，那就是，这些模型都相对简单，且都试图适用于整个经济。我们应该专注于更具体的市场，就像在典型的结构式产业组织研究中所做的那样，由此就可以对环境和制度给出更加丰富的描述。采取这种方法后，建模将会变得更加可信。我们认为，这一研究领域在未来几十年肯定会快速成长起来。

（贾拥民　译）

参考文献

Ackerberg, Daniel, Lanier Benkard, Stephen Berry, and Ariel Pakes (2007). Econometric Tools for Analyzing Market Outcomes. In Edward Leamer and James Heckman, eds., *Handbook of Econometrics*, vol. 6, chap. 63. Amsterdam, Netherlands: Elsevier.

Aghion, Philippe, Antonin Bergeaud, Matthieu Lequien, and Marc Melitz (2018). The Impact of Exports on Innovation: Theory and Evidence. NBER Working Paper 24600.

Aghion, Philippe, Antonin Bergeaud, and John Van Reenen (2021). The Impact of Regulation on Innovation. NBER Working Paper 28381.

Aghion, Philippe, Nicholas Bloom, Richard Blundell, Rachel Griffith, and Peter Howitt (2005). Competition and Innovation: An Inverted-U Relationship. *Quarterly Journal of Economics* 120 (2): 701 – 728.

Aghion, Philippe, Richard Blundell, Rachel Griffith, Peter Howitt, and Susanne Prantl (2009). The Effects of Entry on Incumbent Innovation and Productivity. *Review of Economics and Statistics* 91 (February): 20 – 32.

Aghion, Philippe, and Matias Braun (2008). Competition and Productivity Growth in South Africa. *Economics of Transition* 16 (4): 741 – 768.

Aghion, Philippe, Robin Burgess, Stephen Redding, and Fabrizio Zilibotti (2008). The Unequal Effects of Liberalization: Evidence from Dismantling the License Raj in India. *American Economic Review* 98 (4): 1397 – 1412.

Aghion, Philippe, Christopher Harris, Peter Howitt, and John Vickers (2001). Competition, Imitation and Growth with Step-by-Step Innovation. *Review of Economic Studies* 68: 467 – 492.

Aghion, Philippe, Christopher Harris, and John Vickers (1997). Competition and Growth with Step-by-Step Innovation: An Example. *European EconomicReview* 41: 771 – 782.

Aghion, Philippe, and Peter Howitt (1992). A Model of Growth through Creative Destruction. *Econometrica* 60 (2): 323 – 351.

Aghion, Philippe, and Jean Tirole (1994). Opening the Black Box of Innovation. *European Economic Review* 38 (3 – 4): 701 – 710. https://doi.org/10.1016/0014 (94) 90105 – 8.

Aguirregabiria, Victor, and Pedro Mira (2007). Sequential Estimation of Dynamic Discrete Games. *Econometrica* 75 (1): 1 – 53.

Arrow, Kenneth (1962). Economic Welfare and the Allocation of Resources for Invention. In *The Rate and Direction of Inventive Activity*, 609 – 625. Princeton, NJ: Princeton University Press.

Arrow, Kenneth, and G. Debreu (1954). Existence of an Equilibrium for a Competitive Economy. *Econometrica* 22 (3): 265 – 290.

Askenazy, P., C. Cahn, and D. Irac (2013). Competition, R&D, and the Cost of Innovation: Evidence for France. *Oxford Economic Papers* 65: 293 – 311.

Autor, David, David Dorn, and Gordon Hanson (2013). The China Syndrome: Local Labor Market Effects of Import Competition in the United States. *American Economic Review* 103 (6): 2121 – 2168.

Autor, David, David Dorn, Gordon Hanson, Gary Pisano, and Pian Shu (2020). Foreign Competition and Domestic Innovation: Evidence from US Patents. *American Economic Review: Insights* 2 (3): 357 – 374.

Aw, Bee Yan, Mark Roberts, and Daniel Xu (2011). R&D Investment, Exporting and Productivity Dynamics. *American Economic Review* 101, 1312 – 1344.

Backus, Matthew (2020). Why Is Productivity Correlated with Competition? *Econometrica* 88 (6): 2415 – 2444.

Bajari, Patrick C., Lanier Benkard, and Jonathan Levin (2007). Estimating Dynamic Models of Imperfect Competition. *Econometrica* 75 (5): 1331 - 1370.

Beneito, Pilar, María Engracia Rochina-Barrachina, and Amparo Sanchis (2017). Competition and Innovation with Selective Exit: An Inverted-U Shape Relationship? *Oxford Economic Papers* 69 (4): 1032 - 1053. https://doi.org/10.1093/oep/gpw080.

Benkard, Larnier (2004). A Dynamic Analysis of the Market for Wide-Bodied Commercial Aircraft. *Review of Economic Studies* 71, 581 - 611.

Bhattacharya, Vivek (2021). An Empirical Model of R&D Procurement Contests: An Analysis of the DOD SBIR Program. *Econometrica* 89 (5): 2189 - 2224.

Bloom, Nicholas, Mirko Draca, and John Van Reenen (2016). Trade Induced Technical Change? The Impact of Chinese Imports on Innovation, IT and Productivity. *Review of Economic Studies* 83 (1): 87 - 117.

Bloom, Nicholas, Carol Propper, Stephan Seiler, and John Van Reenen (2015). The Impact of Competition on Management Quality: Evidence from Public Hospitals. *Review of Economic Studies* 82: 457 - 489.

Bloom, Nicholas, Paul Romer, Stephen Terry, and John Van Reenen (2021). Trapped Factors and China's Impact on Global Growth. *Economic Journal* 131 (633): 156 - 191.

Bloom, Nicholas, Raffaella Sadun, and John Van Reenen (2016). Management as a Technology. CEP Discussion Paper 1433.

Bloom, Nicholas, Mark Schankerman, and John Van Reenen (2013). Identifying Technology Spillovers and Product Market Rivalry. *Econometrica* 81 (4): 1347 - 1393.

Bloom, Nicholas, and John Van Reenen (2007). Measuring and Explaining Management Practices across Firms and Nations. *Quarterly Journal of Economics* 122 (4): 1351 - 1408.

Blundell, Richard, Rachel Griffith, and John Van Reenen (1995). Dynamic Count Data Models of Technical Change. *Economic Journal* 105: 333 - 344.

Blundell, Richard, Rachel Griffith, and John Van Reenen (1999). Market Share, Market Value and Innovation in a Panel of British Manufacturing Firms. *Review of Economic Studies* 66 (3): 529 - 554.

Blundell, Richard, Rachel Griffith, and Frank Windmeijer (2002). Individual Effects and Dynamics in Count Data Models. *Journal of Econometrics* 108 (1): 113 - 131. https://doi.org/10.1016/S0304 - 4076 (01) 00108 - 7.

Boldrin, Michele, and David Levine (2009). *Against Intellectual Property.* Cambridge: Cambridge University Press.

Case, Ann, and Angus Deaton (2020). *Deaths of Despair.* Princeton, NJ: Princeton University Press.

Cohen, W., and R. Levin (1989). Empirical Studies of Innovation and Market Structure. In *Handbook of Industrial Organization*, R. C. Schmalensee and R. Willig, eds. Amsterdam: Elsevier, 1059 - 1107.

Correa, Juan A. (2012). Innovation and Competition: An Unstable Relationship. *Journal of Applied Econometrics* 27 (1): 160 - 166. https://doi.org/10.1002/jae.1262.

Cunningham, Colleen, Florian Ederer, and Song Ma (2021). Killer Acquisitions. *Journal of Political Economy* 129 (3): 649 - 702.

Dasgupta, Partha, and Joseph Stiglitz (1980). Industrial Structure and the Nature of Innovative Activity. *Economic Journal* 90 (358): 266 - 293.

De Bondt, Raymond, and Jan Vandekerckhove (2012). Reflections on the Relation between Competition and Innovation. *Journal of Industry, Competition and Trade* 12 (1): 7 - 19. https://doi.org/10.1007/s10842-010-0084-z.

Dechezlepretre, Antoine, Elias Einio, Ralf Martin, Kieu-Trang Nguyen "Do Fiscal Incentives Increase Innovation? An RD Design for R&D". Forthcoming. CEP Discussion Paper 1413.

De Loecker, Jan (2011). Product Differentiation, Multi-Product Firms and Estimating the Impact of Trade Liberalization on Productivity. *Econometrica* 79 (5): 1407 – 1451.

De Loecker, Jan, Tim Obermeier, and John Van Reenen (2021). Firms and Inequality. POID Working Paper 27.

De Loecker, Jan, and Chad Syverson (2021). An Industrial Organization Perspective on Productivity. NBER Working Paper 29229.

Dixit, Avinash and Joseph Stiglitz (1977). Monopolistic Competition and Optimum Product Diversity. *American Economic Review* 67 (3): 297 – 308.

European Commission (2017). *CASE M. 7932-Dow/DuPont.* https: //ec. europa. eu /competition/mergers/cases/decisions/m7932_13668_3. pdf.

Furman Review (2019). Unlocking Digital Competition. Report of the Digital Competition Expert Panel. London: HMSO. https: //www. gov. uk/government/publications/unlocking-digital-competition-report-of-the-digital-competition-expert-panel.

Genakos, Christos, Kai Uwe Kuhn, and John Van Reenen (2018). The Incentives of a Monopolist to Degrade Interoperability. *Economica* 85: 873 – 902.

Geroski, Paul (1995). *Market Structure, Corporate Performance and Innovative Activity.* Oxford: Oxford University Press.

Gilbert, Richard, and H. Greene (2015). Merging Innovation into Antitrust Agency Enforcement of the Clayton Act. *George Washington Law Review* 83: 1919 – 1947.

Gilbert, Richard, and David Newbery (1982). Pre-emptive Patenting and the Persistence of Monopoly. *American Economic Review* 72: 514 – 526.

Gilbert, Richard, Christian Riis, and Erlend Riis (2021). Innovation, Antitrust Enforcement and the Inverted U. University of California, Berkeley, manuscript.

Goettler, R. , and B. Gordon (2011). Does AMD Spur Intel to Innovate More? *Journal of Political Economy* 119: 1141 – 1200.

Goldberg, Penny, Amit Khandelwal, Jan de Loecker, and Nina Pavcnik (2016). Prices, Markups and Trade Reform. *Econometrica* 84 (2): 445 – 510.

Griffith, Rachel, and Gareth McCartney (2014). Employment Protection Legislation, Multinational Firms, and Innovation. *Review of Economics and Statistics* 96 (1): 135 – 150.

Griliches, Zvi (1990). Patent Statistics as Economic Indicators: A Survey. *Journal of Economic Literature* 28: 1661 – 1707.

Hall, R. (1988). The Relation between Price and Marginal Cost in US Industry. *Journal of Political Economy* 96: 921 – 947.

Harris, Christopher, and John Vickers (1987). Racing with Uncertainty. *Review of Economic Studies* 54 (1): 1 – 21.

Hart, Oliver (1983). The Market Mechanism as an Incentive Scheme. *Bell Journal of Economics* 14 (2): 366 – 382.

Haruyama, Tetsugen (2006). *An Inverted U Relationship between Competition and Innovation: A Revisit.* Kobe University, manuscript.

Hashmi, Aamir Rafique (2013). Competition and Innovation: The Inverted-U Relationship Revisited. *Review of Economics and Statistics* 95 (5): 1653 – 1668.

Hashmi, Aamir Rafique, and Johannes Van Biesebroeck (2016). The Relationship between Market Structure and Innovation in Industry Equilibrium: A Case Study of the Global Automobile Industry. *Review of Economics and Statistics* 98 (1): 192 - 208.

Haskel, Jonathan, and Stian Westlake (2017). *Capitalism without Capital.* Princeton, NJ: Princeton University Press.

Holmes, Thomas, and James Schmitz (2010). Competition and Productivity: A Review of Evidence. *Annual Review of Economics* 2: 619 - 642.

Holmstrom, Bengt (1982). Moral Hazard in Teams. *Bell Journal of Economics* 13 (2): 324 - 340.

Hotelling, Harold (1929). Stability in Competition. *Economic Journal* 39 (153): 41 - 57.

Howell, Sabrina, Jason Rathje, John Van Reenen, and Jun Wong (2021). OPENing up Military Innovation: An Evaluation of Reforms to the U. S. Air Force SBIR Program. NBER Working Paper 28700.

Hsieh, Chiang-Tai and Pete Klenow (2009). Misallocation and Manufacturing TFP in China and India. *Quarterly Journal of Economics* 124 (4): 1403 - 1448.

Igami, Mitsuru (2017). Estimating the Innovator's Dilemma: Structural Analysis of Creative Destruction in the Hard Disk Drive Industry, 1981 - 1998. *Journal of Political Economy* 125: 798 - 847.

Igami, Mitsuru, and Kosuke Uetake (2020). Mergers, Innovation, and Entry-Exit Dynamics: Consolidation of the Hard Disk Drive Industry, 1996 - 2016. *Review of Economic Studies* 87: 2672 - 2702.

Kamien, Morton, and Nancy Schwartz (1976). On the Degree of Rivalry for Maximum Innovative Activity. *Quarterly Journal of Economics* 90 (2): 245 - 260.

Kang, Hyo (2020). How Does Competition Affect Innovation? Evidence from U. S. Antitrust Cases. SSRN Scholarly Paper 3516974. Social Science Research Network: 34.

Klette, Tor, and Zvi Griliches (1996). The Inconsistency of Common Scale Estimators When Output Prices Are Unobserved and Endogenous. *Journal of Applied Econometrics* 11 (4): 343 - 361.

Kogan, Leonid, Dimitris Papanikolaou, Amit Seru, and Noah Stoffman (2017). Technological Innovation, Resource Allocation, and Growth. *Quarterly Journal of Economics* 32 (2): 665 - 712.

Kuhn, Kai-Uwe, Szabolcs Lorincz, Vincent Verouden, and Annemiek Wilpshaar (2012). Economics at DG Competition, 2011 - 2012. *Review of Industrial Organization* 41: 251 - 270.

Kuhn, Kai-Uwe, and John Van Reenen (2009). Interoperability and Market Foreclosure in the European Microsoft Case. In *The Economics of European Competition Cases*, Bruce Lyons, ed., 50 - 72. Cambridge: Cambridge Univer-sity Press.

Lambertini, Luca, Joanna Poyago-Theotoky, and Alessandro Tampieri (2017). Cournot Competition and "Green" Innovation: An Inverted-U Relationship. *Energy Economics* 68 (October 1): 116 - 123. https://doi.org/10.1016/j.eneco.2017.09.022.

Leibenstein, Harvey (1966). Allocative Efficiency vs. X-Efficiency. *American Economic Review* 56 (3): 392 - 415.

Michiyuki, Yagi, and Managi Shunsuke (2013). Competition and Innovation: An Inverted-U Relationship Using Japanese Industry Data. Discussion Papers.

Tokyo: Research Institute of Economy, Trade and Industry (RIETI), July 2013. https://ideas.repec.org/p/eti/dpaper/13062.html.

Pakes, Ariel (1986). Patents Options: Some Estimates of the Value of Holding European Patent Stocks. *Econometrica* 54: 755 - 784.

Pakes, Ariel (2021). A Helicopter Tour of Some Underlying Issues in Empirical Industrial Organization. Harvard University, manuscript.

Pavitt, Keith, Mark Robson, and John Townsend (1987). The Size Distribution of Innovating

Firms. *Journal of Industrial Economics* 35 (3): 297 – 316.

Peneder, Michael, and Martin Woerter (2014). Competition, R&D and Innovation: Testing the Inverted-U in a Simultaneous System. *Journal of Evolutionary Economics* 24 (3): 653 – 87. https: //doi. org/10. 1007/s00191-013-0310-z.

Polder, Michael, and Erik Veldhuizen (2012). Innovation and Competition in the Netherlands: Testing the Inverted-U for Industries and Firms. *Journal ofIndustry, Competition and Trade* 12 (1): 67 – 91. https: //doi. org/10. 1007/s10842-011-0120 – 7.

Quispe, Pamela (2020). Import Competition, Quality Upgrading and Exporting: Evidence from the Peruvian Apparel Industry. University of Toronto, manuscript.

Raith, Michael (2003). Competition, Risk and Managerial Incentives. *American Economic Review* 93 (4): 1424 – 1436.

Rao, Nirupama (2016). Do Tax Credits Stimulate R&D Spending? Revisiting the Effect of the R&D Tax Credit in Its First Decade. *Journal of Public Economics* 140: 1 – 12.

Reinganum, Janet (1989). The Timing of Innovation: Research, Development, and Diffusion. In *Handbook of Industrial Organization, Volume* , Richard Schmalensee and Robert Willig, eds. , 849 – 908. Amsterdam: Elsevier.

Romer, Paul (1990). Endogenous Technological Change. *Journal of Political Economy* 98 (5): S71-S102.

Salop, Steven C. (1979). Monopolistic Competition with Outside Goods. *Bell Journal of Economics* 10 (1): 141 – 156.

Scherer, F. M. (1965a). Firm Size, Market Structure, Opportunity, and the Output of Patented Innovations. *American Economic Review* 55 (5): 1097 – 1125.

Scherer, F. M. (1965b). Corporate Inventive Output, Profits and Growth. *Journal of Political Economy* 73 (3): 290 – 297.

Schmidt, Klaus (1997). Managerial Incentives and Product Market Competition. *Review of Economic Studies* 64 (2): 191 – 213.

Schumpeter, Joseph (1943). *Capitalism, Socialism and Democracy*. London: Allen Unwin.

Shu, Pian, and Claudia Steinwender (2019). The Impact of Trade Liberalization on Firm Productivity and Innovation. *Innovation Policy and the Economy* 19: 39 – 69.

Smith, Adam (1776). *An Inquiry into the Nature and Causes of the Wealth of Nations*. London: Methuen and Co. , Ltd.

Syverson, Chad (2004). Market Structure and Productivity: A Concrete Example. *Journal of Political Economy* 112 (6): 1181 – 1222.

Thiel, Peter (2014). Competition Is for Losers. *Wall Street Journal*, September 12. https: //www. wsj. com/articles/peter-thiel-competition-is-for-losers – 1410535536.

Tingvall, Patrik Gustavsson, and Andreas Poldahl (2006). Is There Really an Inverted U-Shaped Relation between Competition and R&D? *Economics of Innovation and New Technology* 15 (2): 101 – 118.

Tirole, Jean (1989). *The Theory of Industrial Organization*. Cambridge, MA: MIT Press.

Tirole, Jean (2020). Competition and the Industrial Challenge for the Digital Age. IFS Deaton Review on Inequalities. https: //www. tse-fr. eu/sites/default/files/TSE/documents/doc/by/tirole/competition_and_the_industrial_challenge_april_3_2020. pdf.

Van Reenen, John (2011). Does Competition Raise Productivity through Improving Management Practices? *International Journal of Industrial Organization* 9 (3): 306 – 317.

Van Reenen, John (2018). Increasing Difference between Firms: Market Power and the Macro Economy. In *Changing Market Structures and Implications for Monetary Policy*. Kansas City Federal Reserve: Jackson Hole Symposium, 19 – 65.

Watzinger, Martin, Thomas A. Fackler, Markus Nagler, and Monika Schnitzer (2020). How Antitrust Enforcement Can Spur Innovation: Bell Labs and the 1956 Consent Decree. *American Economic Journal: Economic Policy* 12 (4): 328 – 359.

Yang, Chenyu (2020). Vertical Structure and Innovation: A Study of the SoC and Smartphone Industries. *RAND Journal of Economics* 51 (3): 739 – 785.

特稿

Feature

Comparative

人力资本、不平等与增长

托本·安德森

收入分配是技能供需分布共同作用的结果，若这两种分布之间不存在冲突，收入就可能趋于均等。要实现这种近乎均等的收入分配，人们无须具备完全相同的生产能力。

——丁伯根（Tinbergen，1972）

几十年来，许多国家的不平等程度都呈上升趋势。不仅收入分配差距在扩大，一些群体的实际收入甚至有所下降。金融危机之前，增长收益的分配已然不均，危机进一步加剧了一些国家的不平等程度。这引发了关于其成因以及政策影响的诸多讨论。

全球化和技术变革经常被视为不平等程度趋势性上升的原因。尽管这两者通常会带来总的净收益，但也可以清楚地看到，在它们的推进过程中总是既有赢家也有输家。展望未来，更公平地分配净收益显得至关重要。

这些现象也引发了对公共政策的诸多质疑。近些年来，公共政策再分配力度减弱，是否导致赢家和输家之间的差距进一步扩大？旨在改善激励的结构性

* Torben M. Andersen，丹麦奥胡斯大学经济学教授，主要研究领域为宏观经济学、劳动经济学和福利国家制度。原文“Human Capital，Inequality，and Growth”收录在 José Antonio Ocampo 和 Joseph E. Stiglitz 主编的 *The Welfare State Revisited* 一书中。该书由哥伦比亚大学出版社出版，版权由博达创意代理有限公司代理，本文翻译得到了原出版社的授权。

改革和旨在促进竞争的放松管制措施一直是政策重点。然而，在这一过程中，是否存在忽视公平的偏向，抑或在政治层面公平相对于效率的权重发生了变化？还有一种可能是，由于再分配政策的成本提高，政策供给发生了改变。这与全球化有关，全球化使得由税收资助的公共活动尤其是传统的再分配政策变得更加困难和昂贵。在许多国家，财政政策空间受限（高债务和迫在眉睫的可持续发展问题），也进一步限制了再分配。

人们担心社会平衡可能因此受到不利影响，同时产生不良的政治和经济后果，这一情况已经引起了多个机构的关注（例如世界经济论坛、经济合作与发展组织、国际货币基金组织、欧盟委员会）。① 展望未来，问题的关键是，政策制定者可以采取哪些措施来扭转这一趋势，尤其是在公共财政空间受限的情况下。本文将讨论决定收入分配的各种因素，并研究可以遏制不平等加剧趋势及其与经济增长关联的政策选项。

传统的公共政策研究大多聚焦于如何通过税收和转移支付（被动再分配）来纠正市场收入分配的不平等。这固然十分重要，但其视角未免过于狭隘。首先，那些可支配收入不平等程度较低的国家，其市场收入不平等程度往往也较低。这些国家尽管也采取再分配措施，但是再分配对降低收入不平等的重要性并没有市场收入的公平分配那么大。这也表明，研究影响市场收入分配的因素以及如何对这些因素施加影响（主动再分配）至关重要。其次，鉴于公共财政压力以及被动再分配可能导致的激励扭曲，有必要从更宽泛的视角审视再分配政策。最后，应慎重考虑市场低效率问题。一般认为，再分配通常以激励扭曲和效率损失为代价，这就需要在公平和效率之间进行权衡。然而，在市场有缺陷的情况下，这些问题会变得更加复杂，因为有些政策既可能基于公平理由而实施，也可能因提高效率而得到支持。因此，审慎考虑市场缺陷及相关政策的影响就显得尤为重要。

---

① 作为所谓欧盟“五主席报告”成果的一个典型范例，当前正推进为经济与货币联盟国家构建社会支柱的进程（Juncker et al.，2015），其目标明确表述为：“欧洲应致力于赢得‘社会AAA’评级”，并强调“我将推动建立欧洲社会权利支柱，该支柱需充分考虑就业领域不断变化的现实情况，并可作为欧元区内部实现新一轮融合的指南针”［2015 年 9 月 9 日欧盟主席容克的欧盟年度情况咨文演讲］。

本文主要聚焦劳动收入的分配问题，而非劳动和资本之间的功能性分配关系②，重点研究收入分配中处于较低层次的群体，并探讨如何改善这一群体的境况。因此，本文从劳动力市场的视角展开分析。全球化和技术变革引起的变化，可被解读为既影响劳动力需求的水平，也影响其结构。在既定的劳动力供给条件下，这些影响必然会反映在工资和就业上，而具体会如何影响则取决于劳动力市场制度。由此可见，劳动力需求变化带来的影响，可通过劳动力供给的变化来抵消。这正是本文开头引用的丁伯根那句话的精髓所在。劳动力供给受诸多因素影响，其中人力资本因而教育起着至关重要的作用。这表明，有关不平等的问题以及减少不平等的政策，不应仅关注传统的再分配政策（被动再分配），还应关注教育和劳动力市场政策。因为这些政策决定着资质和技能的水平与分布（主动再分配）。被动再分配与主动再分配政策之间的区别，是下文讨论的核心内容。

本文结构安排如下。第 1 节提供一个高度简化的分析框架，该框架有助于探讨与不平等及其驱动因素相关的若干关键问题，并为简要概述近期一些重要趋势提供逻辑起点。第 2 节将批判性地讨论有关不平等与增长的经验证据以及两者之间可能存在的因果关系。随后的讨论将聚焦由市场缺陷导致的不平等影响经济增长的各种机制。第 3 节将探讨资本市场缺陷以及社会障碍对教育选择和教育成果的影响，第 4 节则给出一些总结性评论。

1. 一个简单框架和若干简单事实

已有大量实证文献从单一国家视角和国别比较视角记录了不平等状况的发展变化（如 Atkinson and Morelli，2011；OECD，2012a；Roine and Waldenström，2015），本文无法呈现所有这些证据，而是介绍一些对后续讨论至关重要的关键典型事实。

为便于展开讨论，我们可以将资质分布、市场收入和可支配收入这三者之

② Piketty（2014）最近重提了这一议题。不过，探讨收入的功能性分配超出了本文讨论的范围。然而，应该指出的是，本文讨论了人力资本及其分配问题——人力资本是解释财富及其分配的重要资本形式，而这一形式并未在 Piketty（2014）的研究中提及。工资和薪金在可支配收入分配中的重要性远远大于资本收益（例如，参见 OECD，2012b）。

间的关联视为一个整体框架。③ 资质分布是决定市场收入分配的一个重要因素。工资分配进而市场收入分配由劳动力供给和需求之间的相互作用形成，而通过税收和转移支付，市场收入分配又决定了可支配收入的分配。

所有的工资分配理论都强调供求相对关系的作用。如果对某种劳动力的需求增加（减少），其相对地位将得到改善（恶化）。在既定的劳动力需求结构下，一般来说，资质分布越不平等，市场收入分配也越不平等（参见图 1 中的“劳动力市场曲线”）。当然，其具体的相关关系还要取决于劳动力市场制度。而且导致工资差异的原因，除了资质差异，还有其他因素，此处为简化问题暂不考虑这些因素。

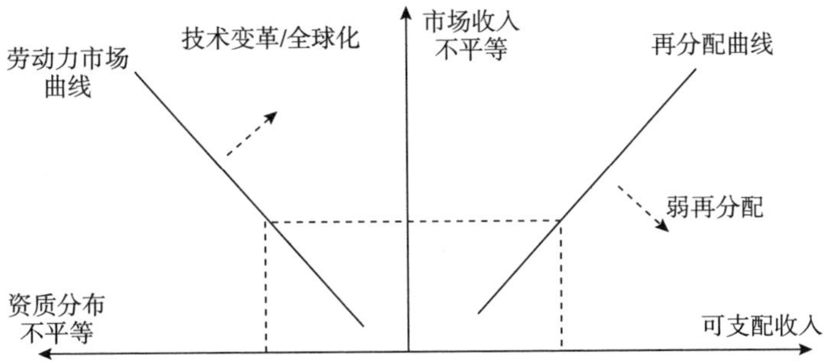

图 1　人力资本、市场收入和可支配收入分配的关系

可支配收入是指市场收入减去税收再加上转移支付后的收入。在一个既定的税收和转移支付方案下，市场收入分配越不平等，可支配收入分配也越不平等（参见图 1 中的“再分配曲线”）。再分配的力度越小，再分配曲线就会越靠右。

---

③ 我们可通过以下高度简化的方式来思考这一问题。家庭 i 的可支配收入 $y_t^d = (1-\tau(y_i))y_i \equiv d(y_i)$，其中，$\tau(y_i)$ 表示在给定市场收入 y_i 的情况下所缴纳的净税款，$1>\tau'>0$，$\tau''\geqslant 0$。已知可支配收入为 $d(y_i)$，其中，$0<d'=1-\tau-\tau' y_i<1$，且 $d''=-2\tau'-\tau'' y_i<0$。令市场收入 $y_i=\omega(h_i)$，其中 h_i 表示 i 的人力资本，$\omega(h_i)$ 将工资表示为人力资本的函数，$\omega'>0$，则

$$Var(y^d) \cong (d')^2 Var(y)$$
$$Var(y) \cong (w')^2 Var(h)$$

也就是说，市场收入的差异取决于经工资对人力资本的敏感性调整后的人力资本或资质差异。同样，可支配收入的差异取决于经可支配收入对市场收入的敏感性调整后的市场收入差异。

对特定国家而言，即针对既定的结构、制度和政策，可能会出现如图1描绘的这类关系。图2采用了一种极为粗略的方法，展示了资质、市场收入和可支配收入不平等的跨国比较。令人惊讶的是，即便采用如此粗略的方法，且不考虑各类控制变量，仍呈现与图1高度一致的趋势性特征。资质分布最均等的国家，市场收入分配也最平等，而市场收入分配最平等的国家，可支配收入分配也最平等。

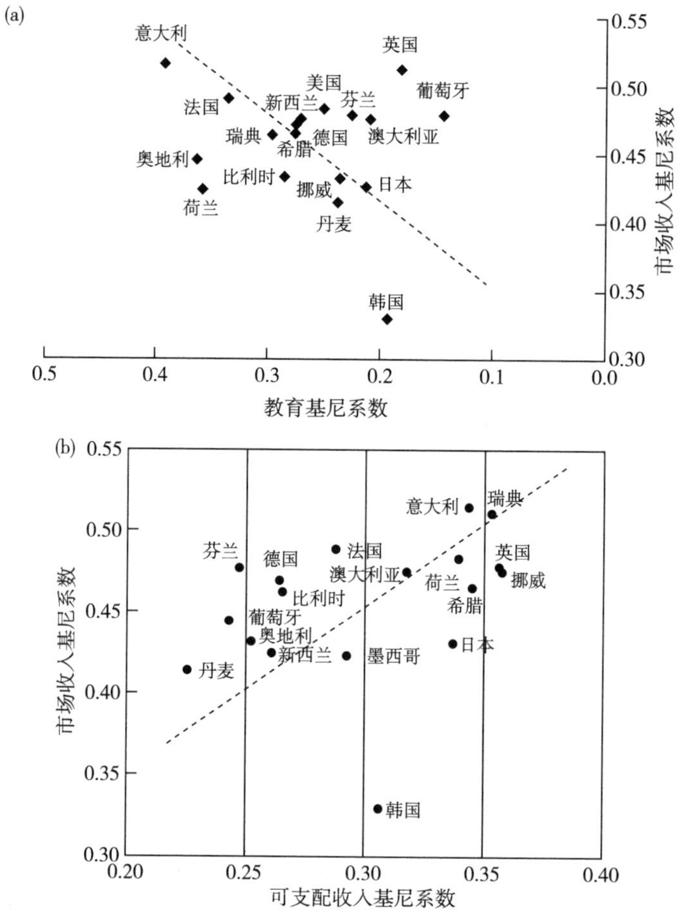

图2　（a）不平等：教育、市场收入；（b）可支配收入，经合组织国家

注：通过基尼系数测量的可支配收入和市场收入的不平等。教育不平等通过识字和数理能力测试的变异系数测量。采用2012年数据。

资料来源：基于 www. oecd-ilibrary. org 和 http：//piaacdataexplorer. oecd. org 的数据。

基于这些典型事实的基本推理，可以得出两个关键结论。首先，从公共政策的角度看，要减少可支配收入不平等，既可以通过传统的再分配政策（被动再分配）来纠正市场收入分配的不平等，也可以通过教育和劳动力市场政策来确保资质分布更加均等（主动再分配）。其次，关于技术变革和全球化的讨论，可以转化为“劳动力市场曲线”向左上方向移动；也就是说，在既定的资质分布下，若再分配政策保持不变，市场收入和可支配收入的不平等将会加剧。如果同时再分配政策变得不那么慷慨，收入不平等将会进一步加剧。

北欧国家常因同时实现较高的人均收入水平和相对较低的收入不平等程度而备受关注。这通常归因于其比较慷慨的福利国家制度，事实上，北欧国家的福利国家体系覆盖范围广泛（公共支出总额约占 GDP 的 50%，而经合组织国家的平均水平约为 40%）。然而，这并不意味着北欧国家较低的收入不平等程度仅仅是通过教科书所述的经典的被动再分配政策实现的。为揭示这一点，我们将北欧国家基尼系数与经合组织国家平均水平的差值进行分解④，这一差值一部分源于市场收入的不平等，另一部分则源于再分配的作用。⑤

图 3 展示了对部分经合组织国家进行此类分解后的结果。可以看到，包括挪威、丹麦和瑞典在内的北欧国家可支配收入的不平等程度较低，既归因于其市场收入不平等程度较低，也得益于更大力度的再分配（大致各占一半）。尽管再分配在北欧国家发挥着重要作用，但同样重要的是，这些国家的市场收入分配本身就呈现相对较低的不平等程度。

其他国家，比如美国，其可支配收入不平等程度更高，这既是因为其市场收入分配更为不均，也是因为再分配政策力度较弱。而德国、法国和意大利等国家，其市场收入不平等程度虽高于平均水平，但它对可支配收入的影响被再分配政策抵消了。相反，加拿大和新西兰的市场收入不平等程度较低，但其再分配力度往往低于平均水平。

---

④ 将市场收入基尼系数定义为 G_M，可支配收入基尼系数定义为 G_D，则再分配基尼系数为 $R \equiv G_D/G_M$。加上横线定义各自的均值，$\bar{R} \equiv \frac{\bar{G}_D}{\bar{G}_M}$。可通过以下公式进行分解。

$$\frac{G_D - \bar{G}_D}{\bar{G}_D} = \frac{G_M - \bar{G}_M}{\bar{G}_M}\frac{R}{\bar{R}} + \frac{R - \bar{R}}{\bar{R}}$$

其中，等式右边第一项表示市场收入的贡献，第二项表示再分配的贡献。

⑤ 相对度量指标优于市场收入基尼系数与可支配收入基尼系数之间的绝对差值，因为后者并非独立于不平等程度而存在。也就是说，绝对差值较小可能是由于再分配力度较大，也可能是由于市场收入本身的不平等程度较高。

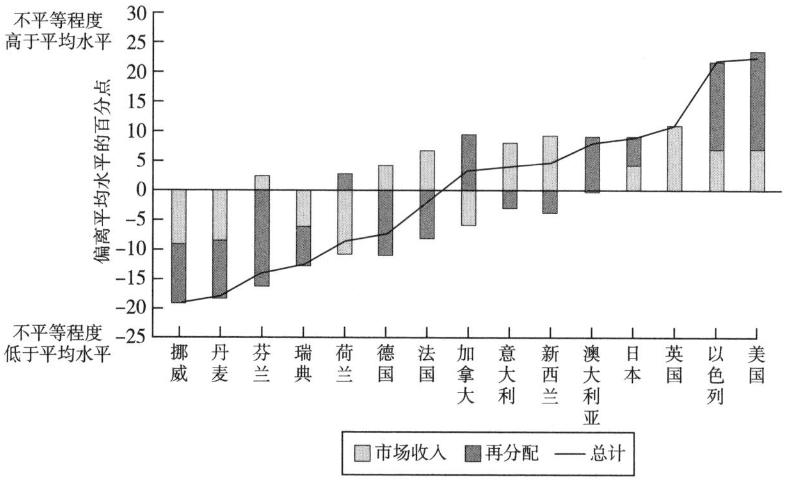

图 3　不平等程度与 OECD 国家均值差异的分解

注：该图展示了基尼系数与 OECD 国家均值（针对图中涵盖的国家）的偏差百分点，并将此偏差分解为两部分：一部分源于市场收入不平等与 OECD 国家均值的偏差，另一部分源于再分配与 OECD 国家均值的偏差。再分配通过市场收入和可支配收入的基尼系数分别测算的百分比降幅来衡量。负值表示对不平等的贡献低于平均水平，正值表示对不平等的贡献高于平均水平。采用 2014 年数据。

资料来源：作者根据 www. oecd-ilibrary. org 的数据计算。

市场收入不平等

谈到市场收入不平等，工资和就业两方面均至关重要。多项研究表明（例如，Atkinson and Morelli，2011；OECD，2012a），工资不平等有扩大的趋势。图 4 通过十分位比率展示了这一趋势，该比率反映了工资分布底部和顶部的变化情况。尽管各国之间存在差异，但 D5/D1（第五十分位数与第十分位数的比率）和 D9/D1（第九十分位数与第十分位数的比率）均呈现上升趋势。这表明，处于工资分布底部的正在输给位于中间层的，而位于中间层的又正在输给处于顶层的。

劳动力市场选择与教育密切相关，这一点已有充分的文献佐证（例如，OECD，2024）⑥。就业机会与受教育程度之间存在显著的正相关关系。图 5 展

⑥ 需要注意的是，教育还与更好的健康状况、更长的寿命、更优的社会结果以及更高的社会和政治活动参与度等密切相关。要从理论层面厘清其中的因果关系颇为困难，且在这些观察到的相关性背后可能存在严重的选择偏差问题。不过，一些研究确实发现了教育与健康之间的因果联系（Conti，Heckman and Urzúa，2010）。Heckman 和 Kautz（2013）则发现，认知能力和社会情感技能能够解释劳动力市场表现和社会结果。

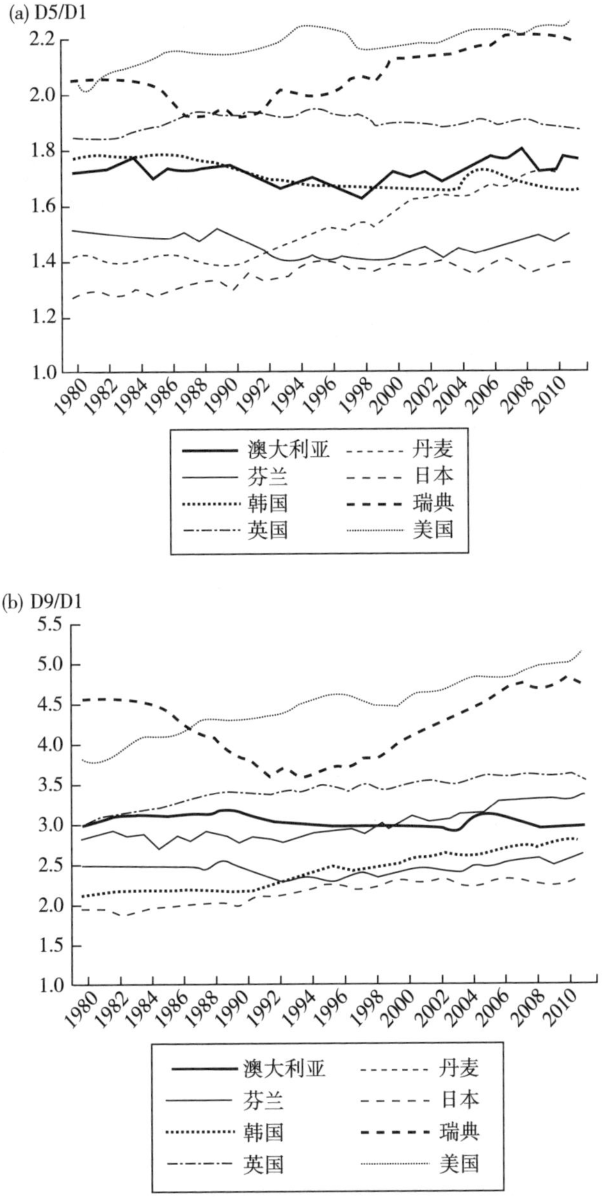

图 4　1980—2011 年部分 OECD 国家的工资不平等

注：总收入十分位比率。

资料来源：www. oecd-ilibrary. org。

示了经合组织国家受教育程度低、中、高群体的平均就业率，以及各国观察到的最高和最低就业率。尽管一国的总体就业水平取决于各种制度和政策，但值得注意的是，不同受教育程度者之间的就业率差异在所有经合组织国家中均十分显著。

第二个更引人注目的发现是，低教育程度人口占比在不同国家之间差异较大（由于各部分占比总和为100%，某一类别占比的大幅变动会与其他类别的大幅变动相关联；见图6）。低教育程度人口占比越高，平均就业率越低。例如，经合组织国家的平均水平显示，若将低教育程度人口的占比降低10个百分点，同时将中等教育程度人口的占比相应提高10个百分点，则总体就业率可从73.4%提高至75.2%，增加近2个百分点。

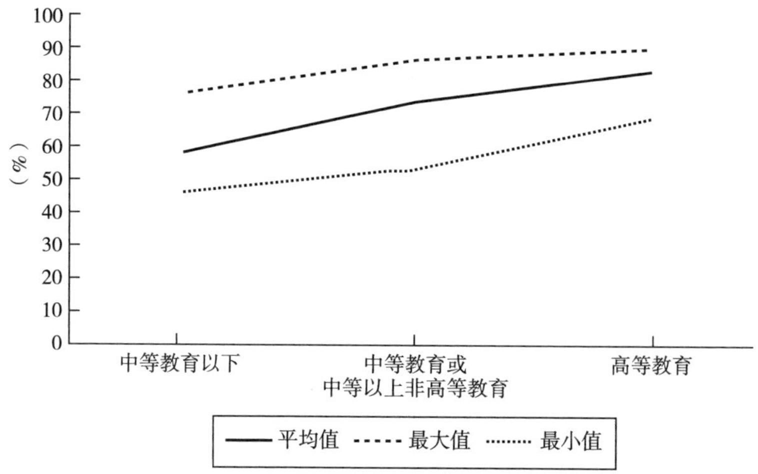

图5　OECD国家不同受教育程度者的就业率

注：22个OECD国家数据，2014年，25~64岁年龄组。

资料来源：作者根据www.OECD-ilbrary.org的数据计算。

人们普遍认为，新技术的发展和全球化的推进，往往会在劳动力需求方面引发技能偏向，即就业创造往往集中在高技能群体，而就业岗位流失则集中在低技能群体。无论是因新技术应用，还是来自低工资国家的竞争（贸易理论中经典的斯托珀尔—萨缪尔森定理），对非技能岗位需求的下降均意味着工资分配将向高技能群体倾斜，而低技能群体则面临不利局面。工资和就业的这种分化在很大程度上取决于劳动力市场结构和制度安排。尽管关于技术和全球化的影响还存在一些争议⑦，而且这两者显然相互关联，但在当前情境下，区分这两者的影响并不那么重要，因为从分配视角看，真正关键的是二者共同产生的净效应。

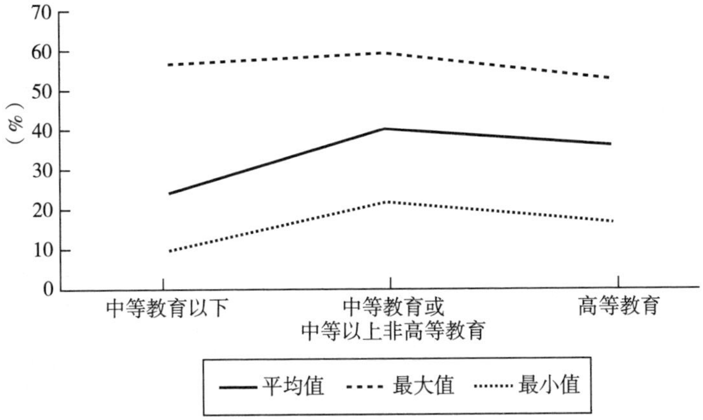

图6　不同受教育程度人口占比

注：22个OECD国家数据，2014年，25～64岁年龄组。

资料来源：作者根据www. OECD-ilbrary. org的数据计算。

关于技能偏向的争论仍在持续，且近期通过围绕工作任务及其对劳动力需求影响的讨论得到了补充修正（例如，Autor and Acemoglu，2012）。交易成本与信息成本的降低——在可电子化传输的服务领域尤为显著——使得原本被视为“不可贸易”且往往集中了大量中等教育程度劳动者的那些行业开始面临来自国外的竞争。因此，从全球化带来输家与赢家的角度来看，其影响未必与劳动者在资质分布中的位置呈单调关联。另一方面，也有观点认为，人口老龄化可能通过增加护理与服务需求，扩大对中等教育程度的劳动力的需求。

多项实证研究表明，20世纪50—70年代的教育扩展对工资分配产生了重要影响。尽管这一时期劳动力需求结构发生了变化，但是人力资本普遍增加，高技能劳动力的供给也更多。按照丁伯根（1972）的观点，这可以解释为劳动力资质分布的变化跟上了对不同资质劳动力需求分布的变化，意味着工资分配并未受到太大影响。至于观察到的工资不平等扩大现象，戈尔丁和卡茨（Goldin and Katz，2009，p. 291）在最近的一本书中得出结论：“工资不平等

⑦　参见Goldin和Katz（2009）；Jaumotte、Lall和Papageorgiou（2013）。

加剧的主要原因，可归结为教育程度不同导致的工资差异不断扩大”。经合组织（2011）也提供了实证证据，表明收入不平等的扩大是由技术变革推动的，同时也与放松管制和社会转移支付减少有关（另见 Jaumotte，Lall and Papageorgiou，2013）。

最后一个问题是，近年来公共政策的再分配力度是否在减弱。首先，关于基尼系数等衡量收入不平等程度的传统指标，有一点需要说明。收入分配的比较基于经过等值化处理的家庭收入。也就是说，要考虑整个家庭的收入，并根据家庭规模和构成进行调整。⑧ 在这里，收入的概念和等值化尺度都很重要。在收入方面，尤其重要的是，是否包括自有住房折算的租金，因为租金往往随房价而变化，从而也随经济周期而变化。家庭结构的变化也很重要。婚姻模式的变化和同质性匹配*具有重要意义（参见 Salverda et al.，2014）。由于越来越多的年轻人选择独居以及人口老龄化加剧，许多国家的单人家庭数量都在增加。在其他条件相同的情况下，这会使收入分配更加不平等。同样，学生入学人数的增加在短期也可能导致不平等程度上升。总之，除了劳动力市场条件和公共再分配政策的直接影响，各种因素都可能显著影响不平等。

许多国家的政策变革主要优先考虑激励效应，而这反过来可能会导致再分配力度减弱（参见 Knieser and Ziliak，2002；Andersen，2016a）。这一趋势可能反映了过去对再分配激励效应的低估，或者是全球化导致的再分配的效率成本更高。尽管如此，有人认为近期的政策变革大多仍侧重于激励效应，却很少关注对保险和再分配的影响。

2. 不平等和人力资本

历时和跨国维度的实证研究都深刻揭示了收入水平或经济增长与不平等之间的关系。研究者一般用人均收入（人均 GDP）和基于等值化家庭收入计算的基尼系数作为衡量指标。一些研究关注不平等如何影响经济增长，另一些研究则关注经济增长对不平等的作用。

内维斯和西尔瓦（Neves and Silva，2014，p. 13）在对约 20 项研究的综述

---

⑧ OECD 等值化处理是将等价因子设定为家庭成员数量的平方根。等值化收入是指家庭总收入除以该等价因子所得的结果。

* 此处是指在婚姻关系中，个体倾向于选择相似或相同社会经济地位的个体作为伴侣。——译者注

中得出结论："总而言之，我们从所有这些研究中得出的结论是，在某些情况下，不平等有可能对经济增长产生负面影响，而在另一些情况下则可能产生正面影响，这取决于增长回归模型的设定、初始不平等水平、整个收入分布的形态以及发展水平。"简而言之，实证研究并未得出确切的结论。然而，也有证据表明，在对低收入国家所做的横截面研究以及采用某些财富变量衡量不平等时，不平等对经济增长具有负面影响。

这些研究结果表明，探索不平等如何对经济增长产生因果影响十分重要；也就是说，能否确定不平等影响经济增长的具体机制，以及其政策含义是什么？这也促使人们通过思考这种关联机制，找出各种缺陷。⑨

不平等可能影响经济增长的一个重要渠道是初始条件或存量因素。也就是说，各种形式的资本积累形成了不同个体差异化的初始状态，并对经济增长产生影响。

实物资本积累与人力资本积累存在根本差异。尽管这两种形式的资本积累都可能存在收益递减，但是实物资本积累的收益递减适用于企业层面或社会整体层面，而人力资本积累的收益递减则适用于个体层面，因为人力资本是内化于人的。虽然个体能力很重要且个体之间存在差异，但是教育投资收益递减意味着人力资本/教育的分布会影响人力资本的总体水平。如果人力资本投资更公平地分配于不同个体，其社会收益会更大。⑩ 而实物资本则并非如此，由于其收益递减并不适用于个体层面，因此实物资本投资的社会收益并不直接取决于它们在个体之间的分配状况。就实物资本而言，有观点认为不平等可能更有利于资本积累和经济增长（人均收入）。如果储蓄随收入提高而增长（例如

---

⑨ Alesina 和 Perotti（1996）提供的实证证据表明，不平等现象会引发社会不满和社会政治动荡，进而削弱投资积极性（参见 Venieris and Gupta，1996）。不平等还可能成为危机的诱因，进而影响宏观经济稳定。金融危机前不平等扩大（尤其是顶层人群的不平等加剧）以及债务水平上升，引发了相关讨论（参见 van Treeck and Sturn 2012 年的调查）。Atkinson 和 Morelli（2011）并未发现有实证证据支持"不平等加剧会导致金融危机"的观点。Coibion 等人（2014）也未在美国数据中发现低收入家庭债务累积量高于高收入家庭的证据。

⑩ 设人力资本表示为 $h = h(a_i, e_i)$，其中，a_i 表示能力，e_i 表示教育投入。假定 $h_a(.) > 0$ 和 $h_e(.) > 0, h_{ee}(.) < 0$，且当 $e \to 0$ 时，$h_e \to \infty$。若要将既定的教育投入 $\Sigma e_i = e$ 进行分配以实现人力资本总量最大化，则最优分配应使所有人（无论 i 或 j）的人力资本函数 $h_e(a_i, e_i) = h_e(a_j, e_j)$。因此，对所有个体 i 而言，e_i 均需大于零。如果能力与教育是互补的，即 $h_{ea}(.) > 0$，那么当 $a_i > a_j$ 时，必然有 $e_i > e_j$，即存在逆向分配倾向，参见 Arrow（1971）。

Lewis，1954；Kaldor，1957)，则上述观点成立。这表明，不平等有利于资本积累，但不利于人力资本积累。

人力资本在经济增长中的作用已得到公认。大量文献探讨了教育对提高生产率的重要性（例如，参见 de la Fuente，2011；Hanushek and Woessmann，2011)。早期的实证研究从数量维度衡量教育，例如，以达到一定受教育年限的人口占比来衡量教育水平。这些研究往往发现，教育对生产率具有正面影响，但是影响并不显著。近期更多的研究同时引入教育的数量和质量指标，结果普遍表明，教育对生产率增长具有显著影响。教育的质量维度（通过各类能力测试来衡量）至少与数量维度（受教育年限/教育水平）同等重要。此外，研究还发现，劳动力市场中的大众教育质量至少与精英教育同等重要（参见 Hanushek and Woessmann，2011)。

另一类实证研究分析了公共部门（规模和构成）对经济增长的作用。这些研究表明，各类政府支出对经济增长的影响存在差异。⑪ 支出构成至关重要，教育等所谓具有生产性或主动性的公共支出对经济增长具有积极影响。从这个意义上说，不同类型公共支出的中长期平衡预算乘数也不尽相同。

这一推论有力地表明，获得人力资本是公平与效率紧密关联的关键领域。下一节我们将探讨那些强调不平等经由人力资本积累对经济增长产生影响的相关解释。这凸显了实施所谓积极再分配政策的必要性，这类政策通过教育影响收入水平和分配格局。分配问题主要涉及教育在广延边际*上的拓展，即增加技能或受教育劳动者的数量。从历史的角度看，受教育劳动者占比上升已是一项重大成就，但如前所述，仍存在不容忽视的问题。

我们将在下文中讨论资本市场缺陷和社会背景因素如何影响教育选择，并探求收入分配、人力资本形成和经济增长之间的关联。

3. 资本市场缺陷

在资本市场存在缺陷的情况下，财富的初始分配可能对人力资本积累具有

---

⑪ 有关概述和讨论，请参见 Andersen (2015)。

* 这里的广延边际是指教育领域中增加受教育人数的做法，与提高教育质量或教育深度的集约边际相区别。——译者注

至关重要的影响，进而成为收入不平等和代际传递的根源。[12] 如果家庭无法自行承担子女的教育费用，那么子女受教育水平将低于（社会）最优水平。这意味着对于既定能力水平的个体而言，其选择的教育程度会低于资本市场完善情况下的水平，这会导致个体发展受限。

盖勒和齐拉在一篇重要文献中深入探讨了资本市场缺陷对收入或财富不平等和人力资本积累之间相互作用的可能影响（Galor and Zeira，1993）。接受教育需要一笔固定投资（广延边际），他们构建了一个模型框架，假定所有人都具备相同的能力，但家庭初始财富存在差异。父母具有利他主义倾向，会为子女留下遗产。在资本市场存在缺陷的情况下，借款利率高于贷款利率，这意味着教育的机会成本取决于家庭自筹教育资金的能力。因此，一些年轻人由于获得的遗产太少而放弃接受教育，进而导致他们的子女也只能获得少量遗产并放弃教育投资。盖勒和齐拉（1993）的研究表明，即使所有人的能力都相同，结果仍可能形成一种低收入家庭子女未受教育、高收入家庭子女受教育的稳态均衡。在这种情况下，各类家庭在收入分配中的位置就会持久不变（阻滞效应）。这一研究还揭示了稳态均衡取决于财富的初始分配，并可能存在多重均衡。如果一个社会存在大量财富净值低且子女放弃受教育的家庭，那么稳态均衡下也将存在大量未受教育者，从而形成收入/财富分配不平等、人力资本水平较低的局面。

这一重要洞见在于：收入或财富分配状况会影响教育选择，进而影响人力资本总量。不平等会阻碍教育发展、削弱人力资本积累，并可能因此抑制经济增长。因此，收入或财富分配更加平等可能意味着更多人接受教育，从而积累更多人力资本，推动收入水平更高增长。简而言之，公平和效率未必相互冲突——平等有助于缓解资本市场缺陷带来的负面影响。

盖勒和莫维（Galor and Moav，2004）给出了一种解释，说明为什么在发展的早期阶段，不平等可能有利于经济增长，而在发展的后期阶段则情况相反。他们的分析综合了储蓄和资本市场缺陷的各种论点。在收入水平较低时，资本积累比人力资本积累更为重要，且当储蓄率随个人收入或财富增加而上升

---

[12] Becker 和 Tomes（1979）探讨了人力资本（基于父母的利他主义进行的教育投资与遗产传承）及收入或财富代际传递的根源。他们指出，在资本市场完备、禀赋（如能力、社会资本等）是外生给定的且有持续性，同时不影响教育投资边际回报率的假设条件下，收入或财富状况虽存在路径依赖，但最终会向均值回归。

时，不平等会推动更高水平的资本积累。而在发展的后期阶段，人力资本变得更为重要。资本市场缺陷意味着不平等可能会抑制资本积累，进而阻碍经济增长。换句话说，不平等与经济增长之间的关系是非线性的，具体视经济发展水平而定。

需要注意的是，在强调资本市场缺陷之重要性的模型中，主动再分配与被动再分配的问题并不凸显。传统再分配政策使低收入家庭获得更多财富，从而增加其子女受教育的可能性。在此情境下，传统再分配政策与促进教育投资的目标之间不存在直接冲突。这一结论依赖于父母具有利他主义倾向这一前提；若缺乏这一前提，则可能需要采取更具针对性的措施来确保政策对象合理做出教育选择。

社会障碍

社会阶层差异对教育选择和机会的影响是一个特别值得关注的政策问题，因为它冲击了人们在施展才能、培养兴趣与激发能动性过程中的机会均等。机会均等是一个社会共识度很高的伦理价值，既涉及制度上的教育可及性和入学可能性，也涉及教育结果。当社会资本与文化资本有着重要影响时，仅消除接受教育的经济和制度障碍，并不足以确保具有相同天赋与能力的人最终获得平等的发展机会。从效率角度看，这也意味着人口中的人力资本潜力未能得到充分挖掘。正如海尔希（Halsey，1961）所言，存在一个尚未开发的“能力储备池”。

教育领域的社会阶层差异十分显著。尽管具体作用机制尚存争议，但已有大量实证研究表明，儿童和青少年的社会背景会影响其教育成就（包括入学机会和学业表现）。以下列举几个对后续讨论具有重要意义的关键发现⑬：

- 若父母均未接受过高等教育，则子女接受高等教育的概率就很低，而若父母中有一方接受过高等教育，则子女接受高等教育的概率就要高得多（OECD，2012a）。

⑬ 例如，可参见 Holmlund、Lindahl 和 Plug（2011，p. 626）对各类分离两种效应方法的综述与讨论。结论是：“我们认为，所有这些基于双胞胎、收养关系和工具变量的研究结果均表明，学校教育在一定程度上解释了代际教育水平的关联性：父母受教育程度越高，子女受教育程度也越高，这正是教育本身发挥作用的结果。” Heckman 在多项研究中分析了（早期）干预措施在克服教育的社会障碍方面的作用；相关综述和参考文献可参见 Heckman 和 Mosso（2014）。

- 这一障碍不仅源于经济因素，文化资本与社会资本同样起着关键作用（Holm and Jæger，2007）。即便小学和初中阶段学业成绩相当的学生，其教育选择仍会呈现明显的社会阶层差异（OECD，2012a）
- 读写能力和数理能力与父母受教育程度呈正相关关系（OECD，2014）。
- 相比其他学生，低教育水平家庭的学生接受高等教育的机会受早期教育的影响更为显著。低教育水平家庭学生的高等教育入学情况与早期教育的不平等之间存在关联（Heckman and Mosso，2014）。
- 在教育发展水平高、学校教育总体质量较好和公共教育发达（私人教育成本较低）的国家，父母受教育程度高带来的优势相对较小（OECD，2012a）。
- 收入不平等程度较高的国家，社会流动性较低（Björklund and Jäntti，2009；Corak，2013）。

这些研究结果表明，受教育机会不仅受经济因素（信贷约束）的制约，也引发了关于对教育进行公共干预的范围和效果的疑问，下文将详细探讨这一问题。需要指出的是，此处探讨的干预机制仅针对教育领域面临的社会障碍。显然，个体特征尤其是个人能力也会影响受教育机会，但这里暂且不表，本文着重探讨社会障碍的影响。下文内容基于我之前的研究（Andersen，2016b）。

假定一个世代交叠模型：将个体生命分为青年期和老年期两个阶段。个体在青年期通过接受教育，为老年期积累技能。个体能否成功完成教育并获得技能，取决于其教育投入程度和社会背景。相较于父母为非技能劳动者的子女，父母为技能劳动者的子女获得技能的概率更高。这就是前文提到的社会因素起到了关键作用。个体在青年期需在时间分配上做出选择：要么投入时间学习，要么作为非技能劳动者工作。进入老年期后，成功接受教育者将成为技能劳动者，未能接受教育者则继续从事非技能工作。由于个体在青年期接受教育存在机会成本（减少当期收入）⑭，在其他条件相同的情况下，父母为技能劳动者的子女因在教育领域更具成功优势，会更倾向于加大教育投入，进而进一步巩固其通过教育系统获得技能的成功概率。相较而言，父母为非技能劳动者的子

⑭ 因此，接受教育无须预先融资，资本市场在此过程中不发挥作用。需要注意的是，教育决策完全由经济条件驱动，所有年轻人的选择范围相同，但由于社会因素的影响，教育投入的“产出效率”大不相同。

女则缺乏接受教育的动力，且在教育领域取得成功的可能性也相对较低。

在均衡状态下，社会流动性是存在的，但从某种意义上说，社会阶层仍会被复制，即父母为技能劳动者的子女比父母为非技能劳动者的子女更有可能成为技能人才，反之亦然。重要的是，技能劳动者占比的变化还会产生动态效应。若加大对教育的投入，就会有更多劳动者成为技能人才，而这又会反过来影响个体对未来的教育选择，进而改变技能劳动者的占比。从这个意义上说，教育生产教育。

这就引发了关于公共干预合理性与形式的问题。为便于讨论，假定公共部门提供的教育与私人教育是完全替代品，即公共部门提供的教育选择并未超出市场已有的范围。同理，假定公共教育具有普惠性，所有个体均可在同等条件下接受公共教育，即公共教育并非针对特定群体专门提供。⑮ 这大致可视为对公共教育典型特征的描述，且有利于公允地分析公共教育的积极作用。在以上假定条件下，公共教育将会挤出私人教育，但不会完全挤出，因此教育净投入还将增加。之所以不会完全挤出，是因为更多的公共教育投入会对青年群体产生收入效应，进而降低他们的边际消费效用，并相应降低私人教育的机会成本。

图 7 展示了公共教育扩大的效果。该图呈现了不同公共教育水平下，以总体生活水平（消费）衡量的效率和以收入分配衡量的公平受到的影响。在效率—公平空间中，公共教育投入的增加呈倒 U 形曲线。从自由放任状态起步，公共教育投入增加会提升总体生活水平并减少不平等，但当投入达到一定程度后，生活水平会开始下降，而不平等程度则持续降低。这种倒 U 形特征表明，在特定区间内，公共干预并不会引发效率与公平之间的冲突。然而，公共教育不断扩大到某个转折点后，收入和不平等之间会产生冲突或此消彼长。此外还需注意，若社会偏好随生活水平和公平程度的提升而增强，那么最优选择将处在呈现权衡关系的曲线段上。

在这种情况下，任何次优的教育选择均由社会障碍所致。假设个体能力不存在差异，也不存在资本市场缺陷或其他阻碍教育的类似因素，这种次优选择意味着社会中的人才潜力未得到高效利用。那么，在存在教育社会障碍的情况下，公共干预能否实现帕累托改进呢？我之前的研究（2016b）表明，公共干预可以实现帕累托改进，条件是公共教育能够扩大社会的总消费可能性。若满足这一条

⑮ 从法律层面讲，人人享有平等的受教育机会，但由于社会因素的作用，事实上并非如此。

件，受益者便有能力对受损者进行补偿。因此，仅从效率角度出发，公共干预便具有了正当性。社会障碍与资本市场缺陷一样，均属于市场失灵的表现。

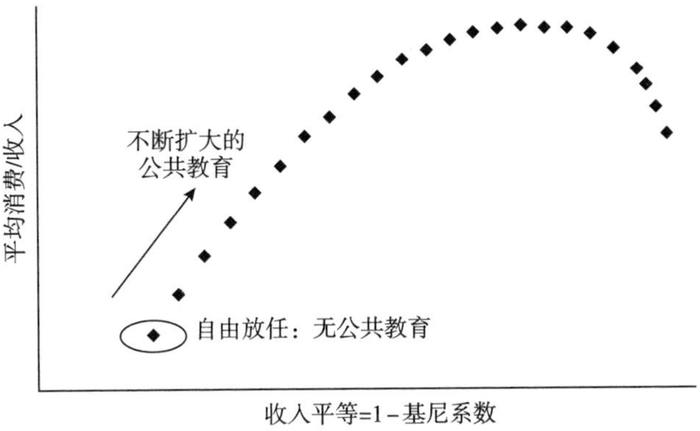

图 7　收入—平等曲线：教育公共投资

注：收入平等以 1－基尼系数衡量。

资料来源：Andersen（2016b）模拟的结果。

消费可能性的不平等催生了再分配政策。技能劳动者（老一代）的收入高于非技能劳动者（老一代）。现考虑一种转移支付方案：通过对技能劳动者征税，以向非技能劳动者提供收入支持。将该被动方案与另一种主动方案进行对比：后者同样通过对技能劳动者（老一代）征税来筹集资金，但资金用于为青年一代提供教育。这两种再分配形式对教育的影响截然不同。主动方案会促进教育发展，而被动方案则会抑制教育。就短期影响而言，被动方案能使老一代非技能劳动者受益，但随着时间推移，非技能劳动者的数量将会增加。这是因为被动方案降低了接受教育的收益，扭曲了个体的教育选择。

相反，主动方案虽不会让非技能劳动者立即受益，但会随时间推移降低非技能劳动者的占比。⑯ 这些不同的动态影响如图 8 所示，该图考虑了三种不同的政策干预情景，均以无任何公共干预（自由放任）的初始状态为起点：被动再分配、主动再分配，以及被动与主动再分配相结合。从中可见，技能劳动者的占比变化情况各不相同。主动再分配通过改善子女的社会背景来提高技能劳动者的占比，从而进一步增加技能劳动者数量并降低税收，形成良性循环；

⑯　本文假定工资恒定。如果工资是内生的，则会产生额外效应：更多高技能劳动者的涌入往往会压低高技能工人的工资，同时推高非技能劳动者的工资，从而进一步缩小工资差距。

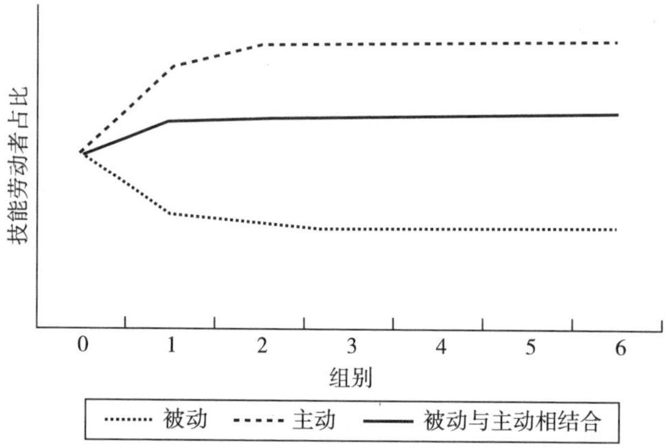

图 8　技能劳动者占比的动态调整，主动和被动再分配的对比

资料来源：Andersen（2016b）模拟的结果。

而被动转移支付的作用方向则恰恰相反。

4. 总结性评述

不平等现象正在加剧，与此同时，财政空间受限导致税收、转移支付等传统再分配政策的空间收缩。此外，由于全球化的影响，再分配造成的扭曲以及由此产生的社会成本可能正日益上升。前景看似黯淡，但是过往对再分配的讨论忽略了一个基本事实：收入平等的根基在于劳动力市场本身。教育资源分配越平等，收入分配越平等。这凸显了通过教育（包括教育水平和分配）实施积极再分配政策的重要性，该政策要求确保教育选择和机会的事实平等，这一伦理价值已广受认同。

重要的是，现有教育资源分配仍有改进的空间。或许仍然需要给教育追加更多资源，但当务之急是充分利用现有资源来实现改进，这是一个重大的政策挑战。影响教育表现和成果的最主要制约因素似乎并非教育供给能力不足的数量因素，毕竟大多数青年都接受了某种形式的高等教育。问题在于，有很大一部分人未能完成学业。原因有很多，包括能力欠缺、动力不足以及导致学业表现不佳的社会背景因素等。因此，亟需从数量和质量两个维度改进教育，以确保教育在与科技的竞赛中不至于落后太多。

（国务院发展研究中心　单大圣 译　高世楫 校）

参考文献

Alesina, A., and R. Perotti. 1996. Income Distribution, Political Instability, and Investment. *European Economic Review* 40 (6): 1203 – 28.

Andersen, T. M. 2015. *The Welfare State and Economic Performance.* SOU (Statens Ofentliga Utredningar) 2015: 53. Stockholm: SOU.

Andersen, T. M. 2016a. Automatic Stabilizers—The Intersection of Labor Market and Fiscal Policies. *IZA Journal of European Labor Studies* 5: 11.

Andersen, T. M. 2016b. Social Background, Education and Inequality. Centre for Economic Policy Research (CEPR) Discussion Paper.

Arrow, K. J. 1971. A Utilitarian Approach to the Concept of Equality in Public Expenditures. *Quarterly Journal of Economics* 85 (3): 409 – 15.

Atkinson, A. B., and S. Morelli. 2011. Economic Crisis and Inequality. United Nations Development Programme—Human Development Reports Occasional papers 2011/6.

Autor, D., and D. Acemoglu. 2012. Skills, Tasks and Technologies: Implications for Employment and Earnings. In *Handbook of Labour Economics*, vol. 4b, ed. O. Ashenfelter and D. Card, chap. 12. New York: Elsevier.

Becker, G. S., and N. Tomes. 1979. An Equilibrium theory of the Distribution of Income and Intergene-rational Mobility. *Journal of Political Economy* 87: 1153 – 89.

Björklund, A., and M. Jäntti. 2009. Intergenerational Income Mobility and the Role of Family Background. In *The Oxford Handbook of Income Inequality*, ed. W. Salverda, B. Noland, and T. M. Smeeding, chap. 20. Oxford: Oxford University Press.

Coibion, O., Y. Gorodnichenko, M. Kudlyak, and J. Mondragon. 2014. Does Greater Inequality Lead to More Household Borrowing? Institute of Labour Economics (IZA) Working Paper 7910.

Conti, G., J. J. Heckman, and S. Urzúa. 2010. The Education-Health Gradient. *American Economic Review, Papers and Proceedings* 100: 234 – 48.

Corak, M. 2013. Income Inequality, Equality of Opportunity, and Intergenerational Mobility. *Journal of Economic Perspectives* 27 (3): 79 – 102.

de la Fuente, A. 2011. Human Capital and Productivity. *Nordic Economic Policy Review* 2: 103 – 31.

Galor, O., and O. Moav. 2004. From Physical to Human Capital—Inequality and the Process of Development. *Review of Economic Studies* 71: 1001 – 26.

Galor, O., and J. Zeira. 1993. Income Distribution and Macroeconomics. *Review of Economic Studies* 60: 35 – 52.

Goldin, C., and L. F. Katz. 2009. *The Race Between Education and Technology.* Cambridge: Harvard University Press.

Halsey, A. H. 1961. *Ability and Educational Opportunity.* Paris: OECD.

Hanushek, E. A., and L. Woessmann. 2011. How Much Do Educational Outcomes Matter in OECD Countries? *Economic Policy* 26 (67): 427 – 91.

Heckman, J. J., and S. Mosso. 2014. The Economics of Human Development and Social Mobility. NBER Working Paper 19925. Cambridge, Mass.: National Bureau of Economic Research.

Heckman, J. J., and T. Kautz. 2013. Fostering and Measuring Skills: Interventions That Improve Character and Cognition. NBER Working Paper No. 19656. Cambridge, Mass.: National Bureau of Economic Research.

Holm, A, and M. M. Jæger. 2007. Does Parents Economic, Cultural, and Social Capital Explain the Social Class Efect on Educational Attainment in the Scandinavian Mobility Regime? *Social Science Research* 36: 719 – 44.

Holmlund, H., M. Lindahl, and E. Plug. 2011. The Causal Effect of Parents' Schooling on Children's Schooling: A Comparison of Estimation Methods. *Journal of Economic Literature* 49 (3): 615 – 51.

Jaumotte, F., S. Lall, and C. Papageorgiou. 2013. Rising Income Inequality: Technology, or Trade and Financial Globalization. *IMF Economic Review* 61 (2): 217 – 309.

Juncker, J. C., D. Tusk, J. Dijsselbloem, M. Draghi, and M. Schulz. 2015. *Completing Europe's Economic and Monetary Union*. Brussels: European Commission.

Kaldor, N. 1957. A Model of Economic Growth. *Economic Journal* 67: 591 – 624.

Knieser, T. J., and J. P. Ziliak. 2002. Tax Reform and Automatic Stabilization. *American Economic Review* 92: 590 – 621.

Lewis, A. W. 1954. Economic Development with Unlimited Supplies of Labour. *Manchester School* 22 (2): 139 – 91.

Neves, P. C., and S. N. T. Silva. 2014. Inequality and Growth: Uncovering the Main Conclusions from the Empirics. *Journal of Development Studies* 50 (1): 1 – 21.

OECD. 2011. *Divided we stand: Why Inequality Keeps Rising*. Paris: OECD.

OECD. 2012a. *Equity and Quality in Education—Supporting Disadvantaged Students and Schools*. Paris: OECD.

OECD. 2012b. *Going for Growth*. Paris: OECD.

OECD. 2014. *Education at a Glance*. Paris: OECD.

Piketty, T. 2014. *Capital in the Twenty-First Century*. Cambridge: Harvard University Press.

Roine, J., and D. Waldenström. 2015. Long-Run Trends in the Distribution of Income and Wealth. Working Paper. University of Uppsala, Uppsala, Sweden.

Salverda, W., et al. (eds.). 2014. *Changing Inequalities in Rich Countries: Analytical and Comparative Perspectives*. Oxford: Oxford University Press.

Tinbergen, J. 1972. The Impact of Education on Income Distribution. *Review of Income and Wealth* 18 (3): 255 – 65.

Van Treeck, T., and S. Sturn. 2012. *Inequality as a Cause of the Great Recession? A Survey of Current Debates*. ILO Series 39. Geneva: ILO.

Venieris, V., and D. Gupta. 1996. Income Distribution and Socio-political Instability as Determinants of Savings. *Journal of Political Economy* 96: 873 – 83.

改革论坛

Reform Forum

Comparative

扩大居民消费的政策选择与排序

张斌　朱鹤　于飞

1. 引言

我国近年来高度重视扩大消费，在历次重要的党和政府重要工作文件中都强调扩大内需、扩大消费。扩大消费的积极作用主要体现在三个方面：一是短期内扩大内需，提升经济活力；二是重新平衡消费和投资关系，让公众更好地分享中国经济增长红利，优化中长期资源配置格局，提升经济增长的可持续性；三是扩大消费带来的内需提升可以增加进口、减少贸易顺差，有利于改善对外经贸关系和外交关系。扩大消费是内政也是外交，既是国内发展的需要，也是国际社会的期待。

中共中央办公厅、国务院办公厅 2024 年 3 月印发的《提振消费专项行动方案》，是一个非常系统的支持消费增长的一揽子方案。方案中有些内容关注需求端，有些关注供给改善；有些涉及短期需求政策，有些涉及中长期改革；有些是应对局部挑战，有些则要求系统性变化。让一揽子方案落地，既能立竿见影，又可久久为功发挥长期作用，就需要理解居民消费背后的决定力量和各种力量发挥作用的机理和潜力，理解政策调整面临的约束条件和发挥政策效果的机理。并根据当前经济情况，分出轻重缓急，排出优先顺序，聚焦工作重点，循序落实方案提出的要求。

---

* 张斌，中国社科院世界经济与政治研究所研究员；朱鹤，中国金融四十人论坛（CF40）研究员；于飞，中国金融四十人论坛（CF40）青年研究员。

居民消费的变化可以分解为两个部分，一是全社会收入水平的变化，即GDP的变化。二是消费率的变化，这取决于在给定的全社会收入水平上，经过初次收入分配、二次收入分配以后，有多少钱形成了居民可支配收入；在给定的可支配收入水平上，居民部门花掉多少钱，即消费倾向。在这个分解的基础上，我们提炼了消费背后五方面的决定力量：一是产业发展；二是经济周期；三是公司治理和金融市场发育；四是二次分配政策；五是人口、住房、公共管理和服务等政策。

扩大居民消费的政策选择需要考虑政策发挥效力的作用机制和面临的约束条件。为了让改革政策更具可操作性，能够在不断前进中发掘更多政策空间，实现改革政策与扩大消费之间的良性互动，本文提出了几项原则：一是局部优先原则，二是增量优先原则，三是政策效力原则。基于对居民消费决定力量的分析和上面提到的政策调整原则，对扩大居民消费的政策选择做出以下排序：

（1）逆周期政策，这是短期提高居民收入和预期、扩大消费效果最明显的政策。主要政策工具包括充分降低政策利率、扩大公共投资和补贴消费政策。

（2）鼓励生育、都市圈建设和农民工安家的政策，这些政策改革涉及面相对有限，有助于提高部分居民的消费倾向，宜在近期局部试点推进。

（3）二次分配政策，包括提高社会福利和社会保障水平，这是中长期提高消费倾向的关键依托，需要久久为功，持续推进；二次分配也包括调节收入和财富分配的政策，这方面的改革需要择机推动。

（4）完善面向居民的金融服务政策，包括支持消费信贷、加大股权分红和培育养老保险金融等，这些政策的作用是培育金融市场，依靠市场力量提高居民收入和保障水平，减少居民的流动性约束，支持消费。

（5）产业政策，重点是释放服务业发展潜力，消除地方补贴，这些政策有助于提高全社会收入增长，改善初次收入分配，支撑中长期的消费增长。这类政策涉及行业管理政策、事业单位、地方政府职能等众多改革，需要试点突破。

2. 我国居民消费的重要事实和学术界的研究

进入21世纪以来，我国居民消费的变化有三个重要事实。第一个事实是，居民消费增速先升后降。21世纪头10年，我国居民消费增速趋势性上涨；2010年以后，居民消费增速持续回落。消费增速的先升后降与此期间内GDP

增速的先升后降基本保持一致。

第二个事实是，居民消费率先降后升。消费率是消费占 GDP 的比重，反映了资源配置格局，是经济学家重点关注的问题。21 世纪头 10 年，尽管消费增速趋势性上升，但是 GDP 增速大于消费增速，因而这一时期的消费率趋势性下降，从 2000 年的 46.8%一直降到 2010 年的 33.9%，下降了 12.9 个百分点。2010 年以后，居民消费率开始回升，消费增速超过了 GDP 增速，居民消费率从 2010 年的 33.9%上升到 2019 年的 38.6%，上升了 4.7 个百分点。疫情暴发以后，居民消费率又一度回落，但是在疫情结束以后消费率再次回到上升轨道，目前居民消费率在 40%左右（见图 1）。

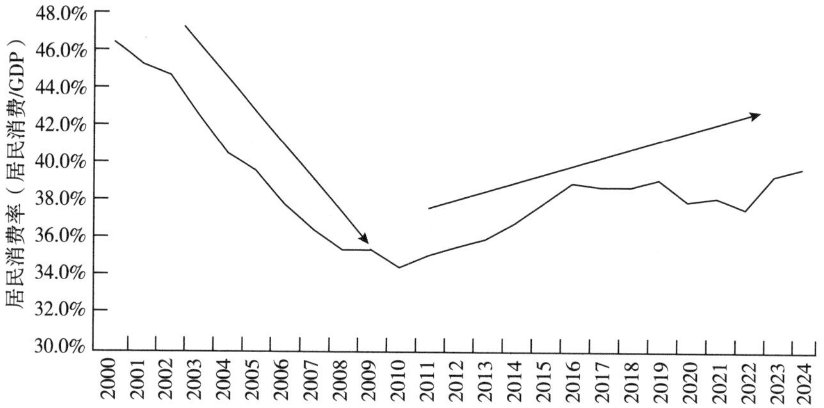

图 1　中国居民消费率

资料来源：国家统计局。

第三个事实是，中国的消费率与处于类似发展阶段的经济体相比偏低。不同发展阶段的消费率有很大差异，不同类型经济体的消费率也有很大差异。不区分收入水平和经济发展类型，仅是更大的经济体样本并不适合作为参照对象。这里我们采取与中国有类似发展阶段和类似发展模式的经济体作为比较对象。中国目前居民消费率在 40%左右，日本、韩国、中国台湾、德国、法国等经济体在类似发展阶段的居民消费率平均为 52%，中国居民消费率低了 12 个百分点（见图 2）。尽管朱天等人（2013）① 指出中国官方统计低估了居民消费

① 朱天，张军．中国的消费率被低估了多少？[J]．经济学报，2014（2）：42－67.

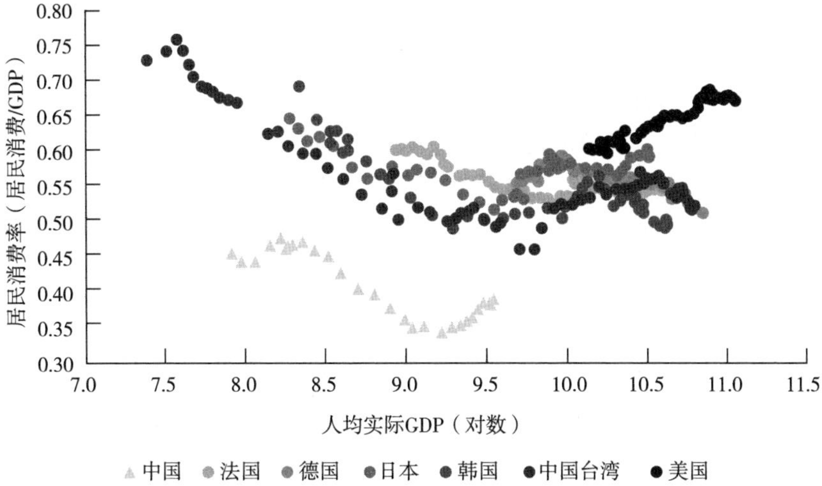

图2　居民消费率的国际比较

资料来源：OECD，CEIC，Japan Cabinet Office，Penn World Table 10.01。

率，但是大部分学者认为中国居民消费率相比发达经济体还是严重偏低②。通过理解这三个事实背后的原因，有助于我们找到居民消费背后的决定力量，也有助于我们从国际经验中发掘未来居民消费增长的潜在领域。

国内和国际学术界对中国家庭部门消费的研究非常丰富，这些研究主要聚焦于20世纪90年代到21世纪头10年，关注的核心问题是中国本就偏低的消费率为何还在持续下降。

第一类解释与经济增速相关。中国快速的经济增长带来了家庭储蓄率上升和消费率下降。克雷（Kraay，2000）认为，中国改革开放以前，经济资源集中在国有部门，私人部门收入和储蓄率很低。③ 自改革开放以来，家庭部门收入快速上升，促使家庭部门的储蓄率上升和消费率下降。莫迪格里亚尼等人（Modigliani et al.，2004）同样认为，中国改革开放以后的快速经济增长支撑了中国家庭部门的储蓄率上升和消费率下降。④

---

② 在与其他经济体采取同样的自有住房租金计算方法以后，中国居民消费率会上升4个百分点左右，即便如此，中国居民消费率还是低于处于类似发展阶段的其他经济体。

③ Aart，Kraay. Household Saving in China [J]. World Bank Econ. Rev.，2000. DOI：10.1093/wber/14.3.545.

④ F. Modigliani，and S. Cao. The Chinese Saving Puzzle and the Life Cycle Hypothesis [J]. Journal of Economic Literature，2004，42 (1)：145 – 170.

第二类解释与初次分配收入相关。张春等人（Chang et al. , 2016）发现，中国对重工业/资本密集型行业发展有着更强的偏好和融资支持，这会挤出其他行业的发展，同时带来投资率上升和劳动收入份额下降，消费率会保持在较低水平⑤。张斌等人（2016）发现，中国采取的一系列支持工业部门赶超的政策会提高工业品部门的增长，提高工业品的支出，但是消费增长受损⑥。徐朝阳等人（2020）发现，中国正处于从制造向服务的经济结构转型阶段，而中国的部分人力资本密集型服务业发展受到过度的管制政策限制，这会遏制服务业的发展，同时遏制消费率的提升⑦。

第三类解释与再分配和社会福利保障政策相关。这类文献主要强调社会保障政策不充分、金融体系发育不健全等因素刺激了预防性储蓄，压低了家庭消费率。李扬和殷剑峰（2007）基于中国资金流量表分析认为，中国 1992—2003 年间对居民部门的劳动报酬支出和利息支出在国民收入中的占比偏低，政府收入占比偏高，他们建议加速财政政策向公共财政转型，增加公共支出和对居民的福利支出可以提升中国家庭消费增长⑧。有学者（Cui & Aziz，2007）同样指出中国居民部门收入占比下降造成了消费率下降，他们强调这背后的原因是中国金融体系发展滞后，企业融资受到限制，进而使劳动者工资和财产性收入份额占比较低，遏制了消费⑨。徐忠等人（2010）认为，2000 年以来中国储蓄率持续高涨，是由政府的营利性动机及其对公共财政职能产生的挤出效应推动的，这带来了公共支出不足，居民和非国有企业不得不增加预防性储蓄⑩。艾斯等人（Ayşe et al. , 2018）发现，老年人面临的各种风险和一胎政策造成的家庭保险状况恶化，是 1980—2010 年中国家庭消费率大幅

⑤ Chang, Chun, et al. Trends and cycles in China's macroeconomy [J]. NBER Macroeconomics Annual, 2016, 30 (1): 1-84.

⑥ 张斌，茅锐．工业赶超与经济结构失衡［J］．中国社会科学，2016（3）：80-98.

⑦ 徐朝阳，张斌．经济结构转型期的内需扩展：基于服务业供给抑制的视角［J］．中国社会科学，2020（1）：64-83.

⑧ 李扬，殷剑峰．中国高储蓄率问题探究——1992—2003 年中国资金流量表的分析［J］．经济研究，2007，42（6）：14-26.

⑨ Cui, Li & Aziz, Jahangir. (2007). Explaining China's Low Consumption: The Neglected Role of Household Income. IMF Working Papers. 07. 10. 5089/9781451867459. 001.

⑩ 徐忠，张雪春，丁志杰，等．公共财政与中国国民收入的高储蓄倾向[J]．中国社会科学，2010（6）：93-107.

下降约一半的原因⑪。何辉等人（2018）发现，中国20世纪末打破国有企业铁饭碗以后，显著刺激了预防性储蓄的提升，这部分储蓄占据国有企业家庭储蓄资产的40%⑫。钟宁桦等人（2018）发现，1998—2000年取消福利分房政策使城镇居民的储蓄率平均增加了0.9%左右⑬。

第四类解释与家庭收入不平等、不确定性和消费倾向相关。甘犁等人（2018）基于中国家庭金融调查（CHFS）、中国家庭追踪调查（CFPS）和中国家庭收入调查（CHIP）三个微观数据库的研究发现，中国高收入群体的消费倾向更低，低收入群体的消费倾向更高，前20%高收入群体的边际消费倾向为0.2～0.4，而后20%低收入群体的边际消费倾向为0.6～0.9⑭。他们还发现低收入群体面临更大的流动性约束，这进一步压低了消费倾向。他们认为2000—2015年中国家庭消费倾向的显著下降主要来自这一时期收入分配恶化和低收入群体的流动性约束。其他人也有类似的发现，认为收入不平等扩大是解释中国家庭消费率下降的重要原因（金烨等，2011⑮；Chu et al.，2017⑯）。马科斯等人（Marcos et al.，2013）发现，1989—2009年，中国家庭收入的均值和方差都在持续上升，由于青年（20～35岁）家庭缺少作为缓冲的家庭储蓄，收入不确定性上升会压低这些家庭的消费率⑰。他们的研究还发现，退休金制度改革使得退休金从以前工资水平的75%下降到60%，这压低了临近退休年龄（50～60岁）家庭的消费率。

---

⑪ Ayşe İmrohoroğlu，Kai Zhao，The chinese saving rate：Long-term care risks，family insurance，and demographics［J］. Journal of Monetary Economics，2018，96：33－52.

⑫ He H，Huang F，Liu Z，et al. Breaking the "iron rice bowl"：Evidence of precautionary savings from the chinese state-owned enterprises reform［J］. Journal of Monetary Economics，2018，94：94－113.

⑬ 钟宁桦，朱亚群，陈斌开．住房体制改革与中国城镇居民储蓄［J］．学术月刊，2018，50（06）：43－56.

⑭ 甘犁，赵乃宝，孙永智．收入不平等、流动性约束与中国家庭储蓄率［J］．经济研究，2018，53（12）：34－50.

⑮ 金烨，李宏彬，吴斌珍．收入差距与社会地位寻求：一个高储蓄率的原因［J］．经济学（季刊），2011，10（3）：887－912.

⑯ Tianshu Chu，Qiang Wen. Can income inequality explain China's saving puzzle?［J］. International Review of Economics & Finance，2017，52：222－235.

⑰ Marcos Chamon，Kai Liu，Eswar Prasad. Income uncertainty and household savings in China［J］. Journal of Development Economics，2013，105：164－177.

此外，还有研究探讨房价、人口、性别等因素对家庭消费的影响。比如谢洁玉等人（2012）认为房价上涨对不同类型家庭消费的影响不同，但整体上抑制了消费⑱。李涛等人（2014）发现，家庭住房资产主要呈现出消费品属性，只存在微弱的“资产效应”，且不存在“财富效应”，住房价格上涨无助于提高我国居民消费⑲。莫迪格里亚尼等人（2004）认为，中国的一胎政策提高了总体的就业率并削弱了养儿防老的传统养老保障方式，刺激了家庭储蓄率上升⑳。魏尚进等人（2011）认为，传统的解释，比如生产周期、预防性储蓄以及金融发展程度或者消费习惯等不足以解释中国的储蓄率上升，他们提出的新解释是中国男女性别比例失调，有男孩的家庭为了男孩在今后的婚姻市场上更有竞争优势而增加储蓄㉑。这解释了1990—2007年中国家庭储蓄增加的一半左右。

学术界的已有研究对我们理解中国居民消费率变化提出了丰富的解释，不足之处在于三个方面：一是重点关注消费率，对消费增长本身关注不多，鲜有研究讨论消费增速的变化；二是重点关注消费率的下降，对2010年以后消费率的上升缺少解释；三是尽管很多研究很细致、深入，但是在影响消费的众多因素中，孰轻孰重难以辨别。就本文的研究目的而言，学术界的研究提供了非常有价值的认识线索，但这些研究不足以回答我们的问题。接下来还需要更进一步的分析，认清消费背后的决定力量，重点是消费背后各种决定力量的轻重和未来潜力。

3. 分析框架

为了更系统地了解消费背后的驱动力量，这里我们把消费分解为四个部分。

$$C = GDP * \left(\frac{FI}{GDP}\right) * \left(\frac{DI}{FI}\right) * \left(\frac{C}{DI}\right)$$

---

⑱ 谢洁玉，吴斌珍，李宏彬，等．中国城市房价与居民消费［J］．金融研究，2012（6）：13－27.

⑲ 李涛，陈斌开．家庭固定资产、财富效应与居民消费：来自中国城镇家庭的经验证据［J］．经济研究，2014，49（3）：62－75.

⑳ F. Modigliani，and S. Cao. The Chinese Saving Puzzle and the Life Cycle Hypothesis［J］. Journal of Economic Literature，2004，42（1）：145－170.

㉑ Wei，Shang-Jin，and Xiaobo Zhang. The Competitive Saving Motive：Evidence from Rising Sex Ratios and Savings Rates in China［J］. Journal of Political Economy，2011，119（3）：511－64.

上述公式中，C 代表消费；GDP 代表总收入；$\left(\frac{FI}{GDP}\right)$ 是初次分配收入在 GDP 中的比重；$\left(\frac{DI}{FI}\right)$ 是可支配收入与初次分配收入之比，代表了二次分配；$\left(\frac{C}{DI}\right)$ 是给定可支配收入中多少用于消费，是消费倾向。

消费的变化可以分解为两个部分，一是全社会收入水平的变化，即 GDP 的变化。二是消费率的变化，这取决于在给定社会收入水平上，经过初次收入分配 $\left(\frac{FI}{GDP}\right)$、二次收入分配 $\left(\frac{DI}{FI}\right)$ 以后，有多少钱形成了居民可支配收入；在给定的可支配收入水平上，居民部门花掉多少钱，即消费倾向 $\left(\frac{C}{DI}\right)$。

根据资金流量表数据，我们可以把这个分解用具体数字更清晰地表示出来。分解之后我们可以看到，就消费增速变化而言，GDP 增速变化带来的影响最大，按照影响力大小排序，往后分别是初次分配、消费倾向和二次分配（见图 3）。

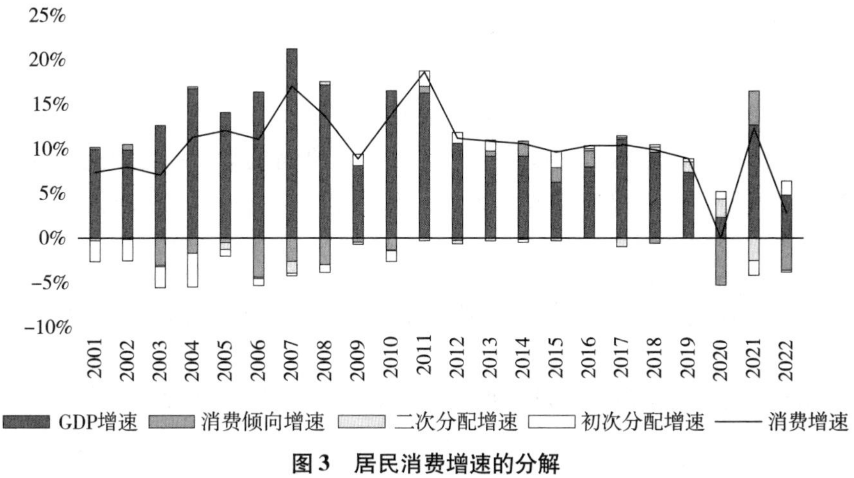

图 3　居民消费增速的分解

资料来源：国家统计局，作者计算。

在上述分解中，消费增速的变化主要来自 GDP 增速变化，接下来的问题是 GDP 增速变化背后究竟是什么力量，通过什么样的机制影响消费。同样的问题也适用于初次分配、二次分配、消费倾向背后是什么力量，通过什么机制影响消费。这里我们需要进一步分析上面四个分解要素，找到消费背后的决定力量。

GDP 增长可以分解为两个主要组成部分㉒，一是趋势性变化部分，另一个是围绕趋势的周期性变化部分。这两个部分也分别对应着两股决定力量，趋势性变化部分背后主要是产业发展的力量（*I*），这是供给端的力量，这股力量决定了全社会的生产率变化，决定了中长期收入增长趋势；周期性变化部分背后主要是经济周期（*C*），这是需求端的力量，是需求方对短中期 GDP 的影响，需求不足的时候经济低于潜在产出水平，GDP 低于趋势值，需求过剩的时候 GDP 高于趋势值。

$$GDP = GDP(\text{产业力量} I, \text{周期力量} C)$$

这里的初次分配是指在初次分配中，全社会收入有多少分配给了家庭部门，主要包括劳动者收入和财产性收入在全社会收入中的占比。劳动者收入在全社会收入中的占比变化主要来自产业力量。在不同的产业结构下，初次分配中占据主要部分的劳动者报酬占比会显著不同。一般情况下，在工业部门，劳动者的初次分配收入占比较低；在服务业，劳动者的初次分配收入占比较高。从我国 2020 年的投入产出表数据来看，在工业和采矿业，劳动者报酬占增加值的平均值是 40%；在建筑业和服务业，劳动者报酬占增加值的平均值是 57.8%。建筑业和服务业占比提高更有利于提高初次分配中的劳动者报酬占比。

财产性收入也是家庭部门在初次分配中的重要收入来源。财产性收入主要取决于公司治理结构和金融政策（*C&F*），更高的股权分红比例，对家庭投资者更丰富、更具保值增值功能的金融投资产品有助于提高家庭获得的财产性收入。

$$\frac{FI}{GDP}(\text{初次分配}) = \frac{FI}{GDP}(\text{产业力量} I, \text{公司治理和金融政策} C\&F)$$

二次分配$\left(\frac{DI}{FI}\right)$是政府通过税收政策（*T*）、社会保障和社会福利政策（*S*）对初次分配后的国民收入进行调节。政府一方面通过税收、社会保障等相关缴费从居民处获得收入，同时通过社会保障和社会福利支出提高居民收入。如果政府在这些领域的支出大于收入，则意味着居民部门得到了比初次分配收入更高的收入，有助于扩大消费。当然，二次分配还会通过改变收入分配渠道影响消费倾向，下文会进一步讨论。

㉒ 高频率的 GDP 增长数据中还包括了季节性成分和不规则波动成分，这里不做考虑。

$$\frac{DI}{FI}(\text{二次分配}) = \frac{DI}{FI}(\text{税收 }T,\text{社会保障和社会福利政策 }S)$$

消费倾向$\left(\frac{C}{DI}\right)$是给定可支配收入水平上居民愿意支出的比例。这背后的影响因素更加复杂。二次分配$\left(\frac{DI}{FI}\right)$可能会从多个渠道影响消费倾向。考虑到低收入群体的边际消费倾向高于高收入群体，如果二次分配降低了收入分配不平等，就有助于扩大总体消费。如果社会保障和社会福利支出增加了居民部门的保障水平和安全感，对扩大消费也可能会有帮助。除了二次分配政策，正如我们在前述研究文献中看到的，诸如人口、住房、公共管理和公共服务等社会政策（O）也可能影响居民部门的消费倾向。

$$\frac{C}{DI}(\text{消费倾向}) = \frac{C}{DI}\left(\text{二次分配}\frac{DI}{FI},\text{人口、住房、公共管理和服务等社会政策 }O\right)$$

将以上力量汇总在一起，可以把消费背后的决定力量描述如下：

$$C = C(I, C, F\&C, T\&S, O)$$

以上就是家庭消费背后的五股主要决定力量：①产业发展决定了中长期收入，是家庭消费中长期趋势的决定力量；②经济周期影响短中期收入，是特定时期消费增长的重要决定力量；③公司治理和金融政策改变家庭的财产性收入，进而改变家庭消费面临的流动性约束；④二次分配政策通过改变家庭收入、缩小收入分配差距、减少后顾之忧等多个渠道影响家庭收入和消费倾向；⑤诸如人口、住房、公共管理和公共服务等政策会改变给定收入水平上的家庭消费倾向，对部分家庭消费有显著影响。接下来我们对决定消费的五股力量展开分析，讨论它们对消费的影响机制、影响力度和未来潜力。

4. 居民消费背后的决定力量

4.1 产业发展与居民消费：消费长期变化的主导力量

影响机制：产业发展通过两个渠道影响消费。首先，产业发展会带来全社会收入水平上升，居民收入随之上升并带来消费提升。其次，产业发展会带来初次分配收入变化。多数情况下，在工业占比偏高的产业结构中，劳动者报酬占比偏低；在工业占比下降、服务业占比上升的产业结构中，劳动者报酬占比更高。劳动者报酬高对促进消费更有帮助㉓。

从对消费增长的分解来看，拉长时间看全社会收入增长是消费增长的绝对主导力量。收入增长中，一部分是趋势的力量，这背后是产业成长的力量；另一部分是周期的力量。拉长时间看，周期的力量会在高于趋势和低于趋势中相互叠加，合并以后的变化较小，在长期对全社会收入起主导作用的还是产业的力量。

未来潜力：未来产业升级通过两个渠道影响消费增长。一是随着产业升级经济增速会有一个自然放慢的过程，这会带来消费增速放缓。我国在市场化程度较高的农业、制造业、建筑业和部分服务业中的产业发育程度已经接近发达国家水平。从供给端看，这些产业通过学习国外先进技术和管理经验进而实现赶超的空间收窄，增长更多依赖创新而非像此前那样靠快速的资本积累和学习，这些产业的增长速度放慢。从需求端看，全社会对这些产业提供的产品和服务的需求在快速饱和，对这些产业的增长也形成了制约。高收入经济体在类似发展阶段也都有类似的经历。张斌和邹静娴（2018）发现，相比其他高收入经济体，中国经济增速的这种自然放慢进程并不特别，中国也没有比其他高收入经济体在类似发展阶段有更显著的经济增速下滑。㉔

在市场化程度偏低的人力资本密集型服务业，比如科研、教育、公共管理和公共服务、健康和医疗、体育文娱等产业，与发达国家相比仍有明显的差距和学习空间。从需求端看，这些产业是今后满足产业升级和消费升级的主要依托，需求空间很大。这些产业的成长是支撑我国中长期收入增长的关键依托，也是未来消费增长的关键依托。

二是产业升级带来的初次分配收入改善有利于消费增长。从国际经验来看，在产业升级的过程中，越来越多的经济活动转向服务业领域，在人均收入达到20 000～25 000美元之前，劳动者收入份额的占比会提升，这对消费提升有帮助。在与中国处于类似的人均收入水平时，法国、日本、韩国、中国台湾的劳动报酬在GDP中的占比分别是42.5%、43.5%、36.2%、48.6%，中国是38.9%，与样本经济体平均水平差距大约为3.9个百分点（见图4）。补上这个差距，对未来每年的消费增长都能起到一定的贡献。

㉓ 根据2020年投入产出表的数据，工业和采矿业劳动者报酬占增加值的平均值是40%，建筑业和服务业劳动者报酬占增加值的平均值是57.8%。

㉔ 张斌，邹静娴．中国经济结构转型的进展与差距［J］．国际经济评论，2018（6）：9－24.

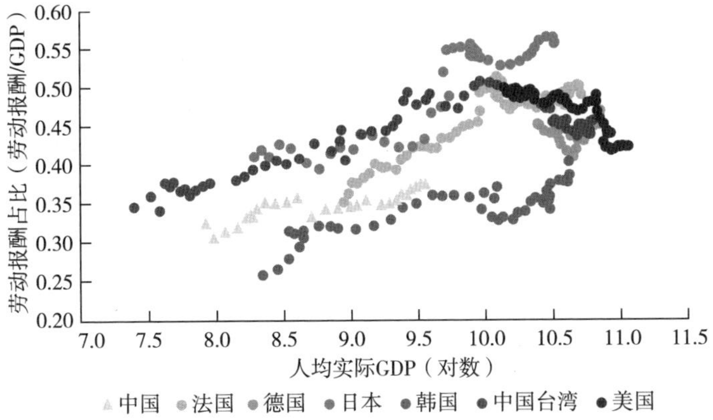

图4 劳动报酬占比的国际比较

资料来源：OECD，CEIC，Japan Cabinet Office，PWT。

4.2 经济周期与消费：个别时期的重要决定力量

影响机制：根据持久收入假说，消费者会基于对未来的收入预期尽量平滑一生的消费，消费者短期的收入波动不会影响消费。如果完全按照这个假说，收入的周期性波动不会显著影响当期消费。

然而即便是这个理论的提出者弗里德曼（1957）㉕ 也不否认短期收入变化对当期消费的影响，弗里德曼指出，由于存在未来收入不确定性、流动性约束等，消费者做不到完全的消费平滑，暂时性收入变化的边际消费倾向达到1/3。卡罗尔（Carroll，2001）利用随机消费模型，在考虑了缺少耐心的消费者面临未来收入的不确定性以及消费者面临的流动性约束后，认为当期收入变化会对消费带来显著影响，而未来的收入对当期消费的影响相对更弱。㉖ 万广华等人（2001）㉗ 和高梦滔等人（2008）㉘ 发现国内消费普遍受到流动性约束，消费者做不到利用金融市场平滑一生的消费，这意味着经济周期性带来的收入变化

㉕ Friedman M A. A Theory of The Consumption Function [J]. Econometrica, 1957, 40 (4).

㉖ Carroll, Christopher D. A Theory of the Consumption Function, with and without Liquidity Constraints [J]. The Journal of Economic Perspectives, 2001, 15 (3): 23-45.

㉗ 万广华，张茵，牛建高．流动性约束、不确定性与中国居民消费［J］．经济研究，2001（11）：35-44.

㉘ 高梦滔，毕岚岚，师慧丽．流动性约束、持久收入与农户消费——基于中国农村微观面板数据的经验研究［J］．统计研究，2008，25（6）：48-55.

会影响当期消费。

GDP、居民可支配收入和居民消费的周期性变化高度正相关（见图5）。这里我们去除了GDP增速、居民可支配收入增速和居民消费增速的趋势项，仅保留了其周期波动成分，三者的周期波动高度正相关。GDP增速周期项、可支配收入增速周期项和居民消费增速周期项的标准差分别达到3.4%、2.8%和3.4%。从统计角度看，短期GDP增速的周期性上升或者下降，会伴随几乎相同幅度的消费增速波动。即便不考虑疫情期间消费率的较大变化，消费率的周期项也可以达到较大的波动幅度。

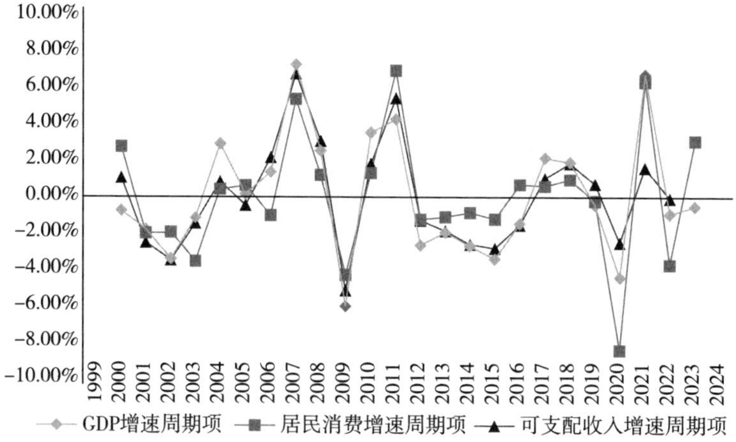

图5　GDP、居民可支配收入和消费的周期性波动

资料来源：国家统计局，作者计算。

未来潜力：近十年来，我国通胀水平持续偏低，宏观经济易冷难热，特别是最近五年来核心CPI连续低于1%，需求不足情况更加凸显。在持续的需求不足环境下，居民可支配收入增长和消费增长也会受到明显的负面影响。需求不足可以是2~3年的短中期现象，也可以是持续时间很长的现象，比如日本在1992—2012年“失去的20年”中，逆周期政策力度不充分且政策反反复复，经济绝大部分时间都处于需求不足状态㉙，日本经济蒙受了本可避免的重大损失。通过充分的逆周期政策，尽快走出需求不足状态对消费增长是重要保障。如果消费不足长期存在，GDP增速持续低于潜在增速，消费增长也会因

㉙　伊藤隆敏，星岳雄．繁荣与停滞：日本经济发展和转型［M］．北京：中信出版集团，2022.

此蒙受重大损失。

4.3 金融市场发育与消费：缓解流动性约束，提高财产性收入

影响机制：金融市场发育通过多个方面影响消费。首先，通过更完善的信贷市场缓解短期流动性约束对居民消费的制约。实证文献中普遍发现流动性约束会制约消费，这在获得信贷能力较差的低收入群体中尤其突出。其次，通过更加完善的金融体系帮助企业解决流动性约束，有助于居民在初次分配收入中获得更多财产性收入，提高居民的初次分配收入，助力消费提升。

我国对居民部门的消费信贷规模持续扩大，消费贷款占 GDP 比例持续上升，2020 年以后有所回落（见图 6）。从 2009 年到 2019 年，我国消费贷款占 GDP 比例平均每年上升 2.8 个百分点，短期消费贷款占 GDP 比例平均每年上升 0.8 个百分点，长期消费贷款（主要是住房抵押贷款）平均每年上升 2 个百分点。即便不考虑住房抵押贷款，短期消费贷款对当前的消费提升也起到了很大作用，平均每年提升消费大约 2 个百分点。2020 年以后，消费贷款占 GDP 比例持续回落，无论是中长期的住房抵押贷款占 GDP 比例还是短期消费贷款占 GDP 比例都明显回落，对消费的支持力度显著放缓。财产性收入是居民初次分配收入的重要组成部分。我国居民部门的财产性收入增速与 GDP 增速大致同步，财产性收入占 GDP 比例持续保持在 2% ~3% 的较低水平，财产性收入对消费增长没有起到额外的助力。

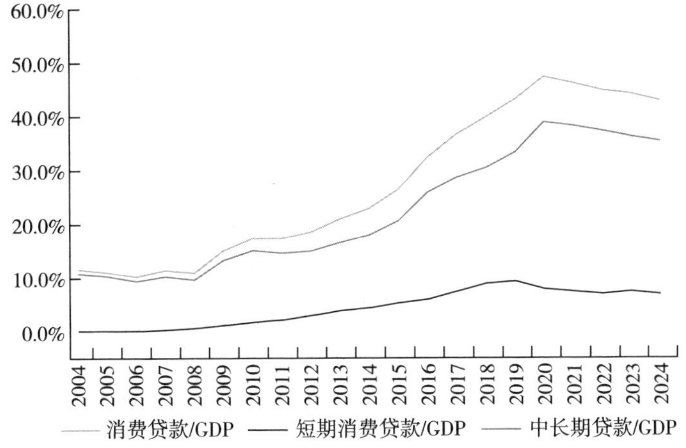

图 6 消费信贷

资料来源：国家统计局。

未来潜力：无论是消费贷款增长，还是居民的财产性收入增长，我国与发达国家相比都还有明显差距，有较大的增长空间，对消费的增长也能起到更大的促进作用。高收入经济体的消费信贷（不包括住房抵押贷款）占GDP比例在15%~20%，我国目前不到10%。

在财产性收入占GDP比例方面，我国与发达国家也有明显差距，日本、法国在3%~5%，韩国、德国、美国在8%~10%，我国目前大约为3.2%（见图7）。中国居民的财产性收入占比偏低，主要原因是股权分红在居民家庭金融资产中的占比太低。发达经济体的财产性收入结构中，利息收入约占10%，股权分红约占60%，其他财产性收入接近25%，地租收入不到5%。我国居民部门财产性收入中，利息收入占绝对主体位置，占比高达70%以上，而股权分红的占比仅为10%左右。这种分布格局与我国居民的资产负债结构密切相关，即金融资产中的权益类资产占比较低，导致我国居民从股权投资中获取的财产性收入较少，难以有效分享企业经营成果。通过更进一步发展资本市场，调整企业的公司治理结构，我国居民的财产性收入还有明显的提升空间。

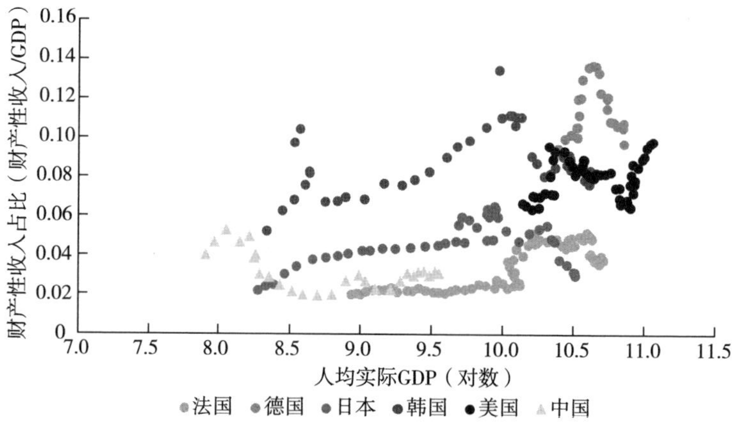

图7 财产性收入的国际比较

资料来源：OECD，CEIC，Japan Cabinet Office。

4.4 二次分配与消费：未来提高消费倾向的关键，潜力巨大

影响机制：二次分配是政府在初次分配的基础上通过税收、社会保障和社

会福利等政策，改变收入分配。二次分配的目标是缩小收入分配差距、保障基本民生，以此促进社会公正。二次分配可以通过多个渠道影响消费。一是二次分配重新改变了初次分配的结果，如果居民部门获得了更高收入，会对消费起到促进作用；二是二次分配缩小了收入分配差距，考虑到高收入群体的消费倾向低于低收入群体，二次分配可以提高总体消费倾向。三是二次分配中的社会保障和社会福利政策有助于稳定居民对未来生活的信心和预期，有助于减少居民的预防性储蓄，提高居民消费倾向。

居民消费增长取决于收入，也取决于给定收入下的消费倾向。与高收入经济体处于类似发展阶段相比，我国居民部门的平均消费倾向显著偏低。在与中国当前类似的人均收入水平上，法国、日本、韩国、中国台湾的平均消费倾向分别是 82.5%、82.3%、72.8%、74.8%，中国目前大约为 63.7%，与样本经济体平均水平差距大约为 14.4 个百分点（见图 8）。居民消费倾向偏低背后的原因有很多，从目前的研究文献看，大量研究都在强调二次分配在其中发挥的重要作用，特别是社会保障和社会福利发挥的重要作用。

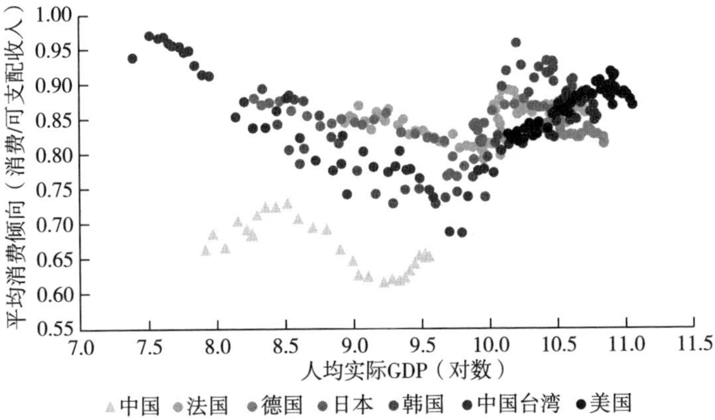

图 8　平均消费倾向的国际比较

资料来源：OECD，CEIC，Japan Cabinet Office，PWT，CF40。

我国对民生领域的支出占比在趋势性上升。政府财政支出中，民生类支出在全部支出中的比重持续上升，政府主导的实物社会转移（指政府或非营利机构向居民无偿提供的实物产品或服务，如免费教育、医疗、住房补贴、公共交通等）与 GDP 之比从 21 世纪初的 3% 上升到目前的 6%~7%（见图 9 和图 10）。

尽管如此，与高收入国家处于类似发展阶段相比，我国二次分配的政策力

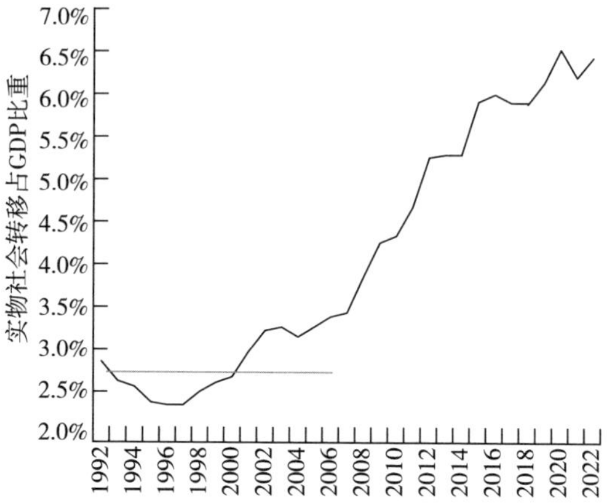

图 9　中国实物社会转移占 GDP 比重

资料来源：国家统计局，Wind。

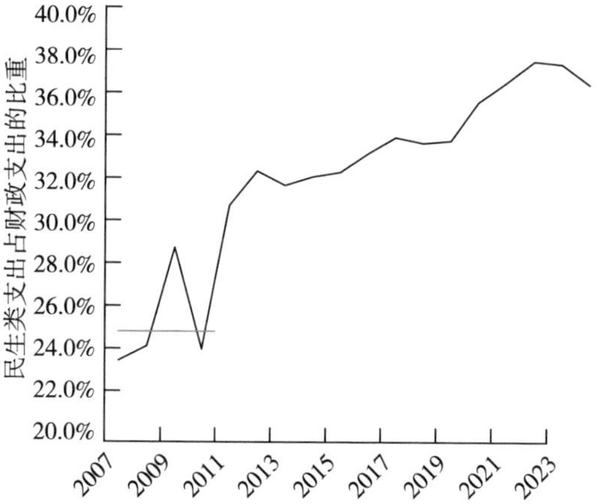

图 10　民生类支出占财政支出的比重

资料来源：国家统计局，Wind。

度偏低。我国可支配收入与初次分配收入之比为 0.97，超过高收入国家处于类似发展阶段的这一比值（见图 11）。这个比值偏高，说明政府并没有通过二次分配手段从整体居民部门拿走更多收入分配给其他部门，但是这个比值偏高并不能说明二次分配的调节力度大小。

我国二次分配的特征是与此相关的财政收入和支出都处于偏低水平。中国居民部门缴税在可支配收入中的占比偏低。在与中国类似的人均收入水平上，法国、日本、韩国和中国台湾居民部门缴纳的税收占可支配收入的比例分别是

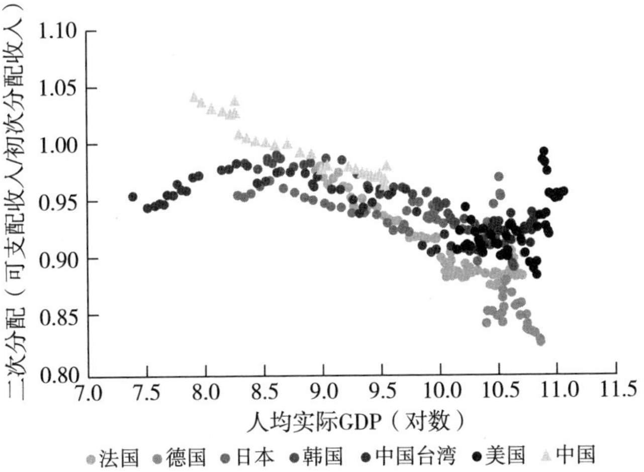

图 11　可支配收入/初次分配收入的国际比较

6%、6.7%、4.5%和4.2%，而中国是2.1%（见图12）。中国居民的社会保障和社会福利支出与收入基本持平，二者都在居民人均可支配收入的10%左右。中国的社会保障和社会福利水平与处于类似发展阶段的日本和韩国比较相似，低于处于相似发展阶段的欧洲国家（见图13和图14）。

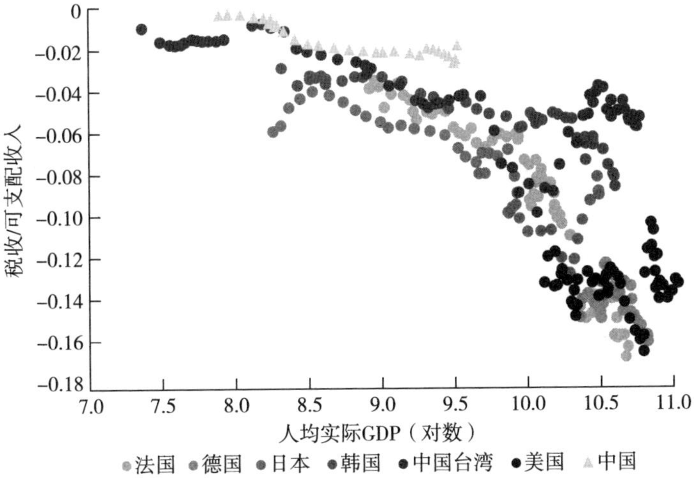

图 12　税收占可支配收入比重的国际比较

资料来源：OECD，CEIC，Japan Cabinet Office，PWT，CF40 研究院。

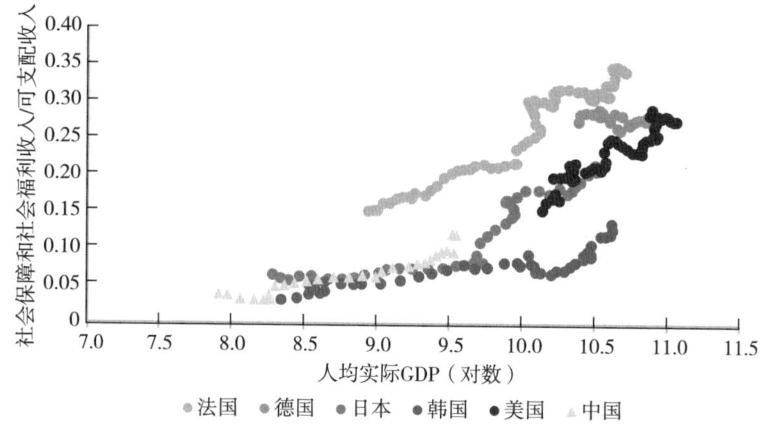

图 13　社会保障和社会福利收入占可支配收入比重的国际比较

资料来源：OECD，CEIC，Japan Cabinet Office，PWT，CF40 研究院。

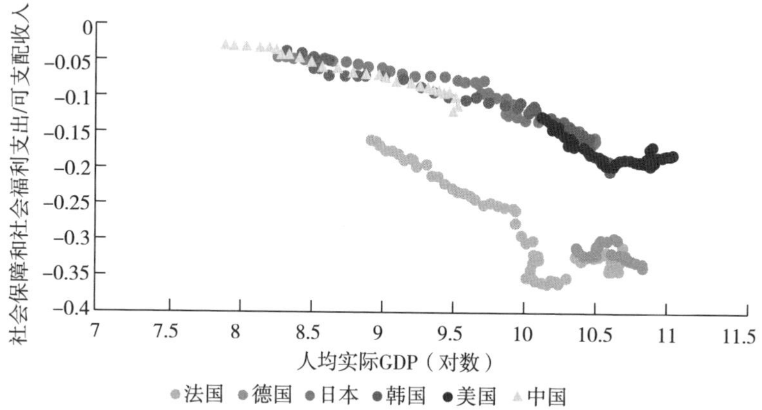

图 14　社会保障和社会福利支出占可支配收入比重的国际比较

资料来源：OECD，CEIC，Japan Cabinet Office，PWT，CF40 研究院。

未来潜力：正如凯恩斯指出的，收入增长会更多向高收入群体集中，高收入群体消费倾向偏低而低收入群体消费倾向偏高，这会带来居民整体边际消费倾向下降。与此同时，随着收入增长和资本存量的积累，投资的边际回报率下降，对未来投资的预期收益下降。在这两方面力量的综合作用下，私人部门的消费和投资都会下降，市场自发的需求下降，需求增长将不足以维持充分就业，实现总供求平衡。

凯恩斯这种想法的现代版本是，由于（不止于凯恩斯讨论的）多种原因，私人部门的意愿储蓄会持续大于计划投资，经济达不到充分就业水平。面对这种局面，一种解决办法是降低利率，以此降低真实利率，使真实利率贴近让意愿储蓄和计划投资达成平衡的自然利率水平。这种办法面临的问题是如果名义利率已经很低，降无可降，真实利率持续高于自然利率，那经济会陷入长期停滞状态㉚。

另一种解决办法是增加财政支出，这也是高收入国家近几十年来一直在用而且规模不断扩大的办法。这些财政支出的很大部分用于社会保障和社会福利。通过增加政府支出可以减少总储蓄，增加总投资，拉高自然利率。这个做法可以实现充分就业，同时不要求过度依赖降低名义利率。

政府举债增加社会保障和社会福利支出，并不必然破坏政府债务的可持续性。这些政策会增加财政赤字率和政府债务水平，同时提高全社会的就业和收入，减缓债务率上升。不仅如此，考虑到真实利率处于更低的水平，政府即便面对更高的债务率，偿债负担并不必然增加。从发达国家的经验来看，政府公共部门债务率稳定持续上升，不会威胁到政府债务的可持续性，也不会威胁到货币信用和政府债券信用。

我国在当前发展阶段也进入了私人部门意愿储蓄持续大于计划投资的状态。为应对这种挑战，除了依靠短期的逆周期政策，中长期同样需要政府增加社会保障和社会福利支出，需要调节收入和财富分配。从高收入经济体的经验来看，居民部门获得的社会保障和社会福利收入普遍达到居民可支配收入的20%以上，我国目前只有10%，如能填补这个差距，中低收入群体获得的社会保障和社会福利收入大幅提升，对未来提高消费倾向是关键支撑。我国目前居民消费倾向为63.7%，高收入经济体在类似发展阶段的居民消费倾向大约是78%，这个比例随着收入的进一步增长有望上升到85%左右。二次分配是实现这个变化的关键支撑。

4.5 影响消费的其他因素：人口、住房、公共管理和公共服务等

中国的消费率远低于高收入国家处于类似发展阶段的水平。通过对消费的分解可以看到，消费率偏低的最突出原因是中国居民的消费倾向偏低。消费倾向偏低背后有统计口径方面的原因，比如中国的自有住房租金测算方法低估了

㉚ Teulings, C and R Baldwin. Secular Stagnation: Facts, Causes and Cures [M]. Paris & London, CEPR Press, 2014. https://cepr.org/publications/books-and-reports/secular-stagnation-facts-causes-and-cures.

住房消费，也有二次分配政策力度偏弱的原因，但这些还不足以解释中国消费倾向偏低的差距。日本和韩国在与中国处于类似发展阶段时的社会保障和社会福利水平也很低，但其居民消费倾向还是显著高于中国。

正如我们在前述研究文献中看到的，一些具有中国特色的因素对中国消费倾向偏低也有一定的解释力。这些因素包括：（1）较低的生育率，中国目前的生育率只有1.07，日本和韩国在类似发展阶段的生育率为2.1和1.5，过低的生育率压低了中国的消费倾向；（2）中国大量外出务工的农民工群体难以在工作地安家，这些务工者为了支持孩子在城市安家或者以后回到家乡买房，普遍消费水平很低，有较高的储蓄率；（3）较大的收入分配差距，日本和韩国在类似发展阶段的居民收入基尼系数为0.3～0.4，我国的基尼系数在0.46左右；（4）在2021年之前房价快速上涨的预期下，无论是刚性需求还是投资需求，都使得买房而不是当前消费更具吸引力。2022年房价开始持续下跌以后，这个影响不复存在。

5. 扩大消费的政策侧重点与排序

上文讨论了影响消费增长的五股力量：产业发展、经济周期、金融市场发育、二次分配以及人口、住房、公共管理和公共服务等。这五方面的力量有些主要来自市场，有些受到政策的显著影响；有些可能在短期发挥作用，有些需要长期逐渐发挥作用；有些对扩大消费潜力很大，有些没那么大。

为了让扩大消费的政策更容易落地见效，在考虑消费背后的决定力量的同时，还应该看到改革政策面临的约束条件。为了让改革政策更具可操作性，能够在不断前进中发掘更多政策空间，实现改革政策与扩大消费之间的良性互动，这里提出了几项原则：一是局部优先原则，涉及改革的部门和政策尽可能少，对体制机制配套要求相对较低。换个角度看，局部优先也意味着该领域的外生性较强，可以在保持其他领域不变的情况下做出改变。二是增量优先原则，先做增量，有了增量打开政策空间以后更便于做存量。三是政策效力原则，对提高消费倾向或者居民收入占比的效力越强，该政策选项越优先。

基于对消费决定力量的分析以及上面提到的政策调整原则，这里对扩大消费的政策选择做出了以下排序：

5.1 逆周期政策：短期快速提高收入和预期、扩大消费的主动力

我国当前仍处于需求不足状态，以GDP平减指数、CPI和核心CPI为代表的价格指数连续多年维持在低位。在需求不足的状态下，不仅实际经济增速达不到潜在经济增速，居民部门的收入和消费也低于其潜在合理水平。与其他各种促进消费的政策手段相比，通过充分的逆周期政策扩大需求，对短期提升居民部门收入和消费能起到最显著的效果。逆周期政策在短期扩大消费的一揽子政策中发挥着主导作用。

这里我们做一个简单的情景分析：我国2024年的GDP平减指数是-0.7%，如果能通过充分的逆周期政策使得GDP平减指数达到2%，这不仅会通过价格水平上升带动名义GDP上升，也能通过提高真实产出水平带动名义GDP增长。根据名义GDP增速与GDP平减指数的历史相关关系，GDP平减指数从-0.7%上升到2%，能带来2.7个百分点的名义GDP增长，带来1.5个百分点的实际GDP增长，合计带来名义GDP增速上升4.2个百分点。在消费率不变的情况下，能带来4.2个百分点的名义消费增长。保守估计，即便总需求回升，投资上升大于消费上升，消费的增速也能达到3~4个百分点。这在短期是非常显著的变化，也是其他结构性政策手段在短期难以实现的消费增长。

逆周期政策的主要政策工具是以降低政策利率为代表的宽松货币政策和扩大政府支出。扩大政府支出当中，以以旧换新为代表的支持消费政策在短期能对部分商品销售起到非常明显的提升作用。通过政府举债增加公共投资的作用更值得关注，这类政策可以在短期更显著地提高全社会收入和支出水平。通过政府举债增加投资的主要担心是投资效率不高。以逆周期为目标的公共投资，不能用商业回报率评价其投资回报率，不能从单个项目评价其商业回报率，应该以宏观目标，以是否显著提升了就业和收入评价其整体回报率。我国在电力和燃气、铁路、公路、机场、港口码头等基础设施方面有大量投资和长足进步，很多领域已经接近发达国家水平甚至超过发达国家水平。但是在教育、文化、体育、地下网管、城市道路等与民生紧密相关的公共领域的投资还有很大差距。我国百万人平均拥有的图书馆、博物馆、体育场地、城市道路长度等远低于发达国家水平。这些与民生直接相关的领域还有很大的公共投资空间。

5.2 鼓励生育、都市圈建设和农民工安家：改革涉及面小、效果明显，近期重点推进

与高收入国家处于类似发展阶段相比，过低的生育率、大量农民工难以在工作的城市安家和都市圈过高的房价是中国比较独特的现象，也是我们在未来发展中亟待解决的问题。这些不仅是经济问题也是社会问题，既关系到效率也关系到社会公正。

相关的政策主要包括鼓励生育、降低都市圈过高的房价、完善都市圈对农民工安家的各种公共基础设施和公共服务等。这些政策带来的不仅是消费提升，对于提高未来中国经济的增长潜力、促进社会公正也意义重大。政策执行层面上，鼓励生育，降低全国范围内为数不多几个特大城市都市圈的房价和完善都市圈的公共基础设施和公共服务，需要个别部门或者个别城市推进改革，符合局部优先原则。在各种改革举措中相对容易推进。

5.3 二次分配：提高未来消费的关键依托，立足当前，久久为功持续推进

二次分配是未来提高居民消费倾向不可或缺的关键依托。二次分配政策包括提高社会保障和社会福利的政策，也包括调节收入和财富分配的政策。在经济高速增长时期，收入、消费、投资都高速增长，对二次分配的社会诉求不突出，二次分配对经济发展的积极作用也不突出。但是经济高速增长时期过去以后，市场自发供求不平衡的矛盾进一步凸显，对社会公正的诉求提高，二次分配的经济价值和社会价值更加突出。

提高社会保障和社会福利是一个渐进的改革过程。推进这方面的工作需要立足当下，谋划改革的时间表和路线图，持续推进，久久为功。收入和财富分配改革涉及更多利益分配，改革的社会关注度较大，需要寻找恰当的时机推动改革。

5.4 完善面向居民的金融服务：与市场一起成长，为消费增长扎牢根基

面向居民部门的金融服务是我国金融体系的短板，补上这个短板有助于提高居民部门的财产性收入、帮助中低收入群体克服流动性约束、减少预防性储

蓄，能为中长期的消费增长奠定更坚实的基础。

相关的政策主要包括三个方面：一是通过更充分、规范的市场竞争，引入更多的科技金融手段，完善对中低收入群体的消费信贷，帮助中低收入群体克服流动性约束。二是在资本市场建设和公司治理中，鼓励对股东分红，同时促进多种形式的权益类金融资产发展。三是培育养老和保险金融体系的发展，包括培育相关的专业金融机构、提供更多权益类金融产品和其他中长期金融债务类金融产品等。面向居民的金融服务需要市场主体的成长，需要管制政策的不断磨合修正，发挥作用需要一段时间的培育期。

5.5 产业政策：释放服务业发展潜力，消除地方补贴

产业发展在很大程度上取决于市场的自发力量，同时也受政策的影响。通过产业政策的调整，一方面释放产业增长潜力，维护更高的经济增长和消费增长；另一方面形成更有利于劳动者的初次分配收入格局，也有利于推动消费增长。

产业政策调整主要涉及两个方面。一是我国在市场化程度偏低、人力资本密集型服务业，比如科研、教育、公共管理和公共服务、健康和医疗、体育文娱等产业还有较大的需求改善和生产率提升空间。在这些产业领域引入更多竞争有助于释放其增长潜力，拉长经济中高增速的时间，提升未来全社会收入和消费增长。二是更彻底地取消地方政府对工业部门的补贴，将这部分财政资源用于补贴民生，有助于提升居民部门的可支配收入与社会保障和社会福利水平，扩大消费。这些改革涉及大量的事业单位改革和管制政策调整，涉及地方政府工作的激励机制改革，改革涉及面较大，比较合适的方式是先做试点然后全面铺开。

专栏　产业发展与消费率起落

过去20年，产业发展不仅是消费增长的主导力量，也是消费率（居民消费/GDP）变化背后的主导力量。

从国际经验来看，高收入经济体随着人均收入增长，消费率呈现先下降后上升的U形轨迹。中国的消费率从2000年的46.8%一直降到2010年的33.9%，下降了12.9个百分点，此后消费率持续回升，呈现U形轨迹。

为了理解我国居民消费率变化背后的力量，我们把居民消费率的变化分解成三个因素。居民消费率可以分成以下三个因素的乘积：

$$\frac{居民消费}{GDP}=\frac{居民消费}{居民可支配收入}(a)*\frac{居民可支配收入}{居民初次分配收入}(b)*\frac{居民初次分配收入}{GDP}(c)$$

通过对我国消费率变化的分解可以看到，从2000年到2010年，居民消费率下降的12.9个百分点中，平均消费倾向下降贡献了6.5个百分点，初次分配收入占比下降贡献了5.4个百分点，二次分配贡献了1个百分点。从2010年到2019年，居民消费率上升了4.7个百分点，其中平均消费倾向上升贡献了2.1个百分点，初次分配贡献了2.6个百分点，二次分配基本没有影响（见下图）。

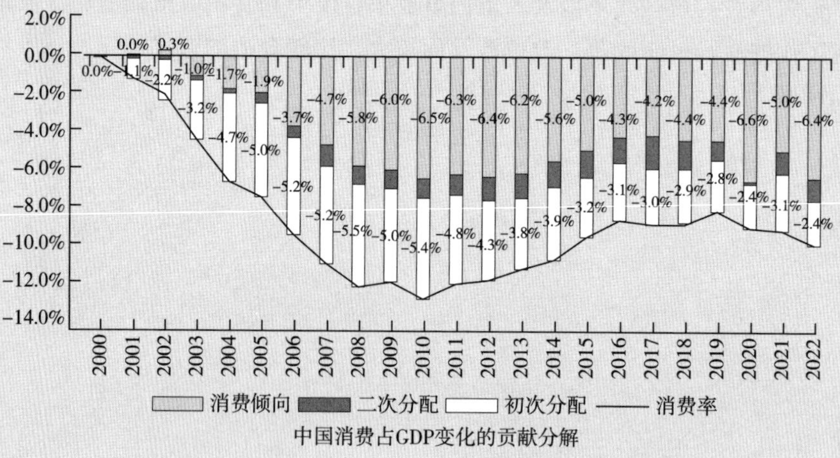

中国消费占GDP变化的贡献分解

2000—2010年，我国正处于工业化赶超阶段，各种资本密集型工业部门快速成长，我国对工业部门更加优惠的各种政策（土地政策、信贷政策以及各种奖励竞争等），更是加速了这一进程。这个进程带来了：(1) 加速的（超预期的）经济增长和居民收入增长，这会压低消费倾向，这部分解释了6.5个百分点消费倾向的下降；(2) 尽管居民收入快速增长，但是在整体的国民收入分配中，居民部门的收入占比还是在下降，压低了初次分配收入占比，这部分解释了5.4个百分点的初次分配收入占比下降。此外，中国政府并没有采取政策调节收入分配，没有显著增加社会保障和社会福利，不仅如此，诸如一胎政策、国企改革、住房改革等政策以及房地产价格快速上升也都不同程度地刺激家庭部门增加储蓄，压低消费倾向，这对6.5个百分点的消费倾向下降也有部分解释力（见下图）。工业化赶超阶段是消费率下降的主导原因。

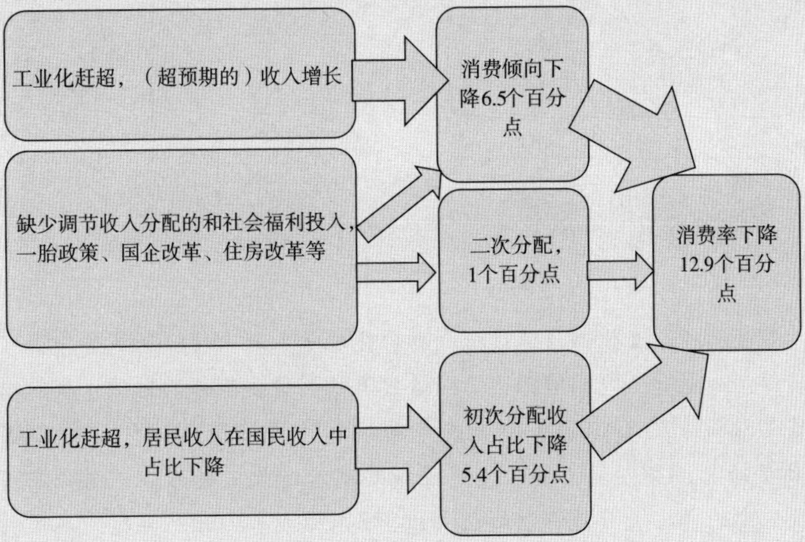

针对2010年之后我国居民消费率开始持续回升的现象，学术界还鲜有解释。我们认为，支持前一个时期消费率下降的力量发生了逆转，消费率变化也随之发生逆转。进入2010年以后，我国跨过了工业化高峰期，经济全面进入从制造到服务的经济结构转型阶段。即便我国支持工业部门发展的各项政策没有显著变化，但是市场自发力量显然更加强大，服务业

相比制造业增长更快。2010年以后我国制造业份额显著下降，服务业份额持续快速提升。

相比于资本密集程度更高的工业部门，服务业增加值分配中的劳动者报酬占比更高。2010年以后，我国初次分配收入格局出现了转折性变化，劳动者报酬占比显著回升。2010—2019年，我国居民消费率上升了4.7个百分点，其中初次分配贡献了2.6个百分点，初次分配收入的改善主要来自劳动者报酬占比的上升，而劳动者报酬占比上升主要来自产业结构的变化（见下图）。

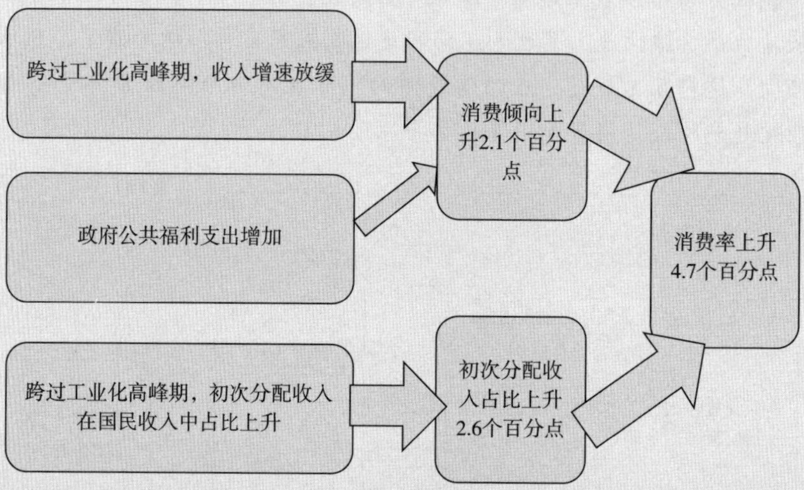

产业结构的变化不仅通过提高初次分配收入的占比提高消费率，对提高消费倾向也有一定的解释力。随着经济从制造向服务的转型，收入增长也随之放缓，2010—2019年居民劳动报酬年均增速11.6%，较2000—2010年的13.8%明显下降。当超预期的收入增长消失以后，消费在可支配收入中的占比上升，消费倾向上升。当收入增长超出预期时，居民往往会增加储蓄以平滑消费；而当收入增长放缓并回归常态时，居民会逐步调整消费行为，提高消费在可支配收入中的占比。

此外，2010年之后政府部门对居民部门的支持力度加强，财政支出中民生类支出的占比也在2010年之后持续提高，为提高消费倾向提供了支撑。政府部门对居民部门的支持力度可以从实物社会转移的视角加以理解。实物社会转移是统计最终消费支出中的重要环节，其含义是居民部门有一部分消费支出并不是以货币形式发生的，而是政府直接向居民部门提供的消费，例如义务教育，保障性住房，图书馆和博物馆等娱乐性服务。居民消费支出加上实物社会转移，就构成了居民部门的实际消费支出。虽然我们在前面并未考虑这部分消费，但从定义上来说，这部分消费体现了政府部门对居民部门的支持力度，理论上有助于提高居民的消费意愿。实物社会转移占 GDP 比例在 2010 年之后出现了大幅增加，对应于民生类支出占财政支出的比例上升。我们把一般公共预算支出中的社会保障和就业、教育、卫生健康三项支出视为民生类支出，2010 年之后民生类支出占财政支出的比重显著提高。2007—2010 年，民生类支出占一般公共预算支出的均值是 25.2%，2011—2019 年提高到 32.9%，2023 年则达到 37.8%。

参考文献

甘犁，赵乃宝，孙永智．收入不平等，流动性约束与中国家庭储蓄率［J］．经济研究，2018（12）：34－50.

高梦滔，毕岚岚，师慧丽．流动性约束，持久收入与农户消费——基于中国农村微观面板数据的经验研究［J］．统计研究，2008，25（6）：48－55.

金烨，李宏彬，吴斌珍．收入差距与社会地位寻求：一个高储蓄率的原因［J］．经济学（季刊），2011，10（3）：887－912.

李涛，陈斌开．家庭固定资产，财富效应与居民消费：来自中国城镇家庭的经验证据［J］．经济研究，2014，49（3）：62－75.

李扬，殷剑峰．中国高储蓄率问题探究［J］．经济研究，2007，42（6）：14－26.

万广华，张茵，牛建高．流动性约束，不确定性与中国居民消费［J］．经济研究，2001，36（11）：35－44.

谢洁玉，吴斌珍，李宏彬，等．中国城市房价与居民消费［J］．金融研究，2012（6）：13－27.

徐朝阳，张斌．经济结构转型期的内需扩展：基于服务业供给抑制的视角［J］．中国社会科学，2020（1）：64－83.

徐忠，张雪春，丁志杰，等．公共财政与中国国民收入的高储蓄倾向［J］．中国社会科学，2010，6：93－107.

伊藤隆敏，星岳雄．繁荣与停滞：日本经济发展和转型［M］．北京：中信出版集团，2022.

张斌，茅锐．工业赶超与经济结构失衡［J］．中国社会科学，2016（3）：80－98.

张斌，邹静娴．中国经济结构转型的进展与差距［J］．国际经济评论，2018（6）：9－24.

钟宁桦，朱亚群，陈斌开．住房体制改革与中国城镇居民储蓄［J］．学术月刊，2018，50（06）：43－56. DOI：10.19862/j.cnki.xsyk.2018.06.005.

朱天，张军．中国的消费率被低估了多少？［J］．经济学报，2014，1（02）：42－67.

Carroll C D. A theory of the consumption function, with and without liquidity constraints [J]. Journal of Economic Perspectives, 2001, 15 (3): 23 -45.

Chamon M, Liu K, Prasad E. Income uncertainty and household savings in China [J]. Journal of Development Economics, 2013, 105: 164 -177.

Chang C, Chen K, Waggoner D F, et al. Trends and cycles in China's macroeconomy [J]. NBER Macroeconomics Annual, 2016, 30 (1): 1 -84.

Chu T, Wen Q. Can income inequality explain China's saving puzzle? [J]. International Review of Economics & Finance, 2017, 52: 222 -235.

Cui, Li & Aziz, Jahangir. (2007) . Explaining China's Low Consumption: The Neglected Role of Household Income. IMF Working Papers. 07. 10. 5089/9781451867459. 001.

Friedman M A . A Theory of The Consumption Function [J]. Econometrica, 1957, 40 (4) .

He H, Huang F, Liu Z, et al. Breaking the "iron rice bowl": evidence of precautionary savings from the chinese state-owned enterprises reform [J]. Journal of Monetary Economics, 2018, 94: 94 -113.

İmrohoroğlu A, Zhao K. The chinese saving rate: Long-term care risks, family insurance, and demographics [J]. Journal of Monetary Economics, 2018, 96: 33 -52.

Kraay A. Household saving in China [J]. The World Bank Economic Review, 2000, 14 (3): 545 -570.

Modigliani F, Cao S L. The Chinese saving puzzle and the life-cycle hypothesis [J]. Journal of Economic Literature, 2004, 42 (1): 145 -170.

Modigliani F, Cao S L. The Chinese saving puzzle and the life-cycle hypothesis [J]. Journal of Economic Literature, 2004, 42 (1): 145 -170.

Teulings C, Baldwin R. Secular stagnation: Facts, causes and cures [M] . London: CEPR Press, 2014. Wei S J, Zhang X. The competitive saving motive: Evidence from rising sex ratios and savings rates in China [J]. Journal of political Economy, 2011, 119 (3): 511 -564.

金融评论

Financial Forum

Comparative

从金本位到布雷顿森林体系

凯恩斯视角的回顾

傅国耕

国际金融体系的演变始终呈现显著的路径依赖特征。20 世纪两次世界大战期间是国际金融体系调整转变的重要阶段。一方面，传统金本位及其调节机制逐步失效，各主要经济体陷入艰难的货币协同探索期；另一方面，英国全球主导地位减弱，逐步向英联邦范围收缩。

在经济领域，凯恩斯以其敏锐的洞察力，观测到传统金本位逐步失效并立场鲜明地提出需要建立新的国际货币协调机制。他关于金本位与国际货币机制的讨论从一战结束贯穿至二战结束后的布雷顿森林体系建立，他数次躬身入局，形成理论与实践交互。

从学术贡献维度看，凯恩斯通过《和约的经济后果》（1919）、《就业、利息和货币通论》（简称《通论》，1936）等系列著作，系统地记录了金本位解构过程中货币管理方式的整体转变。在实践层面，凯恩斯在两次世界大战中均就职于英国财政部，直接参与战时经济管理；他先后作为英国财政部顾问、英方首席谈判代表，参加巴黎和会及布雷顿森林系列会议的谈判。作为亲历者，他的思想演进深刻地反映了国际金融体系变迁中的理论构想与现实政治经济的动态博弈。

---

* 作者系清华大学五道口金融学院博士，现就职于中国国际金融股份有限公司。作者感谢吴晓灵老师、王汉锋博士在本文写作过程中的指导。作者文责自负。

两次世界大战期间的国际金融秩序转型与战后架构搭建，学术领域已有诸多经典文献，其中更不乏纳克斯（Nurkse，1944）、加德纳（Gardner，1967）、金德尔伯格（Kindleberger，1973，1984）、伯南克（Bernanke，1992）、艾肯格林（Eichengreen，1992）等大家的名著。国内学者在此领域亦有扎实的分析。本文在前序分析的基础上，全面梳理凯恩斯在1919—1946年发表的主要文献。包括：

（1）一战后至20世纪20年代中期，传统金本位刚性支付特性面临一战巨额消耗和支付的冲击，凯恩斯出版了关于战争债务的《和约的经济后果》（1919）和关于金本位的《货币改革论》（1923）；

（2）20世纪30年代前后，各国银行体系进一步转变并受到大萧条冲击，国际协调失败，凯恩斯出版了《货币论》（1930），提出了初具现代特点的货币管理体系，随后又出版了《通向繁荣之路》（1933），这是一份协同应对大萧条与货币紧缩的国际倡议；

（3）二战期间及战后，凯恩斯代表英国利益围绕战后贸易与货币体系提出的初步方案，以及参与英美之间贷款协议谈判中的主张和立场。

凯恩斯在上述过程中就国际金融体系提出的主要观点大体上围绕两组关系展开。一是货币创造与货币管理逐渐从黄金流量与存量为主导转变为主权国家基于宏观目标下的货币管理架构，以及如何将这一架构植入开放经济的环境中；二是国际协同，包括一战之后国家间债务与赔偿关系，20世纪30年代各国构建货币与贸易保护壁垒，以及二战后的多边体系（见图1）。凯恩斯根据上述核心关系面临的外部环境冲击，层层递进地阐述其理论和观点，并在此过程中不断最大化英国的利益，维护国际金融体系的存续。

1. 一战后到20世纪20年代中期

1.1 一战带来的冲击：货币制度与国际债务

一战之前，以英国为代表的主要工业化国家采取传统金本位制，法定货币（法定银行票据）与黄金保持固定兑换比率；黄金自由兑换，任何人都可将法定银行票据兑换成黄金，或将黄金交予铸币厂铸造成金币；黄金自由进出口，用于国际贸易和金融结算。各国维持货币总量与创造货币增量必须有相应的黄

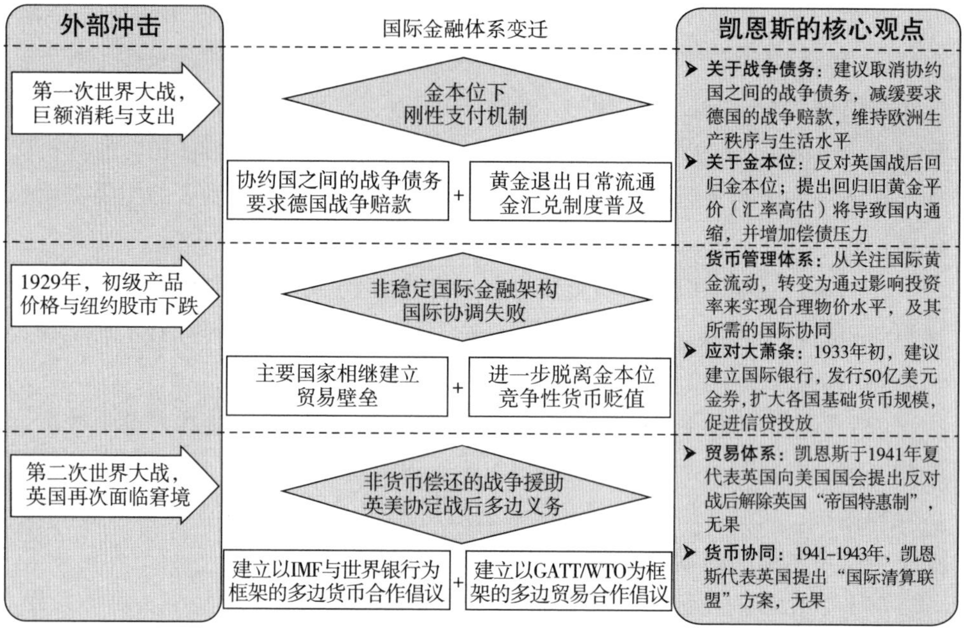

图1　凯恩斯文献视角下的国际金融体系变迁

金作为支撑，确保其法定货币的黄金平价①。

在金本位制下，各国货币与黄金挂钩，通过大卫·休谟概括的价格—铸币流动机制（Price-Specie Flow Mechanism），实现各国物价、国际收支平衡与黄金等金属货币流动之间的自动调节，进而形成稳定的汇率②。诚然，上述自我调节机制的有效运行，除依赖黄金自由流动与维持黄金平价下的可兑换等先决

① 以英国为例，1914 年前其金本位法律基础包括：（1）黄金与英镑的平价：1844 年《银行特许法案》第四条规定“所有人有权要求英格兰银行的发行部门以每金衡盎司 3 英镑 17 先令 9 便士的标准黄金（纯金含量 91.6%）兑换英格兰银行票据（Bank note）”；（2）黄金自由进出口不受限制；（3）公众有提交黄金用于铸造的权利：1870 年《铸币法案》第八条规定，任何人可以将黄金带到铸币厂进行检验、铸造并交付用于流通使用。（4）限制纸币或银行票据发行总量，1844 年《银行特许法案》规定英格兰银行为主要的银行票据发行机构，银行票据发行规模与其持有的黄金总量保持等额，并规定非黄金支持的银行票据发行限额。

② 根据该理论，国际收支失衡会通过黄金流动→货币供应变化→物价调整→贸易再平衡的链条自动修正。对于贸易逆差国来说：黄金外流将导致本国国内货币供应减少，从而导致国内物价下降，进一步导致出口竞争力上升与进口需求下降，最终产生逆差改善。对于贸易顺差国来说则相反，黄金流入导致货币供应增加，国内市场物价上升，出口竞争力下降与进口需求上升，最终实现顺差收缩。上述机制在 20 世纪 20 年代关于金本位的讨论中被凯恩斯总结为“游戏规则”（Rule of the game）。

条件外，事实上还需要假设国际支付主要由贸易结算构成，无大规模投资性资本流动。对英国而言，这一假设基础在休谟所处的时代相对常见，但是自19世纪下半叶以来国际投资（以债权融资为主要形式）已日渐兴起并常态化，通过利率调控国际收支平衡逐渐受到关注（Eichengreen，1992）。

一战巨大的战争支出对各国的财政体系产生巨大冲击，并传导至金本位下的国际金融体系。

欧洲各交战国超发纸币，黄金退出国内流通。在英国本土，战争融资导致流通货币量从1914年的1.80亿英镑增至1919年的3.83亿英镑，商业银行总存款从1913年末的大约10.71亿英镑增加到1917年末的17.43亿英镑（Cunliffe Committee，1918）。凯恩斯则在《和约的经济后果》中详细记录了欧洲大陆主要国家的情况，德国的纸钞发行量约为战前的10倍，按国际购买力其境内马克价值为战前的1/20～1/16③；法国的纸钞流通量是战前的6倍，考虑到黄金价格变动，其价值较一战前下降了60%④。上述是经济条件较好的西欧国家，在东欧、俄国和奥匈帝国，其货币“在对外贸易中已经没有价值”⑤。

比纸币滥发影响更为深远的是欧洲各交战国在战争期间对黄金的集中收储。各国通过劝导或强制手段，集中收储其境内流通的黄金。以德国为例，凯恩斯记录了战争结束时，德国央行持有的黄金为1.15亿英镑，高于战前的0.67亿英镑，主要是战时征集的结果，这一政策的力度显著，以至于一战结束时，“无论是德国政府还是协约国，都不可能找到私人储藏的黄金”⑥。在战前经济情况最好的英国，黄金在流通货币中的占比为一半以上，但在战后也退出了流通（见附表1），整体偏离了其1844年《特许银行法案》确立的金本位货币供给框架。从历史的角度回看，一战期间黄金退出欧洲各国日常流通，且后续再无普遍恢复，正是传统金本位退出历史舞台的关键一环。

国际上，美国成为世界金融市场的核心债权国。在19世纪至一战前，英国在国际金融中占据绝对的核心地位，根据伍德拉夫（Woodruff，1966）的估计，截至1913年英国对外投资估计为195亿美元（约40亿英镑），远高于其

---

③ 约翰·梅纳德·凯恩斯．和约的经济后果［M］．于占杰，译．北京：商务印书馆，2022：152.

④ 同上，第153页。

⑤ 同上，第150页。

⑥ 同上，第107页。

他主要工业化国家。其投资主要以债权形式存在，重点投向美国及各英国海外殖民地与自治领（Kindleberger，1982）。此外英国还通过其高效的金融机构从全球吸收资金，1914 年国外及英国海外领地在伦敦存有 18.55 亿英镑存款。

英国战前约 40 亿英镑的海外投资在一战期间缩减了 1/4，并向美国举借了 8.42 亿英镑的债务⑦。一战中美国向协约国发放 19 亿英镑（近 100 亿美元）贷款。债务规模过大，且偿还能力受限。不仅如此，战后欧洲的生产秩序被打破，短期内粮食与能源供应保障只能继续从美国获得援助⑧。

美国的黄金储量也在战争中显著增长（见附表 2）。包括法德等欧洲大陆交战国，在战争中使用黄金储备进行支付结算和汇市干预。这些国家释放的黄金大部分最终流向美国，其巨额黄金积累成为一战在国际金融领域最显著的后果之一（Eichengreen，1992）。

表 1　1825—1913 年主要工业化国家的对外投资　（单位：百万美元）

国家	1825 年	1840 年	1855 年	1870 年	1885 年	1900 年	1913 年
英国	500	750	2 300	4 900	7 800	12 100	19 500
法国	100	-300	1 000	2 500	3 300	5 200	8 600
德国	na	na	na	na	1 900	4 800	6 700
荷兰	300	200	300	500	1 000	1 100	1 250
美国	-	-	-	-	-	500	2 500

注：“na”表示无估计数据，“ - ”表示可忽略不计。

资料来源：Woodruff，*Impact of Western Man*（1966，第 150 页）；Kindleberger（1982）整理。

1.2　凯恩斯在一战后的主要观点

1.2.1　关于战争债务与战争赔款的持续讨论

在战争期间，凯恩斯临时供职于英国财政部，并作为官方代表参加 1919 年巴黎和会。他将个人对和会进展以及《凡尔赛和约》的看法记录在他同年出版的《和约的经济后果》一书中。在书中，凯恩斯极力反对当时协约国的

⑦ W. N. 梅德利科特. 英国现代史（1914—1964）[M]. 北京：商务印书馆，1990：81.

⑧ 约翰·梅纳德·凯恩斯. 和约的经济后果 [M]. 于占杰，译. 北京：商务印书馆，2022：23.

主流观点（对德收取巨额赔款，用以偿还协约国自身的债务），建议将德国的战争赔款控制在合理范围内，并免除各协约国之间的战争债务。

凯恩斯力陈，战前的欧洲已是一个复杂且脆弱的经济组织。1919 年战后的欧洲，经济组织方式已经受到极大破坏，能源短缺、粮食无法自足、货物运输和货币体系无法正常运转，交易也无法进行。订立战后和约最主要的目的应是维系经济组织方式，保证当地居民生活水平不出现大幅下滑。

为实现这一目的，凯恩斯提出四点建议，包括（1）和约的修订，将德国应付战争赔偿的总额定为 20 亿英镑；（2）完全取消协约国之间的战争债务。各国在战争结束后形成了复杂的债务关系，“德国欠协约国很多钱，协约国又欠英国很多钱，而英国又欠美国很多钱……债务稳定最终会变成一场烧掉一切的大火”[⑨]；（3）国际贷款以及货币改革，在免除战争债务、减缓战争赔款的基础上，支持某种形式的国际贷款，包括首批 2 亿英镑的紧急资金，恢复欧洲的生产秩序与粮食、能源保障；（4）与俄国的关系，解除对俄国的封锁，恢复贸易往来。

只要了解巴黎和会的情况，便可知凯恩斯作为当时的英国官方参会代表，发表上述立场鲜明的观点是需要胆识和勇气的。巴黎和会在世界范围内被公认为是一场战利品瓜分大会，从几个主导方来看，美国对和会走向极为不满，随着内部孤立主义回潮，美国国会并未通过《凡尔赛和约》，并宣布不再对英、法主导的政策提供资金支持（因此建议 2 和建议 3 失去了最主要的资金来源）。法国出于对欧洲地缘政治和自身财政的考虑，极力要求削弱德国。凯恩斯自己也承认“法国财政面对赤字，除了指望从德国那里收到一笔连法国官员自己都不相信的巨款，就没有任何计划和政策了”[⑩]（因此建议 1 极不可能实现）。至于英国，其国内舆论在 1920 年之后逐步转变，倾向于在美国减免战争贷款的情况下，英国愿意减免德国的战争赔款，但遭到美国的断然反对。

1921 年，德国的战争赔款最终被设定为 1 320 亿金马克（约 66 亿英镑），协约国在战争结束后并未减免各自的战争债务，后续在美国主导下对德国先后实施了“道威斯计划”（Dawes Plan）和“杨格计划”（Young Plan），通过对

---

⑨ 约翰·梅纳德·凯恩斯．和约的经济后果［M］．于占杰，译．北京：商务印书馆，2022：170.

⑩ 同上。

德贷款帮助其恢复赔偿能力，于是美国、德国以及英法之间形成了奇特的三角资金链条（Kindleberger，1972）。从历史视角看，围绕战争赔款与战争债务偿付安排的讨论，一直贯穿至二战结束。

表 2　截至 1919 年一战协约国之间的债务估算　（单位：百万英镑）

贷款对象	美国贷款	英国贷款	法国贷款	总计
英国	842			842
法国	550	508		1 058
意大利	325	467	35	827
俄国	38	568	160	766
比利时	80	98	90	268
塞尔维亚	20	20	20	60
其他协约国	35	79	50	164
总计	1 900	1 740	355	3 995

资料来源：凯恩斯（1919）。

1.2.2　关于是否恢复金本位的讨论

一战尾声阶段，英国国内即开始就如何恢复金融秩序进行讨论，主要聚焦于：（1）是否恢复金本位；（2）如果恢复金本位，是否回到旧有的黄金平价（1 英镑等于 7.32238 克纯黄金，或 1 英镑兑 4.86 美元）。

对于是否回归金本位，凯恩斯在 1923 年出版的《货币改革论》中表达了怀疑⑪，他认为“在货币发展的历史进程中，已经进入‘管理’货币阶段，这个阶段的到来不以人的意志为转移”⑫。特别是考虑到 1919—1923 年各国的物价水平存在差异（贸易不畅通以及黄金退出国内流通，导致金本位调节物价与平衡国际收支的机制弱化），黄金价格自身不稳定，以及黄金整体稀缺性更加凸显⑬等因素，维持金本位的优势愈发不明显。

因此，凯恩斯建议最合适的方式是英镑和美元各自建立货币区，将货币

⑪ 凯恩斯在《和约的经济后果》中最后表达的四个观点，对于第三点“国际贷款以及货币改革”，文中并未就“货币改革”（reform of the currency）展开描述。

⑫ 约翰·梅纳德·凯恩斯．货币改革论［M］．方福前，译．北京：商务印书馆，2020：169.

⑬ 同上，第 142—151 页。

政策目标锚定为英镑或美元计价的商品价值稳定而不是黄金价值稳定⑭。英镑和美元之间建立协调机制，其他国家将它们的通货要么和美元，要么和英镑挂钩，并固定其相应的汇率，通过利用其国内黄金储备以及在伦敦账户上的英镑余额、纽约账户上的美元余额，来应对短期波动，保持其通货的稳定性。

当然，凯恩斯也意识到他的建议，即建立锚定物价的有管理的汇率体系，具有超前性，因此他在论述中也提到，如果回归金本位，最好将英镑的黄金平价维持在战后的实际水平，而不是人为回归战前的水平（人为提升英镑价值）⑮。在《货币改革论》中，凯恩斯使用大量篇幅论述恢复战前黄金平价恐将导致英国出现通缩。从社会福利角度看，通缩会导致劳动阶层与企业的货币收入减少，特别是导致企业减少生产，对就业造成负面后果。从公共财政角度看，通缩将增加政府债务的实际价值，加大债务偿还难度。

在 20 世纪 20 年代英国关于是否回归金本位的讨论中，凯恩斯的上述观点有悖于主流声音。一战后，人们普遍认为回归金本位是“恢复正常”的一部分⑯，业界与部分学者则担心黄金供应量不足，产生通缩压力。上述讨论最终在国际上形成金汇兑制倡议（1922 年热那亚会议），在英国国内则于 1925 年宣布有条件地回归金本位。

1922 年春，由英国财政大臣罗伯特·霍恩主持的热那亚会议的金融委员会在其最终报告的“货币决议”中确定了金汇兑制倡议：

> 第 9 号决议。这些措施（根据协议上文，包括平衡预算，采用黄金作为共同标准，确定黄金平价，央行间合作等）本身可能足以建立金本位制，但要确保其长期成功运行，还需要在适当的时候通过国际协议，集中并协调对黄金的需求，避免多个国家同时竞相获取黄金储备而可能导致的黄金购买力大幅波动。该协议应包含某种节约使用黄金的手段，比如持有

---

⑭ 约翰·梅纳德·凯恩斯．货币改革论［M］．方福前，译．北京：商务印书馆，2020：169.

⑮ 同上，第 130—135 页。

⑯ 如同法国对战争赔款的坚持部分受到欧洲历史传统的影响（特别是普法战争赔款），英国关于金本位的主流观点也能在其历史中找到参考，主流观点使用李嘉图等人在拿破仑战争后支持英国恢复旧黄金平价的讨论作为论据。

外国货币形式的货币储备，包括采用金汇兑制度或国际清算系统。⑰

虽然1922年热那亚会议本身并不是一次成功的会议⑱，但金汇兑制倡议在会后得到了广泛响应。根据纳克斯（1944）记录，1913年15家欧洲中央银行共持有大约12%的外汇储备。1925年，在24家欧洲中央银行的总黄金和外汇储备中，外汇的比例为27%，1928年上升至42%。

英国国内经过长期的讨论与准备，包括获得美联储以及J. P. 摩根银行的资金背书后，在1925年出台了《金本位法案》。法案宣布恢复英镑兑黄金的战前平价，同时兑换形式仅限于400金衡盎司的金条，限制黄金在日常商业活动中的流通，仅确保大额支付使用。根据金德尔伯格（1984）在《西欧金融史》中的描述，时任财政大臣丘吉尔的主要考虑是恢复国际投资者对英镑的信心、维护英国在全球的商业利益，以及担心未来美元在很大程度会上取代英镑的地位。

2. 大萧条前后的国际协同方案

2.1 20世纪30年代面临的主要问题

1925年至1929年，美国作为新兴工业强国，其工业生产的全球占比进一步提升，至1929年已占全球制造业总产值的40%以上，汽车产量更从1925年的369万辆跃升至1929年的535万辆，占全球汽车总产量的约90%。

英国恢复金本位制后面临结构性困境。1925年英国以战前平价恢复金本位后，出口竞争力持续下滑，1925年、1926年失业率持续保持在约12%的高位。为维持汇率稳定，英格兰银行被迫将贴现率长期维持在4.5%~6.0%，导

⑰ 根据纳克斯（1944）的描述，金汇兑制在一战之前就部分存在。包括18世纪下半叶调节伦敦和爱丁堡之间汇兑的安排；1898年货币改革之后的英属印度；美国于1903年在菲律宾群岛引入的“金本位基金”；此外，俄国于1894年采取的政策，它将通过贷款获得的外汇储备存放在国外，最初存放在柏林，后来存放在其他金融中心；1885年丹麦、挪威和瑞典中央银行达成的协议；阿根廷和日本在1914年之前的几年中实际上也实行了类似的英镑汇兑制度。

⑱ 1922年的热那亚会议及之前1920年的布鲁塞尔会议，是在国际联盟主导下，欧洲国家希望通过国际合作恢复金本位制、重建战前稳定的国际货币体系的两次重要尝试。但各国关于战争债务和赔款问题的不同态度、对金本位运作机制的不同观点，以及美国的孤立主义立场，使得最终未能建立实质性的合作框架（Eichengreen，1992）。

致国内投资严重不足，对外贷款也较之前进一步减弱。

在国际金融领域，美英共同主导国际贷款，美国对外贷款规模已超英国。1924—1929年，美国累计对外贷款达64亿美元，主要流向欧洲（包括对德国的“道威斯计划”）和拉丁美洲；英国受制于黄金储备不足（1929年黄金储备仅占全球约7%），但仍向海外投放了约33亿美元贷款。不同于伦敦金融机构对外贷款的相对稳定，美国的对外贷款具有强周期性，致使大萧条期间美国对外贷款中断，造成全球范围的资金短缺（Kindleberger，1973）。

战时变化增强了美国出口竞争力，削弱了欧洲竞争地位。由此产生的贸易失衡导致黄金流向美国，对英德等国施加了国际收支压力。美国通过对外贷款实现资金回流，构成20世纪20年代国际收支结算的脆弱基础（Eichengreen，1992），也为1928—1929年美国对外贷款收缩产生国际风险外溢埋下隐患⑲。

表3　1924—1929年，美国和英国按地区划分的年度对外贷款　（单位：百万美元）

国家	地区	1924	1925	1926	1927	1928	1929	总计
美国	欧洲	527	629	484	577	598	142	2 957
	亚洲和大洋洲	100	147	38	164	137	58	644
	加拿大	151	137	226	237	185	295	1 231
	拉丁美洲	191	163	377	359	331	176	1 597
	总计	969	1 076	1 125	1 337	1 251	671	6 429
英国	欧洲	159	53	120	105	164	105	706
	亚洲和大洋洲	314	216	226	238	232	139	1 365
	非洲	66	72	32	136	80	51	437
	加拿大	20	10	29	34	98	74	265
	拉丁美洲	31	68	129	126	96	78	528
	总计	590	419	536	639	670	447	3 301

资料来源：国际联盟（1930）。

⑲ 纳克斯（1944）在总结战间期国际货币经验时，曾直观对比：（1）20世纪20年代，金汇兑体系下，中心国家（美国、英国）通过对外贷款向外围国家提供国际流动性；以及（2）20世纪30年代，在信用货币体系下，英镑区中心国家（英国）通过贸易赤字向外围国家提供国际流动性。纳克斯认为后者更具稳定性。

2.2 凯恩斯：初具现代特点的货币管理体系与内外部平衡

凯恩斯于1930年出版著作《货币论》。书中最后部分详细介绍了货币管理框架的演变，以及金本位向现代银行体系的过渡；并论述各国货币管理重心应从货币发行及其黄金储备管理，转变为通过调整银行利率或公开市场操作来影响投资率，从而管理物价水平⑳。

2.2.1 现代货币管理框架与外部约束下的自主性

20世纪20年代，各国货币管理仍主要关注央行的负债端（如中央银行票据发行）与黄金储备之间的关系㉑。凯恩斯认为，这种现象的原因在于早期银行体系下货币形式主要为银行票据而非银行存款，货币总量取决于银行票据和黄金数量，因此“任何打算控制货币量的人都会集中关注银行票据的管理问题”㉒。

随着黄金基本退出国内流通以及各国银行体系的发展，凯恩斯在《货币论》中提出了一套更具现代特点的货币管理框架，包括中央银行通过银行利率或公开市场操作，调整会员银行创造的货币总量，从而影响社会投资率，并对物价和就业率产生影响。

上述管理框架在开放经济条件下面临外部约束，包括国内外物价走势和信贷条件的差异，以及各国之间存在的利益分歧㉓。在操作中最显著的约束条件是维持国际收支平衡㉔。特别是一战后的英国，已不具备战前超然的国际金融地位，因此不得不面对外部约束下的有限自主性问题。为此，凯恩斯建议：（1）货币管理机构设法增加国际收支的缓冲资源，方式包括释放用于支撑货币发行的储备黄金（凯恩斯认为在当时条件下已不需要）、增加流动性外汇存款、与其他央行商定投融资工具等；（2）调整自身市场结构、税收条件，以

---

⑳ 约翰·梅纳德·凯恩斯．货币论（全二卷）［M］．李井奎，译．上海：复旦大学出版社，2020：465.

㉑ 相关准备金要求详见附表3。

㉒ 约翰·梅纳德·凯恩斯．货币论（全二卷）［M］．李井奎，译．上海：复旦大学出版社，2020：505.

㉓ 同上，第522—523页。

㉔ 同上，第536页。

及对发行与购买黄金进行审批以调整对外投资和贷款㉕。

从国际货币体系的角度看，理想路径是以浮动汇率为基础，并将其纳入有管理的国际协调框架。次优方案是接受既有的金本位制度，并发展科学的币值管理办法，既能保障国内货币政策的灵活性，又能实现国际货币体系的稳定㉖。

2.2.2 关于国际协调的探索性结论与具体方案

在《货币论》一书中，凯恩斯建议应当对黄金价值的长期趋势进行管理，使之与国际物价指数（特别是大宗商品批发价格）相一致。为此，他提出了两种主要解决方案。

最低限度方案基于 1922 年热那亚会议的建议，即黄金不进入国内流通，仅作为央行准备金；所有央行采取金汇兑制度，接受中心国家货币作为准备金的组成部分；法定准备金可以在国际协同下进行变动，确保黄金的有效供给。这一方案旨在减少黄金的实际使用，同时保持黄金作为储备资产的价值。

最高限度方案则设想了一个国际银行，作为“央行的央行”，其目标是维持国际贸易主要商品价格的稳定，避免国际性通胀或通缩。该国际银行无初始资本，负债由成员国央行担保，主要资产包括黄金、有价证券和对各国央行的垫款。SBM（Supernational Bank-money，超国家银行货币）作为国际银行发行的货币，价值锚定黄金，并收取 2% 的买卖价差（避免频繁交易）。成员国央行须在国际银行开设账户并存入黄金，国际银行负责规定借款利率和贴现配额，并开展公开市场操作。其日常管理具有独立性，各成员国共享利益，共同监督。

2.3 国际协调失败与各国构建贸易壁垒与货币区

从 1929 年开始，世界经济受到大萧条的严重冲击。咖啡、棉花、橡胶等初级产品价格大幅下跌，1932 年的初级产品价格指数仅为 1929 年的约四分之一。由于农产品价格过低，阿根廷等初级产品生产国因出口收入锐减难以偿付外债，被迫限制外汇交易和资金外流，进一步将风险传导至金融机构（Samuel，1933）。

㉕ 约翰·梅纳德·凯恩斯．货币论（全二卷）［M］．李井奎，译．上海：复旦大学出版社，2020：542－543.

㉖ 同上，第 562—563 页。

受各自初级产品生产部门推动，美国于1930年通过《斯姆特—霍利关税法案》，将平均关税税率从1929年的38%提高到59%；英国则在1932年渥太华会议上主导建立“帝国特惠制”，对内部成员实施优惠税率与市场开放。各经济区域之间的关税壁垒进一步阻碍了国际贸易，根据国联统计，1929—1932年，以美元衡量的全球贸易额下降了近2/3。

到1931年，工业失业率很高（美国25%、英国21%、德国34%），各主要工业国家共计约3 000万人失业。尽管市场自我平衡机制曾引发短暂复苏预期，但1931年下半年形势急剧恶化。奥地利、匈牙利、德国在春夏相继暂停黄金兑换并实施外汇管制。同年9月，英国被迫放弃金本位㉗，随后40余国陆续与黄金脱钩。各国央行竞相将外汇兑换为黄金，外汇储备在欧洲各国央行国际储备总额中的占比从1927年底的42%高位下降到1931年底的19%，到1932年底只有8%（Nurkse，1944）。1932—1933年，在内外部兑换的压力下，美国逐步将政府债券纳入货币发行基础，并逐步限制黄金的使用㉘。

面对全球经济大萧条的严峻挑战，国际社会决定于1933年6月在伦敦召开世界经济会议，尝试通过合作缓解经济危机的影响，并再次提出制定债务、关税、货币稳定、物价稳定的一揽子国际合作方案。

凯恩斯在1933年世界经济会议召开前，在《通向繁荣之路》的小册子中提出了大萧条与全球物价通缩的应对方案。核心目标是通过国际协同行动提高全球物价水平，扭转大萧条引发的通缩。在传统的增加境外贷款（考虑到作

㉗ 随着海外投资以及国际航运、金融等行业的收益萎缩，英国经常项目国际收支平衡快速恶化，与此同时德国、奥地利银行危机引发了国外撤资，英国从1931年7月开始面临快速黄金外流。在缺乏其他中心国家有效支持的情况下，1931年9月19日，英国财政部宣布暂停英镑的黄金兑换窗口。9月21日，议会通过紧急程序批准了《1931年金本位（修正）法案》，正式废除《1925年金本位法案》中约定的英格兰银行需按黄金平价兑换英镑的义务。

㉘ 1932年2月，在黄金与商业票据之外，将政府债券纳入货币发行的抵押物范围（《1932年银行法案》）；1933年3月，授权美国总统及行政机构拥有限制黄金出口与限制其境内黄金流通的权力，并将商业银行资产纳入货币发行抵押物范围（《1933年紧急银行法案》）；同年4月，发布行政命令限制黄金流通；5月，通过法案授予总统调整美元兑黄金价格的权力（《1933年农业救济法案》）；6月，国会决议，废除商业合同中的“黄金支付条款”；并最终于1934年1月通过《黄金储备法案》，包括将美联储系统的黄金所有权移交美国财政部，财政部出具黄金凭证（gold certification），禁止私人持有黄金，停止黄金境内铸造流通，确认美元兑黄金贬值60%（35美元/盎司），在核定条件下保留黄金国际支付功能，授权财政部建立汇率平准基金。

为主要债权国的美国在大萧条期间对外贷款为收缩态度）和各国内部财政扩张之外，凯恩斯主张通过国际制度设计实现各国财政与货币政策的同步扩张。主要通过建立国际货币储备的补充机制，通过发行金券[29]来帮助各国央行缓解储备压力，使它们能够更自由地促进国内外贷款发放。

具体而言，凯恩斯的实施建议包括：（1）创设不超过50亿美元规模的“金券”，作为各国央行储备资产，增强各国央行的货币发行基础，缓释各国信贷紧缩倾向；（2）各国的金券额度依据1928年黄金储备量分配；（3）设立动态调节机制，根据大宗商品的黄金价格变动调整金券发行量及债券利率，维持价格稳定。凯恩斯的这些建议，与他在此之前和之后提出的建议有明显的延续性。

由于主要经济体在战争赔款与战争债务、货币稳定机制等方面依然存在明显分歧，1933年的世界经济会议未能达成任何实质性协议或行动计划。1933年7月3日罗斯福发出国内经济政策优先于国际协同的声明，拒绝世界经济会议提议的汇率稳定方案。作为直接回应，法国、比利时、荷兰、瑞士和意大利组成的“黄金集团”联合发表声明，誓言动用集体黄金储备支持货币的黄金平价（后在冲击下各自退出）。英国的回应则是正式确立英镑区。7月末，除爱尔兰外所有英联邦国家代表签署《英帝国货币宣言》（The British Empire Currency Declaration），重申避免黄金购买力过度波动，货币政策将致力于再通胀直至恢复萧条前的价格关系。继贸易之后，全球货币协同体系进入割据阶段。

1936年9月，法、美、英达成《三国协定》，承诺避免竞争性货币贬值和贸易报复。协定允许法国将法郎贬值25%，同时英国和美国通过外汇平准基金稳定汇率。荷兰、瑞士等国家随后加入，形成松散货币协调机制。协定巩固了35美元/盎司的黄金价格，为国际体系提供名义锚点；截至1936年，当时唯一仍挂钩黄金的主要货币是美元，其他国家均未开放黄金或外汇自由市场（Eichengreen，1992）。

1931—1937年，竞争性集体贬值导致黄金实际价值被稀释。到1937年，黄金在这些货币中的价格平均上涨了70%，最终形成所有国家都在贬值，但彼此相对汇率变化有限的局面。部分观点认为上述过程是黄金稀缺性在博弈状态下无序调整的体现（Nurkse，1944）。

---

[29] 金券（gold-notes）由国际超主权机构发行，作为各国央行资产负债表中黄金的潜在替代品；确保各国央行在市场波动与黄金短缺情况下，满足其法定黄金储备要求，并有充足的储备来增加基础货币供给。

3. 关于战后金融秩序的讨论与后续进展

3.1 二战期间美国再次向英国提供援助，并约定共同建立战后多边金融贸易体系

二战初期，英国再次面临巨大的财力物资消耗。在1940—1941年的二战欧洲战场，英国是欧洲仅存的抵抗力量。除了内部实行战时经济体制，可获得的外部财政与物资支援主要来自两方面。其一是以海外殖民地与自治领为主的英镑区，通过记录英镑结余方式支付费用㉚，截至1941年末，英镑区内累计结余8.58亿英镑，1945年末更增长至27.23亿英镑。此外，非英镑区在伦敦的英镑结余在1941年末和1945年末也分别达到4.43亿英镑和6.32亿英镑㉛。其二是来自美国的物资，但美国1941年之前受制于其《中立法案》，对英国的军事物资采取现款自运（cash and carry）原则，使英国的黄金和美元储备几近枯竭。截至1941年春，英国储备仅剩1 200万美元㉜。

美国通过《互助协定》向英国提供巨额援助，并在协定中加入第七条款。基于1941年3月的《租借法案》，美英于1942年2月签署《互助协定》㉝，战争期间美国向英联邦成员国提供了约300亿美元的租借物资，其中近270亿美元提供给了英国本土。作为回报，美国收到了60亿美元的逆租借物资㉞。双方决策者均感于一战后各方在战争赔款、战争债务以及后来在货币与贸易方面的国际协同失败，经过多轮讨价还价，最终在英美《互助协定》中特别加入第七条款：

> 在最终确定联合王国政府为换取根据1941年3月11日国会法案提供

㉚ 上述英镑结余受战时管制限制，仅在关键需求下可提取。

㉛ 理查德·加德纳．英镑美元外交：当代国际经济秩序的起源与展望［M］．符荆捷，王琛，译．南京：江苏人民出版社，2014：189. 转引自《华盛顿谈判期间提供的统计材料》（1945年第6706号），第11页。

㉜ 理查德·加德纳．英镑美元外交：当代国际经济秩序的起源与展望［M］．符荆捷，王琛，译．南京：江苏人民出版社，2014：85. 转引自《华盛顿谈判期间提供的统计材料》（1945年第6706号），第5页。

㉝ 美国称为《租借总协议》（Master Lend-Lease Agreement）。

㉞ 理查德·加德纳．英镑美元外交：当代国际经济秩序的起源与展望［M］．符荆捷，王琛，译．南京：江苏人民出版社，2014：191.

的援助而给予美利坚合众国的利益时，其条款和条件应为不增加两国之间的贸易负担，但应促进两国之间互惠互利的经济关系，并改善世界范围内的经济关系。为实现此目的，相关措施应包括美利坚合众国和联合王国商定的行动，这些行动对所有其他志同道合的国家开放，旨在通过适当的国际和国内措施扩大商品生产、就业、贸易和消费，这些是所有人民福祉的物质基础；消除国际商业中一切形式的歧视性待遇，减少关税和其他贸易壁垒；以及实现美利坚合众国总统和联合王国首相于1941年8月14日发表的联合声明中提出的所有经济目标。

在适宜时机下，两国政府应尽早开始对话，以便根据实际经济状况，确定通过各自商定的行动实现上述目标的最佳方法，并寻求其他志同道合的政府的商定行动。

上述条款原则性地界定了双方关于战争援助的非货币偿还方式，以及关于战后建立非歧视性多边金融与贸易体系，被公认为是战后国际货币基金组织、世界银行与世界贸易组织的起点与基石。此外，也有部分解读认为，第七条款是美国以战争援助为对价，要求英国在战后取消其“帝国特惠制”，美国同步取消其在大萧条期间设立的贸易壁垒。

3.2 凯恩斯关于国际清算联盟的提案

在此背景下，凯恩斯领导的英国团队和怀特领导的美国团队分别起草战后国际货币协同方案，两份计划经多次修订后于1943年定稿。

从方案内容到最终协议看，均是为了直接回应两次世界大战期间各国在货币协作方面的经验教训，双方都希望建立一个能避免过往缺陷、促进世界和平的国际货币体系。共同理念包括多边支付体系、稳定汇率和充分就业。然而双方在实力和经济地位上的关键差异导致了各自不同的关注重点。

凯恩斯作为英国财政部顾问，主导设计的“国际清算联盟”方案（即“凯恩斯计划”）[35]，该超主权机构将承担全球中央银行的职能，创设名为“班克尔”（Bancor）的新型国际结算货币，用于调节国际收支失衡。方案建议初始募集资金规模设定为260亿美元（按当时金本位价值计算），通过建立双重约束机

---

[35] 该方案初稿由凯恩斯于1941年9月提交给英国财政部，并由英国政府于1943年4月以白皮书的形式发布最终草案。

制实现国际收支平衡：一方面，为各成员国设定信用份额（Quota）上限，从制度层面限制其国际收支赤字的累积；另一方面，引入超额班克尔回收机制，对长期保持贸易顺差的国家形成经济约束，从而抑制单边顺差持续扩大的趋势。各国信用份额根据过去3~5年各国在国际贸易中的规模进行赋值和动态调整。

怀特则希望以稳定基金（Stabilization Fund）为基础，不通过发行国际货币和建立国际央行来提供国际收支弹性，而是由各国本币和黄金形成50亿美元汇率稳定基金作为外部缓冲，支撑各国汇率的相对稳定。

从历史角度看，两个方案都延续了休谟的价格—铸币流动机制，即在适当限制资本流动的条件下，追求国际收支平衡与汇率稳定。而国际收支平衡的实现，有赖于各国内部消费、物价，以及有管理的汇率调整。

针对大萧条期间的货币收缩，两个方案都允许每个成员国透支一定数额的资金来进行内部调整，提供外部国际收支平衡的弹性空间，取代国际刚性支付带来的货币收缩压力（凯恩斯方案在额度和弹性上更大）；同时，两个方案均适当限制资本流动，为各国内部自主设定政策利率、保持货币政策独立性提供部分空间㊱。此外，为应对大萧条期间各国的黄金挤兑，凯恩斯方案更进一步，设定黄金与“班克尔”单向兑换，即只能将黄金兑换为“班克尔”，限制黄金的使用范围。

两个方案的差异主要包括超主权机构可以使用的流动性规模、使用方式与便利性、对债权国限制等。上述差异在讨论中主要体现为美国作为当时主要的贸易盈余国和对外债权国，可能面临的种种限制（特别是不希望将其资金提供给超主权机构，并失去主导权）；但也体现了英国受制于自身国际收支窘境，需要获得国际支付能力的尝试。

1944年4月，经过激烈谈判达成的妥协方案形成了《关于建立国际货币基金的联合声明》（以下简称《联合声明》）㊲，同意成立一个永久性的国际货币基金组织（IMF），设立资金总额为88亿美元，其中美国认缴31.75亿美元。其核心内容包括：

（1）平价制度

- 以美元与黄金的比价作为基准：所有成员国被敦促宣布其货币汇率平

㊱ 与凯恩斯在《货币论》中的分析保持一致。

㊲ 该声明作为1944年7月布雷顿森林会议的工作草案，成为《国际货币基金组织协定》的核心内容。

价，并将平价水平的波动幅度控制在1%以内。

- 在发生根本性失衡的情况下，平价可以在与国际货币基金组织协商后进行调整。
- 所有货币（以黄金计价）的货币平价统一调整需要多数成员批准，包括主要成员国（10%以上份额成员）的一致同意。

（2）多边支付

- 成员国需要在三年过渡期后，实现经常项目下的货币可兑换。
- 资本管制可以保留。

（3）基金资源

- 总份额（25%为黄金或美元，75%为本国货币）设定为88亿美元。
- 总份额每五年可以调整一次。

关于最终方案，还有两点值得关注。一是关于黄金，不同于凯恩斯的提案，最终方案并没有完全限制黄金的国际使用与兑换，这为20世纪70年代布雷顿森林体系崩溃埋下了隐患；二是关于美元在布雷顿森林体系中的地位，常规说法是，各国同意保持本国货币与美元的相对平价，美元兑黄金固定在每盎司35美元；形成“黄金—美元—各国货币”平价的布雷顿森林体系[38]。但从《联合声明》的文本看，所有货币更倾向于保持地位平等，美元仅作为可兑换黄金的货币存在。因此，部分学者认为布雷顿森林体系从未打算让美元取代英镑，但1947年由英美贷款引发的英镑危机导致了英镑衰落，从事实上导致美国是唯一将本币与黄金挂钩的国家，凸显了美元的唯一性（Bordo，1992）。

3.3 最终的结论

英国国内对协议的态度复杂而矛盾。尽管英国代表团在会议上积极争取话语权，但战后面临的巨额债务和经济衰退迫使英国不得不妥协。英国政府内部普遍意识到，依赖美国资金进行战后重建是唯一选择，因此尽管存在反对声音，仍被迫接受协议条款。英国媒体和学界则对凯恩斯计划的落选表示遗憾，认为该计划对称调节国际收支失衡的机制更公平，但受制于美国的经济实力，英国无力抗衡。

㊳ 例如，圣路易斯联邦储备银行维护的“Federal Reserve History”便以此介绍。

美国国内对协议则普遍持支持态度。罗斯福政府将布雷顿森林体系视为巩固美国全球领导地位的关键工具。美国财长摩根索在国会问询中强调，消除竞争性货币贬值和贸易壁垒是防止战争重演的经济保障，这一立场与美国国内产业界希望扩大出口的需求一致。国会虽然对让渡部分主权与资金资源给 IMF 存在疑虑，但最终批准了协议。

战后英美经济关系的演变加剧了协议的矛盾。1945 年，战时《互助协定》到期后，英国面临严峻的国际收支危机，不得不于 1946 年和美国签署《英美财政协定》，以接受 37.5 亿美元贷款为条件，承诺在一年内恢复英镑自由兑换。然而，1947 年 7 月英国仓促放开货币兑换后，因外汇储备枯竭引发挤兑，仅一个月后便被迫中止兑换，酿成“1947 年英镑危机”。这场危机既暴露了布雷顿森林体系固定汇率下可兑换机制的脆弱性，也凸显了英国在战后对美国经济的高度依赖。凯恩斯于 1946 年逝世，未能见证这一危机。

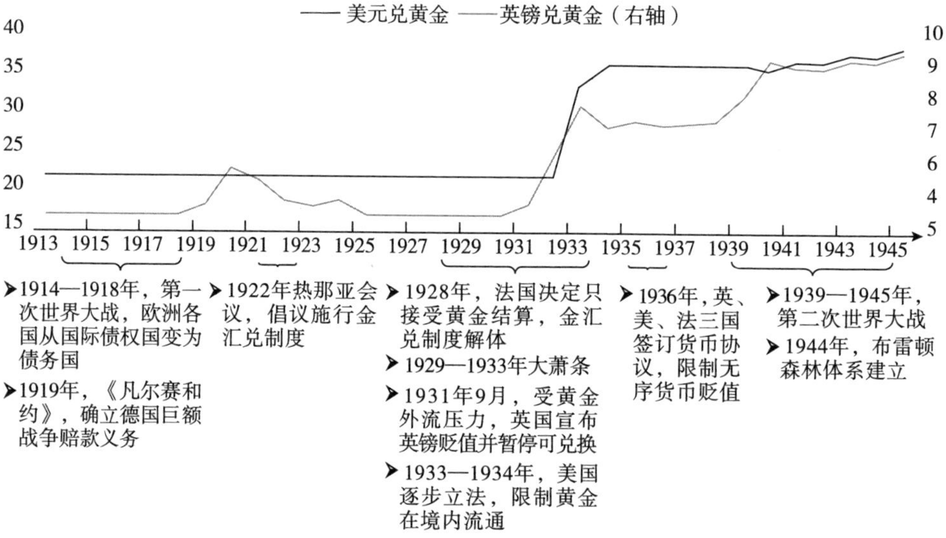

图 2　两次世界大战期间，美元、英镑兑黄金价格

资料来源：世界黄金协会（World Gold Council），作者整理。

4. 总结

本文以凯恩斯的视角，回顾两次世界大战期间国际货币协同机制的演变。时过境迁，当下各主要国家金融结构、货币与流动性管理机制，以及国际金融监管合作等方面，相较上述历史时期均有较大差异。直接套用当时历史条件下的分析和结论，无异于刻舟求剑。但从历史中把握事物发展的主要脉络与矛盾，从动态视角展望潜在方向，是本文的主旨。纵观两次世界大战期间国际金融体系的转变历程，我们可以清晰地看到如下脉络：

其一，国际金融体系运作机制及其核心原则并非孤立存在，而是受制于同时期国际贸易形式与支付条件，并随时代发展而变迁。例如，休谟时代的贸易平衡原则（以商品贸易为主，金属货币支付）；凯恩斯时代对国际收支平衡的追求（经常项与资本项叠加，黄金作为国际支付的最终手段）。在当代环境下，以美元这一主权信用货币作为国际支付结算与跨境投融资的主要介质，其隐含的国际货币发行国的外部收支平衡弹性及其界限，将成为当前国际金融体系发展与存续的主要问题。

其二，黄金的稀缺性贯穿从金本位到布雷顿森林体系的整个发展历程。在古典金本位制下，黄金在各主要工业化国家参与日常流通，以日常交易为主导形成黄金平价基础；在早期金汇兑机制下，黄金集中于各国央行，多个中心国家发行国际储备货币（摩擦较大，包括各中心国之间，以及中心国与外围国家之间），各国基于货币管理形成黄金平价；二战后形成单一中心的金汇兑机制，黄金主要集中于美国，各国货币与美元挂钩形成平价；20 世纪 70 年代初，相对集中的黄金储备无法支撑美元的国际流动性，黄金平价最终解体。

这一历程背后体现的是不断发展的生产力与缓慢增长的黄金存量之间的核心矛盾；以及随着社会与金融体系发展无可避免的结构化与复杂化，古典经济学假设的均质价格收缩再也无法实现。

其三，两次世界大战对国际金融体系转型带来极大的外部冲击，特别是传统体系的领导者英国。客观而言，在这一历史时期，英国的相关决策者展现了良好的敏锐度与灵活性。在一战后，倡导国际金汇兑机制；在大萧条冲击与国际协同失败后，建立英镑区；这些均是对当时黄金稀缺、金本位下刚性支付带来外部约束的正面回应。两次世界大战产生的巨大物资与财政需求，剧烈冲击了英国的财政与货币体系，进一步削弱了英国在国际贸易与国际投资中的净收益地位；一战后英国未能较好地处理战争赔款与战争债务，严重阻碍了 20 世纪二三十年代的国际协同，最终失去了对外投资净头寸，失去了黄金与美元等国际储备资产，失去了国际贸易的有利地位，失去了自身的贸易保护壁垒，与此同时又面临巨额流动性资金需求，为了寻求外部支持，被迫将国际金融体系的主导权拱手相让。

其四，二战后多边框架下的国际贸易与金融体系，既有其建立的深刻历史背景与原因（被当时的构建者视为对1914—1944年各种教训的直接回应），也有体系建立的主导方付出的显著真实成本（直接成本包括美国放弃对二战期间及战后海量援助的货币偿还诉求，以及英国在对等条件下放弃其在海外殖民地与自治领建立的“帝国特惠制”等特殊权益）。该体系的建立，一方面确保了战后近80年全球经济发展与相对和平；另一方面，其内生的非对称性结构，也持续以不同形式显现，成为当代国际金融领域必须面对的问题。

附表1.1　1914年英国流通货币情况 （单位：百万英镑）

	金额
英格兰银行信用发行（不以金币或金块为支持）的纸币（Bank notes）[a]	18.45
英格兰银行发行以金币或金块为支持的纸币（Bank notes）[b]	38.48
银行持有的金币（不包括英格兰银行发行部持有的金币）以及在公众流通中的金币估算金额	123.00
总计	179.93

注：a. 根据1844年《银行特许法案》，英格兰银行发行的银行票据，下同。b. 根据1844年《银行特许法案》，英格兰银行非信用发行的银行票据需由发行部持有100%准备金。

资料来源：Cunliffe Committee（1918），笔者梳理。

附表1.2　1919年英国流通货币情况 （单位：百万英镑）

	金额
总信用发行	248.86
英格兰银行的信用发行纸币（Bank notes）	18.45
未以黄金支持的流通纸币（Currency notes）[a]	230.41
英格兰银行发行以金币或金块为支持的纸币（Bank notes）	65.37
以黄金支持的流通纸币（Currency notes）	28.50
银行持有的金币（不包括英格兰银行发行部持有的金币）估算金额	40.00
总计	382.73

注：a. 根据1914年《货币与银行票据法案》，英国财政部发行的流通货币（Currency notes），下同。

资料来源：Cunliffe Committee（1918），笔者梳理。

附表 2　以 1933 年前平价美元报告的各央行黄金储备（每盎司纯金 20.67 美元）

（单位：百万美元）

国家/地区	1913 年	1918 年	1923 年	1928 年	1933 年	1938 年	1943 年
阿根廷	256	305	467	607	239	255	212[a]
澳大利亚	22	104	131	109	3	2	-
比利时	48	51	52	126	380	343	433
巴西	90	26	49	149	0	19	150
加拿大	117	130	127	114	77	113	-
法国	679	664	710	1 254	3 022	1 529[b]	1 181
德国	279	539	111	650	92	17	-
印度	124	64	109	124	162	162	162
意大利	267	203	218	266	373	115	-
日本	65	226	602	541	212	97	-
荷兰	61	278	235	175	372	588	300
西班牙	92	430	488	494	436	310	-
瑞典	27	77	73	63	99	189	228
瑞士	33	80	104	103	387	414	569
南非	34	33	53	39	83	131	417
英国	165	521	746	748	928	1 587[c]	-
美国	1 290	2 658	3 834	3 746	4 012	8 609[d]	12 969

注：a. 不包括 1940 年之前的部分储备。b. 包括外汇稳定基金的黄金。c. 不包括外汇平准账户的黄金（1938 年 9 月为 4.48 亿美元）。d. 包括外汇稳定基金（特别账户 1 号）的黄金。

资料来源：美联储公报，Nurkes（1944）。

附表 3　1930 年各主要国家对金本位制的法定准备金要求

国家/地区	法定准备金要求
阿根廷[a]	-
澳大利亚	-
比利时	国家银行总活期负债的 40% 以（a）黄金（至少 30% 的活期负债）和（b）可兑换为黄金的外汇持有
巴西	-
加拿大	财政部要求保持至少 25% 的自治领纸币（Dominion notes）的黄金储备，发行银行必须在财政部保持发行纸币 5% 以上的黄金储备

（续表）

国家/地区	法定准备金要求
法国	法国央行票据流通量和当前信贷账户的35%须以黄金形式持有[b]
德国	德国国家银行（Reichsbank）纸币流通量的40%须以以下形式持有：（a）黄金（至少占总准备金的75%），或（b）外汇，包括银行票据、到期期限在14天以内的汇票以及存放在外国金融中心具有良好信誉的银行的活期存款
印度	政府须以以下形式持有100%的纸币流通量：（a）卢比，（b）半卢比银币或（c）金条
意大利	意大利央行的纸币流通量和即期负债的40%须以（a）黄金或（b）可兑换为黄金的外汇形式持有
日本[c]	日本央行超过1.2亿日元（信用发行）的纸币流通量，须以（a）金币或金条（至少占总准备金的75%）或（b）银币和银条的形式持有
荷兰	荷兰央行的银行票据、银行指派券（bank assignations）及活期账户的40%须以硬币和金银条的形式持有
西班牙	法定准备金率为45%，前40亿比塞塔（Pesetas）的发行需满足至少40%的黄金覆盖，超出40亿比塞塔的部分需满足至少60%的黄金覆盖
瑞典	瑞典国家银行（Riksbank）超过2.5亿克朗（信用发行）的纸币流通量的50%，须以金币或金条的形式持有
瑞士	国家银行的纸币流通量40%须以金币或金条的形式持有
南非	储备银行的纸币流通量40%须以黄金或金币的形式持有
英国	英格兰银行超过2.6亿英镑（信用发行）的纸币流通量，须以金币或金条的形式持有
美国	联邦储备银行的纸币流通量的40%和其存款的35%，须以黄金或法定货币（lawful money）[d]的形式持有

注：a. 截至1930年，阿根廷、澳大利亚和巴西已通过汇率管制或暂停货币兑换等方式，实质性脱离金本位。b. 法国于1928年6月修改其《货币法》，从金汇兑转为金本位。部分观点（Nurkes，1944；Eichiengreen，1992）认为该调整产生的黄金需求是国际金汇兑制度解体的触发因素之一。c. Nurkes（1944）记录日本、澳大利亚、挪威等将黄金作为唯一法定准备金形式，但持有相当数量外币余额。d. 1933年修订《联邦储备法案》之前，法定货币的定义存在模糊性，部分解读为美国宪法规定下的"任何州……不得指定金银币以外的物品作为偿还债务的法定货币（Tender）"。

资料来源：国际联盟（1930）；主要内容转引用自 *Handbook of the History of Money and Currency* 的表1。

参考文献

彼得·特明，戴维·瓦因斯．凯恩斯思想小史：繁荣的钥匙［M］．王子约，译．北京：北京大学出版社，2017.

查尔斯·P. 金德尔伯格．西欧金融史：第2版［M］．徐子健，何建雄，朱忠，译．北京：中国金融出版社，2007.

方兴起．凯恩斯逝世60周年之际的反思［C］//中华外国经济学说研究会第十四次学术讨论会论文摘要文集．北京：中华外国经济学说研究会，2006：356-359.

理查德·加德纳．英镑美元外交：当代国际经济秩序的起源与展望［M］．符荆捷，王琛，译．南京：江苏人民出版社，2014.

王汉锋．中国如何应对国际货币体系新变革？［EB/OL］．财新网，2022-08-27.

W. N. 梅德利科特．英国现代史（1914—1964）［M］．北京：商务印书馆，1990：81.

吴晓灵，伍戈．“新怀特计划”还是“新凯恩斯计划”——如何构建稳定与有效的国际货币体系［J］．探索与争鸣，2014（8）：59-62.

约翰·梅纳德·凯恩斯．和约的经济后果［M］．于占杰，译．北京：商务印书馆，2022.

约翰·梅纳德·凯恩斯．货币改革论［M］．方福前，译．北京：商务印书馆，2020.

约翰·梅纳德·凯恩斯．货币论（全二卷）［M］．李井奎，译．上海：复旦大学出版社，2020.

Bernanke B S. Essays on the great depression [M]. Princeton: Princeton University Press, 2000.

Bernanke B, James H. The gold standard, deflation, and financial crisis in the Great Depression: an international comparison [M]//Hubbard R G, ed. Financial markets and financial crises. Chicago: University of Chicago Press, 1991: 33-68.

Bordo M D. The Bretton Woods international monetary system: an historical overview [R]. Cambridge: National Bureau of Economic Research, 1992.

Eichengreen B. Golden fetters: the gold standard and the Great Depression, 1919-1939 [M]. New York: Oxford University Press, 1992.

Horsefield J K. The International Monetary Fund 1945-1965: Twenty years of international monetary cooperation [M]. Washington, D. C.: International Monetary Fund, 1969.

Keynes J M. The means to prosperity [M]. London: Macmillan, 1933.

Kindleberger C P. The world in depression, 1929-1939 [M]. Berkeley: University of California Press, 1986.

League of Nations. International currency experience: lessons of the inter-war period [M]. Geneva: League of Nations Publications, 1944.

Mckinnon R I. The rules of the game: international money in historical perspective [J]. Journal of Economic Literature, 1993, 31 (1): 1-44.

Samuel H. The world economic conference [J]. International Affairs, 1933, 12 (4): 439-459.

比较之窗

Comparative Studies

Comparative

推动美国经济增长的关键政策纲要

杰米·戴蒙

美国应当竭尽所能推动其经济健康增长。唯有如此，才能创造持续用于美国再投资的资源，并为全体国民创造更多机遇、为提升民生福祉奠定基础。本文阐述了我认为对美国经济保持强劲至关重要的九项关键政策，这些政策不仅能使美国以最佳姿态应对经济与地缘政治领域的各类挑战，更能确保美国保持持续的军事与经济主导地位。

在撰写这份政策清单时，我尝试以收购大型复杂企业的视角来审视美国（当然，治理国家远比管理任何单个企业都要复杂）。全面评估所有关键问题才能制定系统性战略。我列出的这些事项（可能还有更多），是我认为阻碍美国发展、导致各类“民怨”的症结所在。所有分析我都秉持了务实的原则，针对部分情况我也提出了可能的解决方案。

我试图抛开保守派、自由派、进步派、红营或蓝营等立场标签，来看待这个问题。无论我的观点正确与否，当务之急是我们要开始修复这个已然受损的制度体系。

美国政府需要向公众证明，在制定有利于最大限度地促进长期经济增长、

---

* Jamie Dimon，摩根大通董事会主席兼首席执行官。本文摘自作者 2024 年的致股东信函，原标题为“A Compendium of Critical Domestic Policies to Drive Growth，Opportunity and Well-Being”。感谢德勤中国副主席吴卫军为本文翻译出版提供的大力支持。

就业、竞争力和公平的政策，并同时避免对经济进行微观干预方面，政府是既高效务实又恪守原则的，正如任何机构都应该做到的那样。

和所有机构一样，政府应该持续地确定工作重点、优化资源配置、简化行政流程、减少繁文缛节，从而提升服务效能、增强响应能力并实现成本效益。每个部门不应仅盯着资金投入的绝对金额，更应关注预期成效为何、实际成果如何，以及怎样以更低的成本实现更大的效益。

然而，当前美国的官僚体系已陷入失灵状态，它既不能充分认知国家面临的重大挑战，更无力有效应对这些挑战。更糟糕的是，近年来政府权力被滥用于打压政敌、企业及个人，尤其是那些不受执政党待见的群体。这类事情必须被叫停。我认为改变之法是，需要一直提醒美国人民关注立国之本，即镌刻于《美国独立宣言》与《美利坚合众国宪法》中的核心价值：自由、解放、个人权利以及正义属于全体人民。

经济运行机制异常复杂，美国需要聚焦于有助于促进增长的良性政策。脱离现实、违背实用主义的微观管控与错误政策往往会引发难以预料的严重后果。人们经常将准确的数据、错误的逻辑拧巴在一起，扼杀了很多好的政策。很多时候，政府更倾向于在需求侧“砸钱”（扩大支出），而非制定有效的政策或者在供给侧实施精准投入。好的供给侧政策，比如创造更多就业岗位与升级基建等，才是提升生产率、最大化长期增长的关键。尽管创新是推动增长的永动机，但有时人们利用创新可能带来的负面影响来阻碍创新。这是极其错误的。我们应大力培育创新，同时制定配套政策帮助那些受负面影响的人。

美国亟须建立连贯一致、负责任的税收与财政政策体系

美国亟须建立跨党派的财政责任约束机制，类似辛普森—鲍尔斯委员会模式，但需要国会授予其真正的权力。一些国家，比如瑞典，已经实施了具有具体指导规则的财政框架。瑞典框架规定债务与 GDP 的比率应维持在 35% ±5% 区间，这样可以使瑞典赤字融资的增长率与经济增长率保持同步，并将债务与 GDP 的比率控制在 35% 。遵循这种连贯一致的财政标准，会使国家治理总体上变得更加容易。美国需要建立类似的标准，这既能更稳健地驾驭“国家巨轮”，又可消除激进财政政策反复摇摆带来的不确定性。

另外，债务上限应尽快废除。债务上限本质上是一种“大规模杀伤性武器”，这种武器可以被不明就里的政客错误使用。若美国最终出现了债务违

约，那么对美国以及美国经济信任的伤害将难以估量。

美国必须学会采用不同的方式评估投资和支出，特别是在基建领域

美国政府现行的会计制度存在严重缺陷，其荒谬程度简直令人啼笑皆非。很不幸，这导致了很多糟糕的决策。举例来说，在计算财政赤字时，政府将道路、医院、港口等基础设施投资与普通支出混为一谈。但实际上，这两者应该归属完全不同的预算类别。好的投资支出能提升长期生产力，这是普通支出所不具备的。美国当前的基建投资仅占 GDP 的 0.55%，不仅低于经合组织国家 0.81% 的平均水平，更与中国 5.56% 的惊人投入形成鲜明对比。对于生产性基建投入，美国亟需扩大，而非缩减。举债投资与举债消费，两者存在根本差异。

政府也发放了很多贷款，但并没有像银行一样进行严格审核，这导致大量的不良贷款。例如，政府持续发放了大量学生贷款，却未进行恰当的审核，或者完全没有审核。2010 年联邦政府接管学生贷款体系的时候，贷款规模为 7 500亿美元，贷款损失尚处于合理水平。但通过政府会计的魔幻处理，政府接管时竟然预测该项目会带来逾 600 亿美元的利润。13 年后，学生贷款规模已达当时的两倍之多，为 1.6 万亿美元，如果采用适当的会计核算，我们估算政府至少已亏损了 5 000 亿美元；然而政府仍在持续发放大量此类不良贷款。

更严峻的问题是政府控制着两家超大型全球金融机构——房利美（Fannie Mae）和房地美（Freddie Mac）。这两大机构资产合计 7.7 万亿美元，其中绝大部分是其担保的住房抵押贷款。政府有责任妥善管理上述机构，保护美国纳税人免受巨额损失（这两家机构在 2008 年金融危机中曾亏损 2 650 亿美元），防范它们对美国和全球经济造成严重冲击。

为使税收制度促进经济增长、创造就业，美国应遵循四项原则：

- 保持行业中性，避免特殊优待；
- 构建稳定且标准统一的制度体系；
- 确保税收政策能让美国在国际竞争中保持优势；
- 为促进增长与创新提供有效激励机制。

2017 年通过的《减税与就业法案》（TCJA）朝着上述目标迈出了关键步伐，具体体现在以下三个方面：其一是拓宽税基；其二是将联邦企业所得税税率降至 21%（该税率与经合组织的平均水平大致持平）；其三是改革国际税收规则。第一点常常被人忽视：尽管将名义税率从35%降至21%，预计10年内会减少1.4万亿美元的企业税款，但拓宽税基这一举措，抵消了其中减少的1万亿美元。在国际税收规则方面，改革的核心是移除允许美国企业无限期推迟海外收益纳税的手段。作为结果，我们的国际税收体系达到了适当平衡：既承认了美国企业服务海外市场的重要性，又避免了激励企业将资本、技术和研发转移出境。

尽管仍然有改进空间，但总体而言，《减税与就业法案》的变革把握住了关键：相较于个税减免，降低并优化企业所得税对刺激经济增长具有更高的乘数效应。重要的是，这些改革使多数美国人受益，法案实施的头两年，美国实际收入中位数增速超过此前十年的水平，高中以下学历群体失业率创历史新低。

在法案生效的次年，我们见证了美国GDP增长达3%，受惠企业的国内投资增长了20%。企业纳税总额创历史纪录，这并非由于企业税负加重，而是企业盈利能力提升、业务扩张、就业增长、投资增加所致。如果没有具有竞争力的企业所得税税率，这些成果都无法实现。

美国应进一步修订《国内税收法典》，通过制度创新刺激增长并保障更公平的整体税收体系

首先，美国的税收体系应当为大企业和中小企业的增长和创新提供有效激励。美国国会近期取消的两项长期政策恰恰是典型的反面例子：其一是资本投资的税收优惠，其二是研发支出加计扣除。实践证明，这两项政策都是促进经济增长和创造就业的有效工具。

就确保税制公平而言，现行税制仍有大量有待修订的条款。在企业税方面，阻止人为转移美国境外应税所得的相关规则需要得到强化，同时应取消诸多针对特定行业的税收减免。在个税方面，现行制度中存在很多主要惠及富裕阶层的税收减免，包括附带权益优惠、1万美元的州地税扣除上限以及各种规避遗产税的创新型手段。这些税收减免不仅造成了财政收入损失，更被公众视为制度性偏袒特权阶层的例证。美国税法应引入“巴菲特规则”，让高收入者对其已实现的所得缴纳最低税额。如果美国能以正确的方式完善税收体系，每一个人，也包括富人，都将从随之推动的经济增长中获益。我相信，如果人们增加的税收能够被明智地用于解决美国的重大问题，他们对适度提高税率的抵触情绪就会减少。

最后，税收制度在扶助经济底层群体方面发挥着重要作用。这包括通过税收激励确保充足且可负担的住房供给，例如保障性住房建设的税收抵免政策。关键在于，任何税收优惠与社会福利项目的实施都需要设置渐进机制，避免产生“福利陷阱”，削弱工作意愿。深化、改革劳动所得税抵免制度（EITC）是提升劳动参与率的有效途径：现行制度为育有两孩、年收入 1.4 万美元及以下的家庭提供 5 600 美元抵免（无子女者仅抵免 350 美元），我提议将这一税收抵免额度提高近一倍，并取消对子女数量的限制条件。此举虽然会增加财政支出，但也会带来多重效益：既赋予低收入者更多的可支配资金（教育、食品、住房改善等），又能通过刺激本地消费促进社区经济发展。这一举措还有助于奖励辛勤工作的人，进而推动 GDP 增长。工作不仅能赋予人们尊严，还能在减少无家可归现象、降低犯罪率、改善健康状况、促进家庭组建等方面产生良好的社会效应。对许多人而言，第一份工作是开启职业生涯的起点。我坚信，假以时日，该计划带来的收益将远超其成本。很多共和党人和民主党人都支持这一举措，因为它帮助很多人实现了“美国梦”。

美国的教育系统亟须改革，以培养技能人才、创造就业机会、提供发展机遇

当前，在很大程度上，美国的教育体系已无法实现国家的承诺——使学生毕业时能够掌握获得一份好工作所需要的职业技能。“美国梦”的根基正在于其尽最大努力为全体公民提供平等的机遇，而教育与就业始终是实现这一目标的最佳途径。但当大量学校陷入低效运转时，这一切都无从谈起。

在很多城市核心区的高中，学生毕业率不足半数，即便那些顺利毕业的学生，往往也不具备从事一份薪酬合理的工作的技能。贫困问题正逐渐出现代际传递的趋势。

美国的增长一直依赖于生产力的提升，而这得益于资本投资与技能水平的协同发展，这也是个人收入增长的驱动力。幸运的是，美国需要做的只是改变一下现在的努力方向，无须再投入，本质上是免费的。美国只需重新配置现有资源（美国 K-12 教育①年支出近 1 万亿美元），就能取得显著成效。

① K-12 教育是指从幼儿园到高中 12 年级（一般 17 ~ 18 岁）的完整基础教育阶段，涵盖儿童和青少年的整个义务教育及中等教育过程。——译者注

美国需要从重构国家职业培训体系开始

一个将教育、培训与私人部门需求相连接的有效职业培训体系，是确保一份薪酬合理的工作的必需条件。市场上有很多成功的典范，但是仅举一例就足够了。以纽约长岛市航空高中为例，这所学校不仅提供标准的高中课程，还教授学生维修小型飞机，包括液压系统、发动机和电路维护等专业技术。许多学生每天不惜花费数小时通勤往返，通常家长是孩子们上学的强大推力。该校每年培养约450名毕业生，其中多数直接进入航空领域工作。如今这些年轻人在美国各大航空公司的年薪已达到8万美元（不含加班费），这些企业急需这一类技能型人才。

像这样的学校，正是应当效仿的榜样。它们通过现代化教育和职业培训项目来精准对接当前的劳动力市场需求。人工智能时代的到来和不断加速的技术变革，要求人们保持终身学习并进行技能重塑。职业与技术教育项目以及学徒制、“半工半读”计划、在职学习等创新培养模式，都将为年轻人提供更有效的职业发展通道。

对资质认证项目进行改革，也能够增加人们获得拥有良好职业前景的机会，并凭借工作经验获得较好回报。尽管资质认证系统的变革阻力重重，但我们确切地知道需要做什么。目前，数以百万计的未来岗位可以通过高中、社区学院或专项培训项目完成技能储备，例如为期12～24周的编程、先进制造、网络安全、数据科学、项目管理及护理保健等领域的速成培训。这些培训应当纳入认证体系，并作为本科或研究生的教育学分。许多工会运营管理着很出色的学徒制培训项目，为急需的高技能人才（如焊接、电工、管道工等）提供认证。相关岗位年薪已超过10万美元。

还有另外两点需要关注：联邦佩尔助学金（Pell Grants，面向两年制/四年制高校学生的政府补助）应扩展至职业资质认证项目；另外，应重新授权《劳动力创新与机会法案》，支持为刑满释放人员提供职业技能培训的“二次机会计划”，帮助他们重新融入劳动力市场。

高等教育成本居高不下，且与教育产出严重脱节

许多大学毕业生的成功并不仅是因为他们的学历。他们的优势源自自身的社会经济背景，即成长环境和方式，这些条件为他们提供了知识、自信、实习机会以及在职场中助力的人脉资源。即便如此，仍有超30%的毕业生面临大材小用的困境，即从事低收入岗位。这些人也同样需要学习实用技能。你可以主修哲学或历史，但拥有编程、数据科学与分析、平面设计、财务会计、数字营销或工程等领域有价值的资质认证，也能够能让你获得年薪8万美元以上的工作。

部分高等教育资金的分配，应当更多地与结果挂钩，减少对毕业率和就业率的关注，更加注重毕业生的收入水平。

联邦学生贷款体系需要改革，以确保借款人在接受教育后，能够拥有一份薪酬较好的工作。这不仅对学生有益，还能减少未来的贷款损失，避免一味推高教育成本。

早期儿童教育非常重要（这是一项长期投资，需要立刻启动）

早期儿童教育是一项长期投资，当下就开始行动是非常重要的。普及学前教育和其他幼儿教育项目，有助于提升教育成效，提高家长的劳动参与率。我看过的几乎每一项研究报告都表明，尽管这项投资在前期看起来是一笔成本，但它能带来巨大的回报（有些研究甚至显示，每投入1美元可获得2~4美元的收益）。对家长和孩子而言，早期教育带来的积极影响包括更高的收入、良好的健康状况，以及家长实现就业等。

所有学生都应该接受基础金融教育

金融教育应作为K-12教育体系的一部分来开展。每个人，尤其是年轻人，都应当了解一些基本的金融知识：比如建立应急储蓄的重要性，以及如何看待储蓄、支票账户的益处（与发薪日贷款相比）、自有住房的价值、为退休生活储蓄的必要性等其他的基本理财原则。在年轻人开设第一个银行账户时，同步提供具体的金融指导，也会起到很好的效果。

在K-12教育中开展健康和美好生活相关知识的教学，将使所有美国国民受益

对健康、运动和营养有基本的认知，对我们的社会大有裨益。在美国每年4.5万亿美元的医疗保健支出中，90%用于患有慢性病（如某些癌症、心脏病、糖尿病、肥胖症、肌肉骨骼疾病和精神健康问题）的人群身上。预防医学以及对这些疾病的早期干预，尤其是那些与个人行为密切相关的疾病（如吸烟、饮酒、缺乏运动和不良饮食习惯），都会给人们带来健康和经济方面的显著效益。一个很小但很有意义的例子，吸烟导致的美国医疗保健支出每年超过2 400亿美元。如果我们能阻止年轻人吸烟，并帮助吸烟者戒烟，这一支出将会每年下降。

美国必须推进医疗体系改革，以实现成本下降和疗效提升的双重目标

美国同时拥有最好和最差的医疗体系。美国拥有最优秀的医生、医院、制

药业和医疗器械等，但平均医疗效果却不尽如人意，成本更是全球主要竞争者的两倍（医疗成本占 GDP 的 17%，其他国家平均为 9%）。另外，美国还有2 700万无医保的人群。如前文所述，可预防性慢性病泛滥，是因为患者从未实质上承担全额医疗费用，现行医疗体系在成本、定价、激励机制方面缺乏透明度。启动改革，已刻不容缓。

通过一些简单的政策变化即可显著改善医疗体系的效能：

1. 所有医疗机构和服务提供商应以统一方式统计医疗数据。

2. 所有医疗数据应属于个人，并确保其可转移性（且禁止任何人在未经授权的情况下使用）。

3. 增加医疗机构与患者的双向透明度，明确诊疗成本构成。同时应确保患者知悉药品费用，并有资格从包含返利在内的批量折扣中受益。

4. 通过构建全国保险交易平台，并提供更广泛的保险选择，有效提升医疗服务的可负担性。

需要在联邦医疗保险、医疗补助计划与商业保险市场建立更完善的数据体系和统一标准，提升透明度、消除欺诈与浪费。以上措施是稳定市场的关键，同时医疗数据的可转移性对保障患者权利非常重要。

为员工优先开展健康教育、提升健康素养，可帮助他们成为医疗保健服务领域的明智消费者。解决美国医疗破产这一严峻社会问题至关重要，医疗账单不应纳入个人信用评分体系。

终有一天，个人将负责自主购置医疗保险。医疗保险不应仅限于年度购买模式，也就是说，应允许消费者进行长期投保，这意味着个人将成为自身健康管理的受益者。

最后需要强调，在过去百年的时间里，国民和劳动力队伍的健康水平对美国劳动生产率提升发挥了重要作用。部分研究表明，在过去的 25 ~ 30 年里，该因素对生产率增幅的贡献率高达 45%。更健康的劳动者、高龄劳动者的持续就业（凭借其积淀的知识及智慧）是主要原因。

美国可以在提升监管效能的同时，减少掣肘发展的规则、挫伤士气的行为以及随意且高成本的法律诉讼

我们甚至不知该从何谈起！那个曾经实干进取、务实理性的美国何以沦落至此？显然，某些机制已经失灵。如今，我们几乎已不再讨论如何优化监管，

而只是一味地讨论增加更多监管的条条框框，这助长了无休止、令人麻木且士气低落的官僚主义。研究表明，美国现行监管制度（尽管确实带来某些积极成果）的成本每年超过3万亿美元。根据摩根大通全球研究估计，与美国相比，更严格的监管使欧盟五大经济体的长期年增长率降低了0.8%，中国则降低了2.4%。这些监管涉及联邦、州和地方各级政府，影响各行各业，无论规模大小。具体涵盖从项目审批、颁发许可证、劳动用工到税务合规等方方面面（甚至远不止于此）。其实，要改进这些规则并不难。以审批为例，应当强制要求各州、联邦监管机构按顺序审批项目。有些国家（如新加坡和加拿大）已将审批时限大幅压缩至两年以内（而美国可能耗时超过十年）。监管不应该像混凝土一样僵化，而是需要持续优化。美国法律本就要求对重大法规进行成本收益分析，这一规定必须得到切实执行。需要修正的规则数以百计，而其中许多是针对金融和科技领域的，这些行业恰恰是推动经济活力的关键力量。

美国侵权诉讼体系的运行成本每年超过5 000亿美元，略高于GDP的2%。尽管这一体系在赔偿受害者与约束不负责任的行为方面发挥了重要作用，但现行制度却充满了随意性和不确定性。由于败诉方无须承担对方的诉讼成本，激励了起诉方的滥诉行为，而被诉方则不得不用和解来摆平纠纷，大量赔偿金最终并没有真正惠及受害者。上述诉讼成本是欧元区国家平均值的2.5倍。美国佛罗里达州近期实施的改革颇具借鉴意义，在保障合理赔偿的同时有效降低了制度性成本，实现双赢突破。

过度监管与诉讼成本推高了包括基础设施、公用事业、教育及其他国民经济命脉领域在内的整体成本。为减少行政迟滞与法律纠纷，美国需要推进联邦、州及地方三级监管体系改革与审批流程优化。简化行政程序将使道路、学校、桥梁、能源设施和住宅等基础设施建设变得更便捷、更经济、更高效。稍微尊重一下常识，就会取得事半功倍的效果。

最后需要强调一点，过度监管极大地提高了开展新业务的门槛，常常会削弱市场竞争，并且对小型企业的伤害远甚于大型企业。

美国应该多做实事来支持小企业发展

小企业促进了美国就业的增长，贡献了三分之二的新增就业岗位，吸纳近半数的劳动力。一直以来，美国的企业生态系统是世人艳羡的对象；现在，美国需要构建促进小企业创立、发展及存续的政策环境。

尽管近年企业创办率高于历史均值，但经营失败率仍居高不下——半数企业撑不过五年。公私合作模式（PPP）能有效填补风险投资与银行贷款之间的资金空白。

相较于富裕社区，中低收入社区的小企业主面临着更严峻的挑战。因此，在通过商业实现自我提升方面，税收优惠与社区教育项目发挥了重要作用。虽然银行仍是小企业成长阶段的重要支持者，但小企业管理局（SBA）的作用也很关键，其现代化改革必须作为优先要务，包括改进小企业投资公司（SBIC）项目与国家技术援助计划（NTAP）项目。

小企业主面临的首要挑战是招揽合格人才。近四成企业存在难以填补的职位空缺。与职业院校及社区学院开展政府和社会资本合作，可有效增加技能型劳动力供给。如前所述，提升技能工人供给的途径多种多样。

创新型医疗立法有助于降低医疗成本，可助力小企业在人才竞争中与大企业抗衡。

与大企业一样，小企业也有需要有可预测的税收政策、诉讼流程及劳动所得税抵免（EITC），超过15%的小企业认为这是它们面对的主要痛点。相较于联邦监管，多数小企业承受着更为沉重的州政府和地方政府监管。因此，整合多辖区的最佳实践以简化监管要求，可以有效支持企业运营与成长。

最后，美国必须为即将到来的小企业面临的“银发浪潮”做好预案：75%的企业所有者计划在未来十年内退出经营，这关乎数万亿美元的企业资产传承。未来十年，美国将迎来大量小企业的管理团队更替，美国必须培养具备专业技能和热爱事业的接班人。地方政府可通过投资接班与转型教育项目，保障当地税收与就业稳定。

美国应该制定永久规划，持续推动大型基础设施建设

各州、市及地方政府都需要制定多年期的基础设施规划体系。不适当的规划、低效的执行普遍存在。这不仅造成了巨大浪费，还隐藏了重大风险。坐等桥梁濒临坍塌、机场超负荷运转时再行应对，绝非明智之举。这一类规划应包括但不限于制造业园区、港口设施、电网升级、保障住房、管道网络、运河工程、宽带基建与高速公路体系等关键领域。

美国可以让增加经济适用房供给的工作变得更为容易

为解决住房供应问题，增加资金投入是建立高效的、可负担的房屋建设项

目的关键。部分解决方案很简单，只需扩大运行比较成功的低收入住房税收抵免计划（LIHTC）的规模即可实现。另外，在经济滞后社区增加经济发展机会的激励性投资也很关键，将新市场税收抵免计划（NMTC）设为永久性政策将有助于这一目标的实现。

在住房按揭方面，减少不必要的监管将有效降低购房成本。通过简化贷款发放与服务标准、降低资本金要求以及优化住房贷款证券化规则，可以在不增加风险的前提下降低按揭贷款成本。这些基础性改革预计能使房贷利率下降70～80个基点。过度监管的危害不仅体现在价格层面——更会影响信贷的可获得性和合格贷款人门槛。据城市研究所（Urban Institute）测算，上述改革可以增加100万笔年度新增房贷，尤其有助于低收入家庭购买首套住房，主要惠及15万～30万美元价格区间的购房者。作为“美国梦”的核心支柱，自有住房是普通家庭积累财富的最佳途径。

良好且连贯一致的地方区划要求及其紧急执行，对建设更多经济适用房至关重要。最后，增加住房供应，尤其是面向低收入群体的经济适用房（相较独栋住宅，建设密集型住房更具经济性），可加速租户实现向房屋自有过渡，并降低剩余租房群体的租金负担。

美国能够让金融体系和市场更强大

虽然美国拥有全球最好的金融体系，但始终存在进一步优化的空间。当然，良好的消费者保护机制是不可缺少的，这样可以防止民众误购不良金融产品或受到不当诱导，同时也需要通过审慎监管防范金融机构破产引发的风险。自金融危机以来（当时金融体系确实存在重大缺陷），监管改革已取得显著成效，但危机应对中难免存在矫枉过正的现象。

从根本上，美国需要构建促进增长与创新的动态监管框架，而非持续施加自上而下的行政指令或助长对企业与金融机构的妖魔化舆论。短视且误导性的政策设计虽然具有政治吸引力，却常常会引发事与愿违的后果，最终损害政策想要保护的那些群体的利益。健康的金融体系是健康经济的命脉。只要看世界很多国家的现状，便可发现错误的金融政策与监管对其经济留下的深重创伤。为构建更有利于全体国民的金融监管体系，我提出如下建议。

美国需要改善银行监管规则

所谓“自《多德—弗兰克法案》颁布以来对大型银行监管有所放松”的论

调，纯属谬论。即便银行业在金融体系中的相对规模持续下降，资本要求及其他监管指标要求仍在持续攀升（见图 1）。这不仅导致银行服务（放贷）变得更加昂贵，而且削弱了其可获得性。这些成本终将转嫁至消费者与企业，导致经济增长变慢。

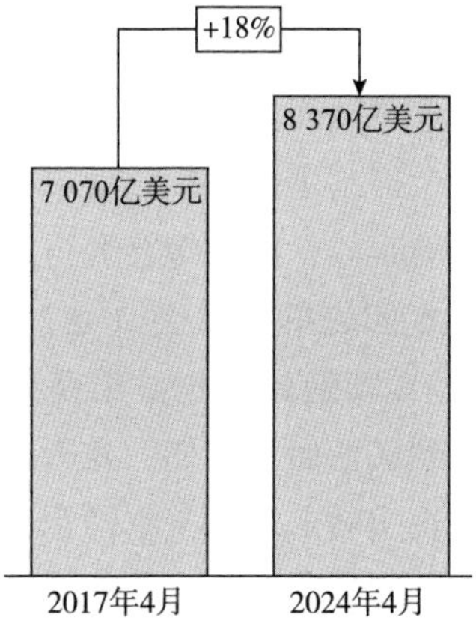

图 1　对美国系统重要性银行基于风险的普通股一级资本要求

注：代表全面分阶段实施后的要求；风险加权资产数据为截至 2024 年第四季度的数据。

资料来源：美国银行、纽约梅隆银行、花旗集团、高盛集团、摩根大通、摩根士丹利、道富银行及富国公司公开申报文件。

《多德—弗兰克法案》确实取得了一些积极成效，主要体现在强化资本与流动性要求、建立投资银行破产处置机制等。但即便对监管机构而言，该法案也造就了一个机能失调的碎片化监管体系，即“厨房里厨师太多”。这种局面令监管机构和银行双双陷入困境：不仅导致监管重复冗余，更使监管者难以在快速变化的环境中灵活应对。试问为何《巴塞尔协议 III》耗时十年才得以实施?

由多个监管机构联合制定的“综合资本分析与审查”（CCAR）压力测试及检查体系的庞杂规则高达数万页；摩根大通公司最新版的《处置与恢复计划》篇幅逾 8 万页；事实已经证明，针对全球系统重要性银行（G-SIB）的监管框架，以及对流动性、交易及操作风险相关规则，不仅荒谬，而且有害。现行多数测试方法根本无法准确衡量真实的风险，这导致资本配置的时机与方式严重扭曲，并为不必要的套利行为创造了大量机会。

特别需要强调的是，CCAR 压力测试存在重大缺陷。该测试虽然重现了金融危机期间的市场环境，却完全没有考虑危机后监管体系、信贷标准以及金融供给的结构性改进。测试报告结果与假设情景真实发生时可能出现的情形相去甚远，这会严重误导公众对银行真实抗风险能力的认知。相关数据根本就不准确。更合理的做法应该是先进行精确测试，若监管机构执意追加保守参数，也必须谨慎、透明地操作。我以前曾多次强调：为防范各类潜在风险，我们每周自行开展的压力测试高达数百次，绝非仅限于 CCAR 设定的情景。

在补充杠杆率与全球系统重要性银行的资本规则中，美国国债及回购协议的风险系数远高于实际风险水平，而流动性覆盖率规则普遍高估了其他证券与贷款的风险。这些规则实质上抑制了银行在金融市场中发挥的中介功能——在市场波动加剧最需要流动性的时候，后果将会变得尤其严重。

当下正是回顾并反思基本问题的好机会（这些在提问环节需回答的问题本应在立法阶段完成）：这些规则的成本收益比究竟如何？法规之间是如何相互作用的？监管的预期成效到底如何？例如，是否希望将按揭贷款和杠杆融资驱出银行体系？现行规则是否实际上激励资本乃至企业选择私有化而非公开上市？金融风险在银行体系外急剧累积，而这些领域往往缺乏足够的流动性和透明度。我们已经人为制造出了规模庞大、有时甚至带有杠杆的套利机会，致使同类产品面临截然不同的监管要求。表 1 显示的非银行机构、私募信贷以及私人企业的显著增长，难道真是我们期待的局面吗？

此外，我们还没有充分理解贷款和流动性监管的大幅调整是如何影响货币供应和货币政策，进而影响经济增长的。过去，银行几乎将 100% 的存款用于放贷，如今这一比例已降至约 70%。在金融危机前，银行持有的流动资产不足总资产的 15%，如今却超过了 30%。如果这些闲置的资本和流动性能够在不过度增加风险的前提下更有效地推动经济发展，我们难道不应该善加利用吗？这一切的最终影响究竟是什么？这是否符合我们的初衷？

我坚信，若能重新审视现有监管框架，我们可以在金融体系中创造更多流动性、增加危机处置机制的清晰度、减少大部分银行挤兑事件、降低银行破产成本、增加信贷规模并降低其成本、简化监管规则并扩大无银行账户人群的金融服务覆盖率，所有这些都应在维持银行体系安全、稳健的前提下实现。难道这些不应该成为我们共同的目标吗？

美国需要改善退休体系

1980 年，美国 84% 的私人部门员工享有待遇确定型退休计划；如今，这一比例仅为 15%。当前，85% 的私人部门员工仅能参与缴费确定型退休计划，

表 1　金融行业的规模　　　　（单位：万亿美元）

		2007	2010	2024
	全球 GDP[1]	58.6	66.7	110.1
银行机构	美国债券和股票市场总值	54.3	56.0	154.9
	美国证券经纪商的流通总持仓	6.2	4.1	5.3
	美国全球系统重要性银行市值	0.9	0.8	1.8
	美国银行贷款规模	6.5	6.6	12.7
	美国银行流动资产规模[2]	1.5	2.8	7.4
	美国未偿国债规模	9.2	14.0	36.2
	美国一级市场经销商持仓	0.4	0.2	0.5
非银行机构	对冲基金和私募基金管理资产规模[3]	3.1	3.4	11.0
	前 50 名主权财富基金资产管理规模[4]	2.7	4.1	13.5
	全球私募信贷资产管理规模[5]	0.2	0.3	1.6
	全球风险投资基金资产管理规模[6]	0.3	0.4	3.1
	全球家族办公室资产管理规模	NA	NA	3.1
	非银行机构持有的贷款[7]	15.3	13.8	21.9
	美国货币市场基金[8]	3.1	3.0	7.2
	美国私募股权支持的公司（千家）	4.9	6.0	11.8
	美国上市公司（千家）[9]	4.6	4.2	4.0
	非银行机构按揭贷款的市场份额[10]	12%	9%	75%
	非银行机构杠杆借款的市场份额[5]	44%	54%	68%

注：1. GDP 为现价；来源：国际货币基金组织。2. 包括现金资产、国债和类政府机构证券。3. 私募股权资产管理规模包含封闭式混合基金中的平衡型、收购型、共同投资型、多管理人共同投资型、成长型、混合型及上市公司私募投资（PIPE），但不包含风险投资、私募股权二级市场基金（以下简称 S 基金）投资与基金中的基金投资。2024 年私募股权数据截至 2024 年 6 月。4. 主权财富基金研究所提供的前 50 名基金资产管理数据。2024 年排名前 50 的机构 2007 年及 2010 年的资产管理规模（AUM）数据。5. 来源：Preqin，Dealogic，摩根大通信贷研究。6. 来源：Preqin；风险投资资产管理规模（AUM）仅包含封闭式混合基金中的早期投资、风险投资及扩张/后期阶段投资，不包括 S 基金与基金中的基金，以避免重复统计。2024 年风险投资 AUM 数据截至 2024 年 6 月。7. 美联储美国金融账户 Z.1 数据中，分类为非银行实体所持有的贷款规模。8. 美国货币市场基金投资持有的世界各地实体发行的证券。9. 包含在纽约证券交易所以及纳斯达克上市的企业；未包含投资基金、ETF 基金和以持有其他上市公司股票为业务目标的上市企业；发行多类别股票的企业仅统计一次。1996 年上市公司为 7 300 家。10. 依据房贷金融内参（Inside Mortgage Finance）和摩根大通的内部数据；包括排名前 50 的贷款发放机构（2007 年为前 40）。

资料来源：美国商业银行资产与负债 H.8 数据、彭博社、Dealogic、德勤、FactSet、纽约联邦储备银行、美联储、美联储美国金融账户 Z.1 数据、对冲基金研究、房贷金融内参、国际货币基金组织、Pitchbook、Preqin、主权财富基金研究所、标准普尔全球市场情报和世界交易所联合会。

其中以401(k)计划为主。待遇确定型计划是由个人提供可预期的终身收入(作为社保的补充)，同时由雇主负责养老金资本的投资运作，以获取长期回报并管理资产负债风险。

当前，很多人并不具备自主管理退休计划［如401(k)］的能力：他们缺乏投资知识，也无法预知退休后的寿命长短。通过将投资风险和死亡风险从个人转移到公司层面，待遇确定型计划则可以解决这一担忧。

尽管如此，缴费确定型计划近年来已取得显著改进。自动参保已成为默认选项，雇主匹配缴费已成为普遍做法，专业管理的目标日期基金提供了基于年龄分段的简单投资模式。当下的年轻工作者相比前几代人，更有希望实现理想的退休生活。

401(k)计划仍有改进空间。该计划需为雇主和员工提供更高性价比、更便捷的操作方案。例如，应允许员工跳槽时随之转移账户，并推出适合多家中小企业共用的标准化版本。最后，希望通过优化功能设计，这些计划能够实现更接近待遇确定型计划的特性。目前，已经取得了一定的进展。

我们可以从其他国家如何平衡充足缴费、专业化投资、简化结构和提高税收效率中汲取宝贵经验。澳大利亚拥有卓越的养老金管理体系，雇主需按员工基本工资的12%缴纳至专业投资账户，员工退休后方可支取。瑞典则提供简化投资流程且享受税收优惠的投资储蓄账户，账户持有人可随时存取资金，无须缴纳资本利得税，仅按账户余额的1%征收年税。这一制度显著提高了散户投资者对瑞典股市的参与度。

待遇确定型计划的减少是因为其资金补充规则。该规则影响了企业的现金流，甚至是信用评级；企业养老金计划的会计核算变化也会导致企业资产负债表和收益的剧烈波动。但对美国至关重要的退休政策不应该被会计规则所破坏。若要让待遇确定型计划继续成为退休体系的支柱，我们应回归的运作模式是，不能因承担投资风险而惩罚养老基金。

“护栏”是必需的：美国需要清晰的规则以确保养老金足额缴纳、透明运作，这样既能增强参与者对养老金体系的信心，又能避免将负担转嫁给纳税人(根据“美国救援计划”特别财政援助项目，美国政府已向困境中的待遇确定型计划支付了约700亿美元)。资金充足的养老金计划为企业员工提供了一种投资支撑的、具有税收优势的安排，可以使其能够经济、高效地提供退休福利。

美国需要鼓励公开市场

美国的公开市场一直在急剧萎缩，我认为这不是一件好事。上市公司数量从1996年的7 300家锐减到如今的4 000家，而按正常发展，本应增长至15 000家。我认为，这种情况是多种因素共同作用的结果：高昂的监管和上市成本、诉讼风险、形式主义的股东会议、非政府组织的干预、不负责且不利于股东利益的误导性投票代理顾问、对规模较小公司的研究不够，以及“一刀切”的董事会合规要求等。

监管政策应鼓励而非阻碍企业上市。我们可以通过以下方式为小企业营造更活跃的市场环境：允许投资银行为小企业提供研究支持和做市服务，降低上市成本，制定有利于股权投资的税收政策，增强上市机制的灵活性（例如允许双重投票权、简化信息披露、降低代理权门槛、缩减董事会规模等）；同时，需最大限度地减少诉讼干扰。瑞典正是通过这一类改革实现了股市繁荣。

最终，这些变革不仅能降低企业的上市门槛，还将拓宽融资渠道、激发创新活力，进而推动经济增长。普通投资者也将由此获得更多优质的投资机会。

地方民主运转良好：让其发光发热并从中汲取经验

詹姆斯·法洛斯和黛博拉·法洛斯在《我们的城镇》（*Our Towns*）一书中，记录了他们在2019年走访美国数十个小城镇（最大的是俄亥俄州哥伦布市）的见闻，试图揭示大城市之外的景象。他们发现：地方民主运转良好，其分化程度远低于大城市主流媒体报道的情况。当地企业、市长和民间组织会通力协作，以创造就业、改善教育并提升社区生活质量（如公园、滨河步道等公共设施）。人们普遍相互尊重、携手合作，共同解决本地问题。大学通常在其中扮演着关键的角色。底特律市市长迈克·达根推动的城市振兴奇迹，正是大城市实践地方民主的典范。这些城镇通过不断试错、学习，最终成功地解决了地方难题。小范围民主运转有效，我们可以从中学习很多。

（德勤中国　吴卫军　吴凌志　高羽　译）

视界

Horizon

Comparative

劳动力市场中的性别鸿沟与对策

陈晓萌　包特

1. 引言

众所周知，男女在生理心理许多方面天然存在差异。这些差别渗透到个人和社会偏好、家庭习惯、价值观、脑力与体力等人类生活的每个角落。通常来说，如果男性和女性由于外在性别特征进入不同的职业道路，并获得不同的薪资待遇和岗位，这可能是完全正常的理性选择和市场交易的结果。然而，如果女性不是因为能力特质等客观因素，而仅仅因为自己的身份遭受不公正待遇，则是一种难以容忍的不公平和市场扭曲。

根据皮尤研究中心的研究，美国的性别薪资差距在过去20年中一直保持稳定，2022年女性平均收入仅为男性的82%。① 美国人口普查局的研究也给出了相似的数据（84%）。② 根据美国进步中心的预测，若当前趋势不变，全职工作的性别薪资差距要到2067年才能根除。③ 在欧盟内部，总体来看，女性平均收入仍比男性低12.7%，且差距缩小进展缓慢，各国之间的性别薪资

---

* 陈晓萌，清华大学国情研究院和荷兰丁伯根研究所，研究方向为行为与实验经济学、政治经济学、性别经济学；包特（通讯作者），新加坡南洋理工大学经济系和内蒙古大学经济管理学院，研究方向为行为与实验经济学、计算经济学、人工智能经济学。

① https://www.pewresearch.org/short-reads/2023/03/01/gender-pay-gap-facts/.

② https://www.census.gov/library/stories/2024/02/gender-wage-gap-education.html.

③ https://www.americanprogress.org/article/playbook-for-the-advancement-of-women-in-the-economy/closing-the-gender-pay-gap/.

差距也存在巨大差异，2022 年从表现最好的卢森堡（0.7%）到表现最差的奥地利（18.4%）不等。④ 同时，尽管欧盟受过高等教育的女性比例（37.1%）远高于男性（31.4%），但女性就业率（83.6%）却大大低于男性（88.9%）。⑤ 根据 2021 年欧盟性别多样性报告⑥，尽管欧洲很多国家已经实行了提高公司高管女性比例的政策，但很多国家的公司董事会女性成员比例仍然很低，如希腊只有 24%。

表面上看，薪资差距的原因可能来自职业和行业差异、工作时长及专业领域。然而，这些仅仅是当前劳动市场均衡状态的一种表现，实际上，巨大的性别薪资差距背后存在劳动力供需双方的诸多因素。例如，职业选择的差异可能源于个人偏好的自我选择，也可能源于某些职业领域招聘或晋升过程中的性别歧视。

本文第 2 节将从劳动力供给和需求两个角度探讨性别薪资差距的根源。第 3 节则讨论目前已有文献中提出的可以缩小性别薪资差距的政策。最后，我们在第 4 节总结并给出一些政策建议，以及指出当前性别平等问题中重视的方面。

2. 职场女性贬抑的根源

本节探讨性别薪资差距背后的若干原因。我们首先讨论女性自身的偏好和行为特点，然后将注意力转向塑造或限制女性偏好的社会规范，继而探讨与育儿相关的劳动力需求方的歧视可能给女性就业带来的影响，最后，探讨劳动力需求方最常见的不平等根源，即雇主歧视。

2.1 女性的个人与社会偏好：羞怯的“甜心”

竞争偏好

在所有关于性别偏好和特质差异的文献中，关于男女竞争性差异的研究是目前进展最深入、成果最为丰富的一支。很多研究发现，女性平均而言更倾向于回避竞争，从而使得她们在竞争中更容易处于劣势地位。从格尼茨等人

④ https://commission.europa.eu/strategy-and-policy/policies/justice-and-fundamental-rights/gender-equality/equal-pay/gender-pay-gap-situation-eu_en.

⑤ https://world.huanqiu.com/article/4KfsxV2YgKz.

⑥ https://europeanwomenonboards.eu/wp-content/uploads/2024/03/Gender-Equality-Index-2021.pdf.

（Gneezy et al. ，2003）的奠基性研究开始，多个实验室实验检验了男女在竞争压力下的生产力及竞争意愿的差异（Cason et al. ，2010；Dohmen and Falk，2011）。尼德勒和韦斯特隆（Niederle and Vesterlund，2007）首次在文献中采用了二元测量方法度量男女参与竞争的意愿。在真实任务实验中，他们将参与者分组，提供计件报酬或锦标赛模式的二元选择。在其他条件相同的情况下，更容易选择锦标赛模式的性别被认为更加愿意参与竞争，反之则更加规避竞争。基于以上方法，萨卡尔多等人（Saccardo et al. ，2018）发现，在所有实验参与者中最愿意参加竞争的前25%人群里，女性的比例不足20%，而最喜欢参与竞争的前10%人群则全部为男性，没有女性。

性别的竞争性差异存在多种解释。有研究（Gërxhani et al. ，2023）从两方面来解释这一差异。他们发现，男性因为在竞争中抱有更乐观的胜利预期而更喜欢竞争，女性则受到预设的社会刻板印象影响倾向于规避竞争。其背后的原因是女性认为自己不应伤害他人，竞争通常是零和博弈，女性会因为不想伤害竞争对手的感情而避免竞争。尼德勒和韦斯特隆（2007）也发现，男性平均而言对获胜抱有更坚定的信念，这可以解释三分之一的性别竞争意愿差距。

除了以上两方面原因，其他的可能因素也被诸多学者广泛研究。比如，竞争除了物质奖励，也为胜者带来了更高的社会地位。相关学者（Schram et al. ，2019；Gërxhani，2020）的研究均表明，男性更偏好竞争也是因为他们更强烈地追求更高的公众排名。而女性回避竞争的另一可能原因是风险厌恶。然而，尼德勒和韦斯特隆（2007）发现，风险厌恶在参与竞争的决策中仅起到次要作用。一些研究还试图从生理角度解释竞争偏好，例如睾酮水平和月经周期效应（Große and Riener，2010）。一般认为，以睾酮为代表的雄性激素会使男性或者雄性激素水平更高的女性更热衷于追求风险和参与竞争。

这种性别竞争偏好的差异无可避免地导致了教育和收入的差距。许多研究重点关注竞争偏好对学生专业和职业选择的影响。例如，布塞尔等人（Buser et al. ，2014）结合实验室和实地研究，追踪了荷兰阿姆斯特丹九年级学生在实验后的专业选择，结果表明更具竞争性的学生倾向于选择强度更高、更有社会影响力的专业。布塞尔等人（2017）在瑞士的学生中也得到了类似的结果。一些研究还改变了考试的奖惩力度，以观察性别对不同奖励强度的反应差异。奥尔斯等人（Ors et al. ，2013）发现女性在奖励较低时的表现优于男性，但当奖励提高时，这种结果反转；莫林（Morin，2015）发现，竞争激烈程度增加会促使男性学生更努力，而女性则对此几乎无反应。阿兹马特等人（Azmat et al.，2016）也得到了类似的结果。鲁本等人（Reuben et al.，2015）检验了竞争性对收入的影响。他们发现竞争性强的 MBA 学生在竞争性测量后的两年内收入比竞争性弱的同学高 9%，这种影响在长期依然存在，竞争偏好能解释性别工资差距的 10%。弗洛里等人（Flory et al.，2015）对 9 000 名求职者的实验也得到了类似的结果。

此外，研究者还发现，对竞争的规避可能也是女性更少走上领导岗位的原因。埃卡尔等人（Erkal et al.，2022）研究了默认选项在女性参与领导岗位竞争中的作用。作者比较了两种选拔竞争模式：默认不参加（参加都需要主动声明）和业绩达到一定水平之上都默认参加。作者发现，在默认不参加的情形下，很多女性即使知道自己可以胜任职务，也不愿意参加领导岗位的竞争；而默认参加的机制有利于缩小领导岗位竞争中的性别差异。

议价与谈判

在职场里，谈判和议价对薪资水平的确定至关重要。然而，女性平均而言更难通过谈判争取到她们应得的报酬。这可能是因为女性自信心更低，不相信自己应得到更多报酬（Laschever and Babcock，2021）。基斯林等人（Kiessling et al.，2024）发现，女性在进入劳动市场时的期望薪资已经低于男性。在经典的最后通牒博弈中（一人给出分割实验报酬的方案，一人选择是否接受，不接受则两人都无法得到任何报酬），索尔尼克（Solnick，2001）发现，即使没有直接的互动式谈判的机会，性别差距也体现在报价和接受报价的过程中。当面对女性报价时，男女都会要求提高自己能接受的“底价”，而两性都预期女性接受者更愿意在谈判中屈服于对方，接受更低的报价。同时，即使在拥有谈判机会的情况下，女性仍然不愿主动发起谈判。

鲁西尔（Roussille，2024）使用在线求职招聘平台测量求职者谈判的性别差距，发现男性发起谈判的可能性比女性高 2.9%。然而，当预期薪资被预先填入后，这一差距消失了。他们也未发现女性因谈判而遭到雇主的惩罚。也就是说，女性可能只是不愿意主动向对方提要求，但如果要求已经提前写好，她们提要求的心理障碍就会下降很多，也因此更不规避谈判和提要求。埃克斯利等人（Exley et al.，2020）发现男女双方只要主动谈判，获得的回报基本一致，但女性倾向于回避谈判。比亚西和萨森斯（Biasi and Sarsons，2022）使用现有集体谈判协议到期作为准实验，表明在个人议价成为薪资决定重要因素时，女性的薪资显著降低。莱布兰特和李斯特（Leibbrandt and List，2015）在美国9个主要城市招聘行政助理的实验中，发现当职位广告未明确薪资可协商时，女性更可能接受低薪职位，而男性则倾向于争取更高薪资；明确薪资可协商条件后，这种差距消失了。盖哈特和莱尼斯（Gerhart and Rynes，1991）也发现，在MBA学生中，仅12.5%的女性主动协商要求更高的薪资，而男性则有51.9%。这就造成在毕业开始工作时，女性起薪比男性低8.5%。

导致女性不愿谈判的原因是多方面的。女性天生不太愿意与人产生正面冲突或制造社交紧张局势。如前所述，她们通常更具利他性和亲社会偏好（prosocial preferences）。不仅天生的偏好区别，其他因素也在加剧这一性别差距。例如，斯莫尔等人（Small et al.，2007）发现框架效应对谈判决策有显著影响。当情境被描述为"谈判机会"时，女性不愿主动谈判；但当被描述为"请求机会"时，女性则更有可能参与。社会规范也发挥了重要作用。女性通常被视为应该表现得温柔且不应苛求，她们因此会调整自己的行为以适应这种社会期望（Laschever and Babcock，2021）。谈判中双方的相对权力也会影响谈判意愿的性别差距（Small et al.，2007）。

社会偏好

许多实验室和实地研究都已证实，男女在社会偏好上存在差异。例如，克罗松和巴肯（Croson and Buchan，1999）发现，女性在信任博弈中更慷慨，通常会对别人给予的信任和投资回报更多资金；安德列奥尼和韦斯特隆（Andreoni and Vesterlund，2001）报告指出，在利他行为成本较高时，女性比男性更具利他性；女性也更倾向于互惠和偏好公平的报酬分配（Heinz et al.，2012；Andreoni and Vesterlund，2001）。在独裁者博弈中，当女性被要求给予接收者金钱时，她们倾向于表现出更高的慷慨程度，而男性则对此没有明显反应（Klinowski，2018）。

这些对和谐人际关系的内在渴望以及利他倾向，导致女性在工作选择上更倾向于亲社会的工作。当在金钱价值与社会价值之间进行权衡时，女性更倾向于后者，而男性则明显更倾向于前者。福廷（Fortin，2008）利用美国国家教育纵向调查数据追踪了从高中至20多岁的学生，测试了多种非认知技能（如对金钱、工作、人际关系和家庭的重视程度）对薪资的影响。研究发现重视金钱与工作对工资有正面影响，而重视人际关系与家庭则有负面影响。女性对后者的偏好，能解释22.9个对数点性别薪资差距中的1.7个对数点。格罗夫等人（Grove et al.，2011）利用 GMAT（Graduate Management Admission Test，美国研究生管理科学入学考试，美国和很多国家商学院的入学考试）纵向注册调查在美国 MBA 毕业生中获得了类似结果。女性更可能选择对社会有贡献且道德标准更高的职业，这种选择造成了“好公民”的惩罚，即女性反而因为自己的利他偏好进入收入更低的行业或岗位，从而进一步扩大了薪资差距。洛丹和皮施克（Lordan and Pischke，2022）利用美国、英国和俄罗斯的数据比较了不同性别对脑力和体力工作的偏好，也发现女性对更多社交接触和脑力工作的偏好明显强于男性。基于社会偏好的工作选择导致的性别工资差距虽然看起来并不平等，但的确是个人偏好的结果。一个解决方法可能是提高亲社会性行业的普遍工资，以此缩小性别工资差距。但是这样做又会使这些行业吸引更多亲社会性不高只追求薪酬回报的劳动者，造成工作与劳动者类型的不匹配，反而会扭曲市场效率。因此，我们认为，由个人偏好产生的工资差异不应该被干预和纠正。

2.2 社会规范和刻板印象：“有点女人样儿”

有时，劳动力市场中的性别选择并非源于女性的内在偏好，而是由于她们对（她们认为的）社会上多数人的偏好或者刻板印象的顺从。作为社会性生物，我们每个人必然受到一系列社会规范的影响。宏观环境（如社会文化）和微观环境（如家庭构成）都会显著影响女性的劳动供给决策。一位具有高收入潜力和较高技能的女性可能会因社会压力和家庭压力选择成为家庭主妇。

利用 OECD 国家的世界价值观调查数据，福廷（2005）证实了社会规范与女性劳动参与率的相关性。在那些普遍认为女性应承担家务而男性应挣钱养家的国家，女性的劳动参与率更低。福廷（2015）和科特尔等人（Cotter et al.，2011）利用美国综合社会调查数据得到了类似结论。

两支文献利用外生事件识别文化暴露与女性劳动参与率的因果关系。一支文献利用 1990 年德国统一作为外生事件（Beblo and Görges，2018；Campa and Serafinelli，2019；Lippmann et al.，2020）。研究发现，曾经受到社会主义文化影响的民主德国，女性劳动参与率更高，性别刻板印象较少。另一支文献使用移民作为外生冲击。研究发现，来自女性劳动参与率较高且家务分配更为公平的国家的第一代移民，在美国的家庭内部更容易实现性别平等，女性劳动参与率也更高（Blau and Kahn，2017，2020）。祖国的文化影响也延伸到第二代移民（Fernández and Fogli，2009）。有时，即便缺乏性别歧视的经济根源，僵化的性别规范依然存在（Alesina et al.，2013）。布尔什滕等人（Bursztyn et al.，2020）强调，不仅真实社会规范重要，人们感知的社会规范也会影响对女性劳动参与的性别刻板印象。他们发现男性平均而言高估了其他男性对“女性外出工作”的反对程度。当这些男性的信念被纠正后，他们的妻子更可能申请工作，从而增加工作的机会。

在微观环境层面，家庭和朋友在塑造女性偏好方面都起着重要作用。奥利维蒂等人（Olivetti et al.，2020）发现，如果女性有更多同伴是来自母亲外出工作的家庭，她就不太可能认为家庭与事业存在冲突；莫林和莫斯奇安（Maurin and Moschion，2009）则记录了邻居对女性态度和选择的影响。许多研究还发现家庭中的性别构成（尤其是兄弟姐妹的性别）对女性是否顺从性别规范产生了重要影响（Rao and Chatterjee，2018；Brenøe，2022；Cools and Patacchini，2019）。研究发现拥有兄弟而非姐妹的女性更可能选择典型的女性职业。另外一些文献指出，女性外出工作不仅被视为一种“罪”，收入超过丈夫也被视为严重的“罪”，女性因此需要安抚丈夫受伤的自尊心。伯特兰德等人（Bertrand et al.，2015）发现，收入高于丈夫的女性面临更高的收入惩罚（潜在收入与实际收入之间的差距更大），并且承担更多家务劳动。赫茨（Hertz，1990）也记录了类似现象，这种现象违背了贝克尔（Becker，1993）创建的性别比较优势理论。

此外，由于“顾家”的需要，女性也可能因此不得不选择离家更近但工资更低的工作。有研究（Le Barbanchon et al.，2021）讨论了法国女性和男性在选择工作时对通勤距离考量程度的不同。总的来说，失业女性在找工作时能接受的最远通勤距离比男性短，而能接受的最低工资也比男性低。换算下来，女性认为每单位通勤距离给自己带来的成本比男性多20%，这使得她们在找到工作后平均每小时比男性少挣4%的工资，但通勤距离短12%。同时，作者也发现女性能找到的远距离工作并不比男性少，因此，两性对通勤距离的偏好可能是性别工资差异的重要来源之一。

2.3 生育：女性职业发展中的“母职惩罚”？

尽管女性希望拥有独立自主的生活，但婚姻和生育始终为她们的劳动供给决策带来了额外的顾虑和约束。科尔特斯等人（Cortés and Pan，2023）记录了因生育导致的惊人的女性工资损失。她们通过收入动态面板研究（PSID）发现，2010年时约70%的性别薪资差距源自子女因素，而1980年时这一比例仅为40%。接下来，我们从劳动力的需求和供给两侧来解析孩子给女性（母亲）带来的工资惩罚。

从供给侧来看，女性偏好更短的工作时长和更灵活的工作，以便拥有更多家庭时间，尤其是照顾孩子的时间。霍茨等人（Hotz et al.，2017）利用瑞典雇主—雇员匹配数据，发现女性在生育后更可能选择对家庭友好的工作；佩托尔德-戈比卡等人（Pertold-Gebicka et al.，2016）利用丹麦数据得出了类似结论：女性更倾向于从私人部门跳槽到更适合家庭生活的公共部门。另有研究（Cha，2013）发现已婚母亲比单身女性更可能离开男性主导的工作环境。有时，女性甚至在怀孕之前就已经对自己的职业生涯做出了预先规划（Adda et al.，2017）。艾洛萨等人（Erosa et al.，2022）发现男性更倾向于从事高工作时长的职业，而女性则集中于低工作时长的职业。许多研究通过情景实验（vignette experiments）证实了这一渠道。马斯和帕拉伊斯（Mas and Pallais，2017）发现女性平均愿意牺牲8%的薪资以换取在家工作的权利，也愿意牺牲20%的薪资避免雇主操控工作时间，而年轻母亲在这些偏好上比单身女性更强烈。威斯沃尔和扎法尔（Wiswall and Zafar，2018）利用纽约大学本科生的数据比较了男女对不同工作条件的偏好，发现女性更看重工作灵活性，而男性更看重薪资前景。瓦莱特等人（Valet et al.，2021）利用德国和荷兰的数据得到了类似结果。另一支文献以2023年诺奖得主戈尔丁（Goldin，2014）为代表，提出工资随工作时长增加而加速上升的特点对缩小性别收入差距更不利*。女性更可能因生育而中断工作时间，从而错失了通过加班获得提升和加薪的机会（Bertrand et al.，2010）。

从需求侧来看，雇主歧视已婚女性，尤其是有年幼子女的女性，进一步加剧了女性生育歧视。女性甚至在生育之前就已经面临严重的劳动力市场惩罚（Cortés and Pan，2023）。科雷尔等人（Correll et al.，2007）通过实验室实验记录了女性雇员获得推荐和推荐起薪的水平均低于男性；已生育女性更是比无子女女性低8%；母亲的薪资比父亲低9%；而男性的父亲身份则完全没有带

---

* 相关内容可参见克劳迪娅·戈尔丁的《事业还是家庭？》（中信出版集团，2023）一书。——编者注

来负面影响。贝克尔等人（Becker et al.，2019）在德国、瑞士和奥地利进行了一项审计实验，通过操控申请者的背景信息发送虚假简历，发现已婚并育有年幼子女的女性得到雇主回应的概率显著低于男性；即使没有子女的已婚女性也受到了“惩罚”。其他审计实验在餐饮业（Neumark et al.，1996）和金融业（Petit，2007）等特定行业也得到了类似结果。

同时，有关生育的统计性歧视（例如女性工作时长较短、更频繁的工作中断以及生育可能性）也普遍存在。母亲们倾向于投入更多时间在家庭和子女身上。然而，这是女性的自愿选择，是为了换取婚姻关系和母职而必须付出的职业成本。如果这种牺牲和置换是自愿的，这种偏好不应也无法被改变。但基于群体偏好和平均生产力来歧视所有女性个体是不公正的，我们将在下一小节详细介绍性别的统计性歧视及其优缺点。

2.4 雇主歧视：不是男人，就低一等？

对女性的主动歧视主要有三大来源：雇主、同事和消费者。其中，劳动力需求方的雇主歧视最为主要。雇主歧视主要有两个动机：统计性歧视和品味型歧视。统计性歧视的理论最早可追溯至费尔普斯（Phelps，1972）。如果雇主基于对群体能力的无偏先验信息招募员工，且获取更多个体能力信息的成本较高，这种歧视对企业而言可能是有效率的。

费尔普斯模型背后的直觉可以用一个例子来说明。假设在一个劳动力市场上有两个劳动力群体（在性别歧视中即为男性和女性群体）。两个来自不同群体的候选人同时应聘同一家公司的同一个岗位。如果雇主有正确的先验信息，比如，这一行业的男性劳动者的平均生产率高于女性劳动者，给定雇主在劳动力入职之前不增加额外成本去获取更多信息，或者客观情况限制雇主无法在雇用之前观测到劳动力的真实生产率，那么对雇主来说，成本最低、效率最高的雇用决策就是雇用男性候选人，因为男性劳动者生产率高的概率更高。但这样做无可避免地会产生对女性候选人的歧视。有些女性候选人的生产率高于男性平均水平，却没有机会敲开公司的大门并展示自己的能力，而这种歧视仅仅是性别群体身份造成的，不是源自任何个人选择和行为。

品味型歧视则不涉及效率问题，完全基于雇主的个人偏好（Becker，2010）。例如，雇主可能偏好与自己同种族或同性别的人，而且雇主之间的歧视和偏好可能相互传染，相互强化（Kuhn，2018），也就是说，如果雇主觉得其他雇主也歧视女性，他就更可能在自己的企业里歧视女性。由于基于与生产力无关的原因进行歧视是不具效率的，市场竞争通常能消除这类歧视（Cortés and Pan，2023）。

许多研究通过审计实验来识别雇主对女性的歧视。这些研究通过发送虚假简历或回应实际职位广告，比较企业对男女求职者的回应率。例如，克莱恩等人（Kline et al.，2022）发送了超过 83 000 份虚假申请，确认了一些公司更倾向于男性求职者。库恩和沈凯玲（Kuhn and Shen，2013）使用中国在线招聘平台数据发现，招聘中的性别偏好在公司内部和公司之间都存在。当公司更倾向于招聘女性时，原因往往与女性的身高和外貌而非工作技能有关。毕尔比和巴伦（Bielby and Baron，1986）发现，即使男女从事同一种职业，也可能因雇主对两性在某一工作的平均生产率的先验信念不同而被分配到不同的职务头衔。处于更劣势的群体，如有色人种女性，面临的歧视更严重（Firth，1982）。费尔德等人（Feld et al.，2022）研究了科技行业的统计性歧视，这个领域以男性主导和歧视女性著称。他们的实地实验发现，即使男女程序员表现并无差异，男性程序员仍然更受偏爱，这种信念甚至在女性雇主中更为严重。考夫曼等人（Coffman et al.，2021）通过亚马逊 MTurk 平台的实地实验报告说，在其他条件相同的情况下，雇主更倾向于雇用男性。他们证实了性别歧视基于群体平均生产力的信念，而非个人偏好。即使群体划分并非基于刻板印象（如使用出生月份划分群体），统计性歧视仍然存在。

近期的一项研究还指出，有偏信息也是雇主歧视的一个来源（Bohren et al.，2023）。有偏的信息和信念可能很容易被错误地归类为品味型歧视。例如，有学者（Bagues and Esteve-Volart，2010）分析了西班牙司法委员会的数据后发现，当委员会中有更多女性成员时，女性候选人反而更不易被雇用，因为女性成员往往高估男性候选人的素质，并将这种信念传递给委员会中的男性同事。这种对能力的错误信念导致了统计性歧视的低效率。撇开基于正确信念对女性的统计性歧视是否公平不谈，仅仅因为错误信念在性别中立的岗位上歧视女性，无疑会加剧性别不平等。

解决统计性歧视（不论信念是否正确）有两类方法。一种是向雇主隐瞒群体身份信息。如果雇主无法识别候选人所属的群体，就无法基于群体统计信息歧视个人。例如，阿甘和斯塔尔（Agan and Starr，2018）研究了“去掉犯罪记录选项”（Ban the Box）政策，该政策通过隐藏申请者的犯罪记录，提高了有犯罪记录者获得回电的概率。然而，通过隐藏信息来防止歧视存在诸多问题。首先，它可能导致雇主基于其他身份变量或者标签的歧视。阿甘和斯塔尔（2018）报告，在“去掉犯罪记录选项”政策被实施后，种族歧视显著增加。其次，这种政策效果仅限于回电阶段，因为雇主在面试阶段最终还是会得知被隐藏的信息，比如性别信息。这些问题促使我们转向另一个方向解决问题：在招聘过程中提供更多关于个人能力的信息。由于统计性歧视源自对候选人能力的信息匮乏，那么充分且无偏的信息则有利于消除此类歧视。在下一节中，我们将讨论提供客观、个性化信息的一类研究，即基于 AI 的评估工具。

3. 实现性别平等的主要政策

本节总结并讨论了几种有助于缩小性别差距的常见政策，具体包括四个方面：性别配额、提拔女性领导、育儿假期以及采用 AI 系统辅助招聘。

3.1　性别配额：保障女性职位数量

作为平等、多样性与包容（EDI）政策的一部分，性别多样性政策近期受到了广泛的公众关注。招聘中最常见的反性别歧视的政策之一就是性别配额制度（gender quota）。性别配额和其他类似的有利于女性的促进平等政策，对女性员工及公司生产力和价值都有多重影响。对女性员工而言，性别配额确保了她们的职位数量，直接扭转了对高绩效女性候选人的歧视，并鼓励更多女性申请工作职位。伯特兰德等人（2019）研究了挪威一部法律的效果，该法律规定上市公司的董事会中女性占比不低于40%。他们发现，在该法律实施之后，董事会内部的性别薪资差距有所缩小，但并未使公司内其他女性或未被提名进入董事会的高知名度女性受益。费拉里等人（Ferrari et al.，2022）使用意大利上市公司的数据发现，董事会性别配额确实会促使公司聘用更多女性董事。

然而，对公司来说，更多女性的加入可能带来双重影响。一方面，可以增加团队技能多样性和新观点，塑造良好的公共形象；另一方面，如果出现对男性的反向歧视，可能会降低公司的招聘效率和生产力，甚至给社会创造出“担任领导岗位的女性是因为性别而不是能力被提升的，其平均能力比男性低”的新刻板印象（Bijkerk et al.，2021）。

许多研究表明增加女性高管人数会使公司受益。例如，费拉里等人（2022）发现拥有更多女性董事是向投资者传递的一种积极信号；有研究

（Kim and Starks，2016）分析了标普小盘600公司的董事会，发现女性提高了董事会的专业多样性。亚当斯等人（Adams and Ferreira，2009）提出，女性能够更好地监督管理层，从而提高公司绩效。阿兹马特和博林（Azmat and Boring，2020）也发现多样性政策能提高公司的资产回报率（ROA）。奥布莱恩和瑞肯（O'Brien and Rickne，2016）考察了瑞典地方选举中设置女性政治家当选名额限制的政策影响，发现这一政策提高了女性政治家当选的概率，也不会让大众觉得当选女性政治家平均能力更低，反而让大众更习惯女性当选，并认为女性政治家能力更强。

但也有研究记录了在招聘中预留更多位置给女性的负面影响，例如摩根和瓦尔第（Morgan and Várdy，2009）通过模型证明，如果雇主倾向于少数群体且缺乏甄别，可能导致少数群体被过度代表。相关学者（Hwang et al.，2018）研究了美国加利福尼亚州的性别配额立法，发现配额制度降低了股东价值，主要原因是新入职董事会的女性通常是首次进入高管市场，缺乏董事会所需的技能。另有研究证实，配额制度会导致聘用教育资质较低的女性（Holzer and Neumark，1999）。这些研究表明，多样性政策对企业的影响具有多重渠道，有些能够减少性别不平等并提升企业生产力，但有些则可能带来负面影响，阻碍企业绩效。我们应从多方面看待这些政策。

3.2 女性领导：女性帮助女性

提拔女性为领导不仅有利于女性领导者本身，也可能惠及同一公司职位较低的女性员工。女性领导的决策与管理风格可能与男性领导有所不同，更有可能关注女性员工的福利，从而改变工作环境与企业文化。卡波维茨等人（Karpowitz et al.，2024）通过两项实地实验评估随机分配女性领导的效果，发现女性领导显著提高了女性员工的影响力，即便在男性主导的团队中也同样有效，同时创造了对女性更友好的制度环境。西奥多罗普洛斯等人（Theodoropoulos et al.，2022）利用英国雇主—雇员匹配数据发现，当管理层中超过60%是女性时，性别薪资差距几乎完全消除。有研究利用美国人事管理局的数据也发现类似的结果：当主管全为男性时，性别薪资差距为10.6%，但当主管全为女性时，女性薪资反而比男性高3.2%（Droganova，2018）。卢奇福拉和维加尼（Lucifora and Vigani，2016）使用欧洲30国数据，发现女性主管越多的公司员工在工作与生活平衡、工作环境友好度和工作灵活性上都更优越。

孔泽和米勒（Kunze and Miller，2017）也发现，当高阶职位中女性比例增加时，女性员工的晋升概率更高。总体而言，大多数研究认为提拔女性为领导大概率有益于女性员工。

3.3 家庭友好型政策：为了母亲们的平等

家庭友好型政策是缓解职业女性家庭负担的关键，目前最常见的是育儿假政策。文献对育儿假政策的探索主要有两个方向。第一个方向是延长现有的产假时间。较长的假期一方面可能提高女性从事全职工作和生育后重返同一份工作的比例，但另一方面，如果雇主将较长的假期纳入考虑，可能导致他们在雇用或晋升女性时更加犹豫。目前证据对这种政策的整体效果尚存争议。勋伯格和卢德斯特克（Schönberg and Ludsteck，2006）发现延长产假延迟了女性返回职场的时间，并降低了薪资，但长期而言对劳动力供应影响有限。卡南等人（Canaan et al.，2022）发现，6 个月以内的产假有助于女性劳动参与，但更长的产假会对女性就业产生负面效应。许多研究也证实了产假长度与女性劳动参与呈现倒 U 形关系（Olivetti and Petrongolo，2017；Stier and Mandel，2009；Galván et al.，2023）。第二个方向是探索男性陪产假。巴舍龙（Bacheron，2021）利用欧盟劳动力调查数据发现，男性陪产假从长期看提高了欧洲女性就业率（17%）。德鲁达尔等人（Druedahl et al.，2019）研究丹麦的陪产假改革发现，改革提高了女性劳动收入份额（1.2%），且效应是长期持续的。

如前所述，对已婚和已育女性的歧视来自雇主和员工两方面。良好的政策应能协调双方利益。企业最关心的是延长产假可能导致生产力下降，但有研究（Brenøe et al.，2020）证明，只要企业能招聘临时员工或调整其他员工的工作任务，产假并不会显著影响公司绩效。此外，很多人对于强制产假的担忧在于：如果企业觉得带薪产假是一种成本负担，那么过长的产假反而可能降低企业雇用女性的可能性，从而产生新的歧视和“母职惩罚”。对此，勋伯格和卢德斯特克（2014）通过德国数据发现的结果是延长带薪产假会在短期降低重返职场的母亲的就业率，但长期影响不大。鲁姆（Ruhm，1998）发现强制带薪产假会降低女性的工资。古普塔（Gupta，2023）通过印度的数据发现强制产假会使企业更倾向于用男员工代替女员工，也不利于女性就业。乌里韦等人（Uribe et al.，2019）通过哥伦比亚的数据也发现延长强制带薪产假会提高女性失业率和进入非正规部门就业以及成为自雇劳动者的可能性。

3.4 人工智能评估工具：去除人为偏见？

如果人类招聘者让我们失望，为什么不使用人类在21世纪创造的最伟大的工具之一——人工智能（以下简称AI）呢？凭借巨大的计算能力与不带刻板印象的信息处理，AI能否帮助我们消除性别偏见？尽管许多公司已使用HireVue和HireScored等基于AI的招聘工具，但答案仍不明确。支持者认为，AI可以去除模型中的“性别”变量，客观评估候选人的能力与岗位的适配性，因此能提供比人类更公平的评价。怀疑者则坚决认为，AI系统的“垃圾进、垃圾出”（garbage in，garbage out）特性会加剧现有的性别差距。

计算机科学领域比经济学领域有更多关于AI推荐系统在招聘中效果的讨论。在支持AI评估工具的研究中，艾弗里等人（Avery et al.，2024）首次从劳动力需求与供给两侧提供了因果证据。他们通过线上发布网页设计师岗位进行的两项实地实验显示，从供给侧来看，告知申请者将使用AI评估替代人类招聘者，提高了女性申请者完成申请的比例；从需求侧来看，使用AI评估的评分也帮助人类招聘者缩小了性别差距。霍夫迪茨等人（Hofeditz et al.，2022）也发现，可解释的AI系统通过自建平台的实验减少了对年长女性的歧视。关于AI的积极影响与证据综述，可参考威尔等人（Will et al.，2023）的研究。

另一方面，梅里特等人（Merritt et al.，2023）发现算法在某些能力（如主导力与协作能力）上预估的性别差距甚至比人类评估者更大，更倾向于歧视女性。算法产生偏见有两个可能原因。首先，萨卡（Saka，2020）指出，少数群体可能在训练样本数据中代表性不足，因此算法无意间偏向多数群体。其次，算法也可能无法识别数据本身蕴含的偏见，例如不到一个世纪前女性的可信度仍严重依赖婚姻状态和先前的工作经验（Leavy，2018）。未经人类监控与调整，带有刻板印象的输入不可避免地导致输出的偏差。我们要想在设计基于AI的评估系统时取得突破性进展，彻底避免任何既存的性别偏见，还有很长的路要走。迄今为止，AI仅仅是人类手中的工具，执行的是人类的意志。但聊胜于无，AI仍然是实现性别平等的一个有前景的解决方案。

4. 讨论

本文总结并探讨了性别薪资差距的几个主要原因和解决方案。尽管各国政府和立法机关为了促进性别平等已经付出了诸多努力，但这些政策目前尚不能消除所有的性别不平等。在设计性别平等政策的时候我们要特别注意，经济效率源于将每个劳动者安排在与其能力适配的岗位上。过度补偿只会导致更糟糕的情况或反向歧视。为了避免矫枉过正，明确女性的效用函数及女性群体内部效用函数的异质性是非常重要的。如果女性希望成为传统意义上的妻子，就没有必要强迫她们在工作中变成“女强人”或者“女超人”。同时，一些出于善意的、为保护女性权益而制定的政策，如强制产假，也可能因为增加企业用工成本，反而成为新的歧视，并恶化女性就业机会和职业发展前景。性别平等政策存在的目的应该是确保那些有意愿且具备能力建立事业的女性也能拥有和男性同等的机会，而不是把所有女性不分青红皂白一股脑推向职场，或者给所有女性同样的“高福利”。因此，在我们做出判断和制定政策之前，必须先区分什么是歧视，什么是原生的性别差异与自由的个人选择。

结合目前促进性别平等政策取得的成效和可能存在的问题，本文尝试提出的政策建议如下：（1）针对性别配额制度，各国政府和立法机关在推进这一制度的同时，需要确保在配额制度下，当选的女性能力指标不应大幅低于男性，并向大众做好宣传教育工作，避免配额制度让大众认为当选女性的能力偏低；（2）针对产假制度，应在保护妇女权益的同时体谅企业的成本考量。对给予妇女产假的企业提供适当补贴和税收优惠，避免企业为了做正确的事而在经济上受到过多惩罚；（3）针对 AI 在反歧视中的应用，应鼓励更多女性参与相关 AI 的设计、标准制定和编程，监管 AI 系统的潜在性别歧视倾向，避免 AI 的“垃圾进，垃圾出”问题。

到目前为止，大部分文献关注的重点是政策如何影响女性的劳动参与率或薪资水平。但目前对矫枉过正的性别政策对男性的影响研究尚显不足。最新证据表明一些以性别平等为名的政策可能实质上形成了对男性的反向歧视（Lippens et al. ，2023）。未来的研究可以进一步探索性别平等问题中这些被忽视的方面。

参考文献

Adams，R. B. and D. Ferreira（2009）. Women in the boardroom and their impact on governance and performance. *Journal of Financial Economics* 94（2），291－309.

Adda，J. ，C. Dustmann，and K. Stevens（2017）. The career costs of children. *Journal of Political Economy* 125（2），293－337.

Agan, A. and S. Starr (2018). Ban the box, criminal records, and racial discrimination: A field experiment. *The Quarterly Journal of Economics* 133 (1), 191 - 235.

Aigner, D. J. and G. G. Cain (1977). Statistical theories of discrimination in labor markets. *ILR Review* 30 (2), 175 - 187.

Alesina, A., P. Giuliano, and N. Nunn (2013). On the origins of gender roles: Women and the plough. *The Quarterly Journal of Economics* 128 (2), 469 - 530.

Andreoni, J. and L. Vesterlund (2001, February). Which is the Fair Sex? Gender Differences in Al-truism. *The Quarterly Journal of Economics* 116 (1), 293 - 312.

Artz, B. and S. Taengnoi (2016). Do women prefer female bosses? *Labour Economics* 42, 194 - 202.

Avery, M., A. Leibbrandt, and J. Vecci (2024). Does artificial intelligence help or hurt gender diversity? Evidence from two field experiments on recruitment in tech. *SSRN Electronic Journal*, DOI: 10.2139/ssrn.4370805.

Azmat, G. and A. Boring (2020). Gender diversity in firms. *Oxford Review of Economic Policy* 36 (4), 760 - 782.

Azmat, G., C. Calsamiglia, and N. Iriberri (2016). Gender differences in response to big stakes. *Journal of the European Economic Association* 14 (6), 1372 - 1400.

Bacheron, J. (2021). The impact of paternity leave on mothers' employment in Europe. AMSE Woring Papers.

Bagues, M. F. and B. Esteve-Volart (2010). Can gender parity break the glass ceiling? evidence from a repeated randomized experiment. *The Review of Economic Studies* 77 (4), 1301 - 1328.

Beblo, M. and L. Görges (2018). On the nature of nurture. The malleability of gender differences in work preferences. *Journal of Economic Behavior & Organization* 151, 19 - 41.

Becker, G. S. (1993). *A treatise on the family: Enlarged edition.* Harvard University Press.

Becker, G. S. (2010). *The economics of discrimination.* University of Chicago Press.

Becker, S. O., A. Fernandes, and D. Weichselbaumer (2019). Discrimination in hiring based on potential and realized fertility: Evidence from a large-scale field experiment. *Labour Economics* 59, 139 - 152.

Bertrand, M., S. E. Black, S. Jensen, and A. Lleras-Muney (2019). Breaking the glass ceiling? The effect of board quotas on female labour market outcomes in Norway. *The Review of Economic Studies* 86 (1), 191 - 239.

Bertrand, M., C. Goldin, and L. F. Katz (2010). Dynamics of the gender gap for young professionals in the financial and corporate sectors. *American Economic Journal: Applied Economics* 2 (3), 228 - 255.

Bertrand, M., E. Kamenica, and J. Pan (2015). Gender identity and relative income within households. *The Quarterly Journal of Economics* 130 (2), 571 - 614.

Biasi, B. and H. Sarsons (2022). Flexible wages, bargaining, and the gender gap. *The Quarterly Journal of Economics* 137 (1), 215 - 266.

Bielby, W. T. and J. N. Baron (1986). Men and women at work: Sex segregation and statistical discrimination. *American Journal of Sociology* 91 (4), 759 - 799.

Bijkerk, Suzanne H., Silvia Dominguez-Martinez, Jurjen Kamphorst, and Otto H. Swank (2021). Labor market quotas when promotions are signals. *Journal of Labor Economics* 39 (2), 437 - 460.

Blau, F. D. and L. M. Kahn (2017, September). The gender wage gap: Extent, trends, and explanations. *Journal of Economic Literature* 55 (3), 789 - 865.

Blau, F. D. and L. M. Kahn (2020). The gender pay gap: Have women gone as far as they can? *In Inequality in the United States*, pp. 345 - 362. Routledge.

Bohren, J. A., K. Haggag, A. Imas, and D. G. Pope (2023). Inaccurate statistical discrimination: An identification problem. *Review of Economics and Statistics*, 1 –45.

Brenøe, A. A. (2022). Brothers increase women's gender conformity. *Journal of Population Economics* 35 (4), 1859 –1896.

Brenøe, A. A., S. Canaan, N. Harmon, and H. Royer (2020). Is parental leave costly for firms and co-workers? *Journal of Labor Economics* 42 (4), 1135 –1174.

Bursztyn, L., A. L. González, and D. Yanagizawa-Drott (2020). Misperceived social norms: Women working outside the home in Saudi Arabia. *American Economic Review* 110 (10), 2997 –3029.

Buser, T., M. Niederle, and H. Oosterbeek (2014). Gender, competitiveness, and career choices. *The Quarterly Journal of Economics* 129 (3), 1409 –1447.

Buser, T., N. Peter, and S. C. Wolter (2017). Gender, competitiveness, and study choices in high school: Evidence from Switzerland. *American Economic Review* 107 (5), 125 –130.

Campa, P. and M. Serafinelli (2019). Politico-economic regimes and attitudes: Female workers under state socialism. *Review of Economics and Statistics* 101 (2), 233 –248.

Canaan, S., A. Lassen, P. Rosenbaum, and H. Steingrimsdottir (2022). Maternity leave and paternity leave: Evidence on the economic impact of legislative changes in high income countries. In *The Oxford Research Encyclopedia of Economics and Finance*.

Cason, T. N., W. A. Masters, and R. M. Sheremeta (2010). Entry into winner-take-all and proportional-prize contests: An experimental study. *Journal of Public Economics* 94 (9 –10), 604 –611.

Cha, Y. (2013). Overwork and the persistence of gender segregation in occupations. *Gender & Society* 27 (2), 158 –184.

Coffman, K. B., C. L. Exley, and M. Niederle (2021). The role of beliefs in driving gender discrimination. *Management Science* 67 (6), 3551 –3569.

Cools, A. and E. Patacchini (2019). The brother earnings penalty. *Labour Economics* 58, 37 –51.

Correll, S. J., S. Benard, and I. Paik (2007). Getting a job: Is there a motherhood penalty? *American Journal of Sociology* 112 (5), 1297 –1338.

Cortés, P. and J. Pan (2023). Children and the remaining gender gaps in the labor market. *Journal of Economic Literature* 61 (4), 1359 –1409

Cotter, D., J. M. Hermsen, and R. Vanneman (2011). The end of the gender revolution? gender role attitudes from 1977 to 2008. *American Journal of Sociology* 117 (1), 259 –89.

Croson, R. and N. Buchan (1999). Gender and Culture: International Experimental Evidence from Trust Games. *American Economic Review* 89 (2), 386 –391.

De Paola, M., F. Gioia, and V. Scoppa (2015). Are females scared of competing with males? results from a field experiment. *Economics of Education Review* 48, 117 –128.

Dohmen, T. and A. Falk (2011). Performance pay and multidimensional sorting: Productivity, preferences, and gender. *American Economic Review* 101 (2), 556 –590.

Droganova, M. (2018). Women working for women: Career advancement and the gender wage gap in the US federal government. Available at SSRN 3074466 .

Druedahl, J., M. Ejrnæs, and T. H. Jørgensen (2019). Earmarked paternity leave and the relative income within couples. *Economics Letters* 180, 85 –88.

Erkal, N., Gangadharan, L., & Xiao, E. (2022). Leadership selection: Can changing the default break the glass ceiling? . *The Leadership Quarterly* 33 (2), 101563.

Erosa, A., L. Fuster, G. Kambourov, and R. Rogerson (2022). Hours, occupations, and gender differences in labor market outcomes. *American Economic Journal: Macroeconomics* 14 (3), 543 –590.

Exley, C. L., M. Niederle, and L. Vesterlund (2020). Knowing when to ask: The cost of leaning in. *Journal of Political Economy* 128 (3), 816 - 854.

Feld, J., E. Ip, A. Leibbrandt, and J. Vecci (2022). Identifying and overcoming gender barriers in tech: A field experiment on inaccurate statistical discrimination. *SRN Electronic Journal*. DOI: 10. 2139/ssrn. 4238277.

Fernández, R. and A. Fogli (2009). Culture: An empirical investigation of beliefs, work, and fertility. *American Economic Journal: Macroeconomics* 1 (1), 146 - 177.

Ferrari, G., V. Ferraro, P. Profeta, and C. Pronzato (2022). Do board gender quotas matter? selection, performance, and stock market effects. *Management Science* 68 (8), 5618 - 5643.

Firth, M. (1982). Sex discrimination in job opportunities for women. *Sex Roles* 8, 891 - 901.

Flory, J. A., A. Leibbrandt, and J. A. List (2015). Do competitive workplaces deter female workers? A large-scale natural field experiment on job entry decisions. *The Review of Economic Studies* 82 (1), 122 - 155.

Fortin, N. M. (2005). Gender role attitudes and the labour-market outcomes of women across OECD countries. *Oxford Review of Economic Policy* 21 (3), 416 - 438.

Fortin, N. M. (2008). The Gender Wage Gap among Young Adults in the United States. *Journal of Human Resources* 43, 886 - 929.

Fortin, N. M. (2015). Gender role attitudes and women's labor market participation: Opting-out, aids, and the persistent appeal of housewifery. *Annals of Economics and Statistics/Annales d'conomie et de Statistique* (117/118), 379 - 401.

Gangadharan, L., Jain, T., Maitra, P., & Vecci, J. (2016). Social identity and governance: The behavioral response to female leaders. *European Economic Review*, 90, 302 - 325.

Galván, E., C. Parada, M. Querejeta, and S. Salvador (2023). Gender gaps and family leaves in Latin America. *Review of Economics of the Household*, 1 - 28.

Gerhart, B. and S. Rynes (1991). Determinants and consequences of salary negotiations by male and female MBA graduates. *Journal of Applied Psychology* 76 (2), 256 - 262.

Gërxhani, K. (2020). Status ranking and gender inequality: A cross-country experimental comparison. *Research in Social Stratification and Mobility* 65, 100474.

Gërxhani, K., J. Brandts, and A. Schram (2023). Competition and gender inequality: A comprehensive analysis of effects and mechanisms. *American Journal of Sociology* 129 (3), 715 - 752.

Gneezy, U., M. Niederle, and A. Rustichini (2003). Performance in competitive environments: Gender differences. *The Quarterly Journal of Economics* 118 (3), 1049 - 1074.

Goldin, C. (2014). A grand gender convergence: Its last chapter. *American Economic Review* 104 (4), 1091 - 1119.

Große, N. D. and G. Riener (2010). Explaining gender differences in competitiveness: Gender-task stereotypes. Technical Report, Jena Economic Research Papers.

Grove, W. A., A. Hussey, and M. Jetter (2011). The Gender Pay Gap Beyond Human Capital: Heterogeneity in Noncognitive Skills and in Labor Market Tastes. *Journal of Human Resources* 46 (4), 827 - 874.

Gupta, S. (2025). Doing More Harm Than Good? Labour Market Consequences to Paid Maternity Leave Extension of India. Mimeo.

Heinz, M., S. Juranek, and H. A. Rau (2012, June). Do women behave more reciprocally than men? Gender differences in real effort dictator games. *Journal of Economic Behavior & Organization* 83 (1), 105 - 110.

Hertz, R. (1990). *The second shift: Working parents and the revolution at home*. The Penguine Group.

Hofeditz, 0L., S. Clausen, A. Rieß, M. Mirbabaie, and S. Stieglitz (2022). Applying XAI to an AI-based system for candidate management to mitigate bias and discrimination in hiring. *Electronic Markets* 32 (4),

2207 – 2233.

Holzer, H. and D. Neumark (1999). Are affirmative action hires less qualified? Evidence from employer-employee data on new hires. *Journal of Labor Economics* 17 (3), 534 – 569.

Hotz, V. J., P. Johansson, and A. Karimi (2017). Parenthood, family friendly firms, and the gender gaps in early work careers. National Bureau of Economic Research, Cambridge, MA.

Hwang, S., A. Shivdasani, and E. Simintzi (2018). Mandating women on boards: Evidence from the United States. Kenan Institute of Private Enterprise Research Paper (18 – 34).

Karpowitz, C., S. D. O'Connell, J. Preece, and O. Stoddard (2024). Strength in numbers? Gender composition, leadership, and women's influence in teams. *Journal of Political Economy* 132 (9), 3077 – 3114.

Kiessling, L., P. Pinger, P. Seegers, and J. Bergerhoff (2024). Gender differences in wage expectations and negotiation. *Labour Economics* 87, 102505.

Kim, D. and L. T. Starks (2016). Gender diversity on corporate boards: Do women contribute unique skills? *American Economic Review* 106 (5), 267 – 271.

Kline, P., E. K. Rose, and C. R. Walters (2022). Systemic discrimination among large US employers. *The Quarterly Journal of Economics* 137 (4), 1963 – 2036.

Klinowski, D. (2018, December). Gender differences in giving in the Dictator Game: the role of reluctant altruism. *Journal of the Economic Science Association* 4 (2), 110 – 122.

Kuhn, P. (2018). *Personnel Economics*. Oxford University Press.

Kuhn, P. and K. Shen (2013). Gender discrimination in job ads: Evidence from china. *The Quarterly Journal of Economics* 128 (1), 287 – 336.

Kunze, A. and A. R. Miller (2017). Women helping women? Evidence from private sector data on workplace hierarchies. *Review of Economics and Statistics* 99 (5), 769 – 775.

Laschever, S. and L. Babcock (2021). *Women don't ask: Negotiation and the gender divide*. Princeton University Press.

Leavy, S. (2018). Gender bias in artificial intelligence: The need for diversity and gender theory in machine learning. In *Proceedings of the 1st international workshop on gender equality in software engineering*, pp. 14 – 16.

Le Barbanchon, T., Rathelot, R., & Roulet, A. (2021). Gender differences in job search: Trading off commute against wage. *Quarterly Journal of Economics* 136 (1), 381 – 426.

Leibbrandt, A. and J. A. List (2015). Do women avoid salary negotiations? Evidence from a large-scale natural field experiment. *Management Science* 61 (9), 2016 – 2024.

Lippens, L., S. Vermeiren, and S. Baert (2023). The state of hiring discrimination: A meta-analysis of (almost) all recent correspondence experiments. *European Economic Review* 151, 104315.

Lippmann, Q., A. Georgieff, and C. Senik (2020). Undoing gender with institutions: Lessons from the German division and reunification. *The Economic Journal* 130 (629), 1445 – 1470.

Lordan, G. and J. Pischke (2022, January). Does Rosie Like Riveting? Male and Female Occupational Choices. *Economica* 89 (353), 110 – 130.

Lucifora, C. and D. Vigani (2016). What if your boss is a woman? work organization, work-life balance and gender discrimination at the workplace IZA Discussion Papers, no. 9737. Institute for the Study of Labor (IZA), Bonn.

Mas, A. and A. Pallais (2017). Valuing alternative work arrangements. *American Economic Review* 107 (12), 3722 – 3759.

Maurin, E. and J. Moschion (2009). The social multiplier and labor market participation of mothers. *American Economic Journal: Applied Economics* 1 (1), 251 – 272.

Merritt, S. M., A. M. Ryan, C. Gardner, J. Liff, and N. Mondragon (2023). Gendered competencies and gender composition: A human versus algorithm evaluator comparison. *International Journal of Selection and Assessment* 32 (2), 225.

Morgan, J. and F. Várdy (2009). Diversity in the workplace. *American Economic Review* 99 (1), 472 - 485.

Morin, L.-P. (2015). Do men and women respond differently to competition? evidence from a major education reform. *Journal of Labor Economics* 33 (2), 443 - 491.

Neumark, D., R. J. Bank, and K. D. Van Nort (1996). Sex discrimination in restaurant hiring: An audit study. *Quarterly Journal of Economics* 111 (3), 915 - 941.

Niederle, M. and L. Vesterlund (2007). Do women shy away from competition? Do men compete too much? *The Quarterly Journal of Economics* 122 (3), 1067 - 1101.

Olivetti, C., E. Patacchini, and Y. Zenou (2020). Mothers, peers, and gender-role identity. *Journal of the European Economic Association* 18 (1), 266 - 301.

Olivetti, C. and B. Petrongolo (2017). The economic consequences of family policies: lessons from a century of legislation in high-income countries. *Journal of Economic Perspectives* 31 (1), 205 - 230.

O'Brien, D. Z., & Rickne, J. (2016). Gender quotas and women's political leadership. *American Political Science Review* 110 (1), 112 - 126.

Ors, E., F. Palomino, and E. Peyrache (2013). Performance gender gap: Does competition matter? *Journal of Labor Economics* 31 (3), 443 - 499.

Pertold-Gebicka, B., F. Pertold, and N. D. Gupta (2016). Employment adjustments around childbirth. SSRN.

Petit, P. (2007). The effects of age and family constraints on gender hiring discrimination: A field experiment in the French financial sector. *Labour Economics* 14 (3), 371 - 391.

Phelps, E. S. (1972). The statistical theory of racism and sexism. *The American Economic Review* 62 (4), 659 - 661.

Rao, N. and T. Chatterjee (2018). Sibling gender and wage differences. *Applied Economics* 50 (15), 1725 - 1745.

Reuben, E., P. Sapienza, and L. Zingales (2015). Taste for competition and the gender gap among young business professionals. *Columbia Business School Research Paper* (15 - 92).

Roussille, N. (2024). The role of the ask gap in gender pay inequality. *The Quarterly Journal of Economics* 139 (3): 1557 - 1610.

Ruhm, C. J. (1998). The economic consequences of parental leave mandates: Lessons from Europe. *The Quarterly Journal of Economics* 113 (1), 285 - 317.

Saccardo, S., Pietrasz, A., & Gneezy, U. (2018). On the size of the gender difference in competitiveness. *Management Science* 64 (4), 1541 - 1554.

Saka, E. (2020). Big data and gender-biased algorithms. *The International Encyclopedia of Gender, Media, and Communication* 1, 4.

Schönberg, U. and J. Ludsteck (2006). Maternity leave legislation, female labor supply, and the family wage gap.

Schram, A., J. Brandts, and K. Gërxhani (2019). Social-status ranking: a hidden channel to gender inequality under competition. *Experimental Economics* 22, 396 - 418.

Small, D. A., M. Gelfand, L. Babcock, and H. Gettman (2007). Who goes to the bargaining table? The influence of gender and framing on the initiation of negotiation. *Journal of Personality and Social Psychology* 93 (4), 600.

Solnick, S. J. (2001). Gender differences in the ultimatum game. *Economic Inquiry* 39 (2), 189 – 200.

Stier, H. and H. Mandel (2009). Inequality in the family: The institutional aspects of women's earning contribution. *Social Science Research* 38 (3), 594 – 608.

Schönberg, U., & Ludsteck, J. (2014). Expansions in maternity leave coverage and mothers' labor market outcomes after childbirth. *Journal of Labor Economics* 32 (3), 469 – 505.

Theodoropoulos, N., J. Forth, and A. Bryson (2022). Are women doing it for themselves? Female managers and the gender wage gap. *Oxford Bulletin of Economics and Statistics* 84 (6), 1329 – 1355.

Uribe, A. M. T., Vargas, C. O., & Bustamante, N. R. (2019). Unintended consequences of maternity leave legislation: The case of Colombia. *World Development* 122, 218 – 232.

Valet, P., C. Sauer, and J. Tolsma (2021). Preferences for work arrangements: A discrete choice experiment. *PLOS ONE* 16 (7), e0254483.

Will, P., D. Krpan, and G. Lordan (2023). People versus machines: introducing the hire framework. *Artificial Intelligence Review* 56 (2), 1071 – 1100.

Wiswall, M. and B. Zafar (2018). Preference for the workplace, investment in human capital, and gender. *The Quarterly Journal of Economics* 133 (1), 457 – 507.

新书架

New Books

Comparative

以比较认识世界、认识中国

“比较译丛”的出版理念

《比较》编辑室

只懂得一个国家的人，他实际上什么国家都不懂。

——西摩·马丁·李普塞特

二十余年前，中国刚加入世界贸易组织，正试图通过各项改革，与国际规范接轨，把握世界市场机遇。在此背景下，钱颖一教授向《比较》编辑室提议，可以引进一系列由海外知名学者撰写、在全球产生广泛影响的著作，通过比较分析不同国家的转型和发展经验，启发对中国发展问题多角度、全方位的思考。彼时，美国经济爆发第一次互联网泡沫并迅速破灭；东欧各国处在“休克疗法”的余波之中，开始反思转轨路径选择；东亚新兴经济体的增长势头被亚洲金融危机打断，应对策略与后续努力各有不同；印度的传统体制终于出现松动，增长悄然加速；拉美久久在中等收入陷阱中挣扎……这些现象表明，历史远未终结，各国仍在现代化道路上积极探索。在钱颖一教授的建议下，我们开启了“比较译丛”的翻译和出版工作。

时至今日，“比较译丛”出版工作已经持续二十多年，出版近百种图书，收获了各界的好评，也曾被《经济观察报》评为“年度致敬书系”。译丛内容涵盖经济学理论前沿、转轨经济、比较制度分析、经济史、经济发展等诸多领

---

* 本文执笔人为《比较》编辑室编辑孟凡玲和特邀编辑余江。

域。钱颖一教授担任译丛主编，并邀请到吴敬琏、青木昌彦、雅诺什·科尔奈等国内外知名学者出任编委，共同为我们推荐书籍、联系作者，使译丛成为连接国内外学术界的重要平台。在译丛推出十多年时，中国已跃升至世界第二大经济体并继续高速增长，西方国家则在全球金融危机的阴影下迟迟未走出衰退。面对当时的自满情绪，主编钱颖一特意为译丛作序，提醒说："在这种形势下，更有必要保持开放的心态，更多、更深入地学习各国的发展经验和教训……因为只有越过自己的国家，才能知道什么是真正的共同规律，什么是真正的特殊情况。如果没有比较分析的视野，既不利于深刻地认识中国，也不利于明智地认识世界。"

全球化大潮及其隐忧

在整个译丛系列中，全球化无疑是跨越众多领域的一大主题。尤其在2008年前后，我们接连推出弗雷德里克·米什金的《下一轮伟大的全球化》、纳扬·昌达的《绑在一起》以及马丁·沃尔夫的《全球化为什么可行》，与北京奥运会"同一个世界，同一个梦想"的口号遥相呼应。彼时，"超级全球化"正步入高潮，中国的世界工厂地位日渐突出，多极化的世界格局开始定型，人类的工作和生活即将被移动互联技术颠覆……就在这片看似祥和的气氛中，几位作者敏锐地捕捉到了危险信号。英国著名财经评论员马丁·沃尔夫用很大篇幅讨论反全球化运动的威胁：从重商主义者到经济民族主义者，从环保人士到工会组织，形形色色的"新千年集体主义者"表达了对全球化的不满。沃尔夫坦承，当前的世界秩序并不完美，但如果按照批评者们的设想运转，结果必然更加糟糕，会让半个多世纪以来重建世界经济秩序的努力半途而废。他进而指出，世界面临的主要障碍并非有限的经济一体化，而是政治上的分裂，由此阻碍了经济机遇的充分利用及发展成果的普遍分享："最重大的挑战是在政府能力参差不齐的世界上，如何充分利用国际经济一体化来实现共同富裕……我们需要的不是新的经济秩序，而是更好的政治环境。"

当时身兼美联储理事的米什金则强调：金融国际化是一柄双刃剑，既能够促进生产和技术的跨越式进步，也会给监管治理提出超前挑战，操作不当可能引来灾难性损失。他着眼于后进国家的教训，特别是20世纪90年代以来的多次新兴市场危机，但其中的担忧也在发达国家得到了应验：美国次贷危机很快蔓延成全球金融危机，继而引发欧洲主权债务危机乃至欧元存亡危机，西方主要国家陷入延续多年的经济大衰退。

尽管有上述颇具前瞻性的远虑、后续的局势恶化出乎了当初预料，这几位学者乃至译丛的更多作者仍对全球化的未来充满乐观。因为正如印度裔学者昌达的《绑在一起》所述，在数千年文明史上乃至史前时代以来，散布地球各地的人类从未停止重新建立起联系的努力，从古代的商人、武夫、传教士和探险家，到如今的传媒、互联网、跨国公司和现代交通工具。可见，全球化并非特定群体推崇的偏执而疯狂的意识形态，而是自由市场经济随着交易成本降低而快速实现融合的不可阻挡的客观趋势。这些支持者坚信，技术正在全体人类中推广应用，资源将在世界范围内汇聚整合，谁能够兼收并蓄，谁才会拥有未来。无论个人、企业还是国家，一旦故步自封、脱离国际舞台，即便是昔日的霸主，也会很快被时代抛弃。

贸易冲突引发的反思

当然，全球化带来的冲突与逆流是真实存在的，其中围绕国际贸易的争论尤为激烈，主流经济学界也有不同的声音。在此背景下，译丛特推出了一系列关于国际贸易理论的著作。2003 年，译丛推出的鲍莫尔等人的《全球贸易和国家利益冲突》，质疑了国际贸易普遍有利于各国整体福利的传统理论。该书认为，在工业制造品普及、技术快速升级、规模经济效应突出的由大企业主导的世界经济中，贸易可能存在固有的利益冲突。跨国企业的利益可能与母国的国家利益不一致，一国的生产能力提高往往以牺牲他国的总体福利为代价。发达国家可以积极帮助落后国家的进步，但在越过临界点之后，新兴国家的产业发展将构成竞争威胁。此时，发达国家会调整竞争策略并构建技术壁垒，以维持原先的优势。鲍莫尔等人的模型存在多重均衡的结果，显示影响各国利益的不只是天然禀赋，还有具体的发展目标和政策选择。他们的观点在此后二十多年里得到了美国贸易和技术政策的佐证，该书也成了经久不衰的经典（中文版已经出版过三个版本）。鲍莫尔是享誉世界的经济学大师，在创新、创业和增长等研究领域都有开创性贡献，“鲍莫尔成本病”也因其得名。他在八十多岁时还造访中国，考察中小企业发展。我们亦有幸一睹其风采。

与之类似，时任国际经济学会主席的丹尼·罗德里克也在 2018 年的《贸易的真相》中强调了自由贸易的弊端。他认为在提供市场所需的监管和法治上，民族国家仍具有绝对优势，这是世界政治治理的分裂现实。精英群体和技术专家是全球化的大赢家，但自由贸易和放任政策同时也在各国内部制造了受损群体，且难以补偿与安抚。受益群体以及正统理论对超级全球化的痴迷，并不能自动实现经济繁荣、金融稳定和社会包容等合理的国内发展目标。所以，我们需要多元化的世界经济，更要在国家治理与全球治理之间恢复合理的平衡，构建多元化的世界经济体系。在这一体系中，民族国家能保留足够的自主权以形成其特有的社会契约，并制定独立的经济战略。罗德里克宣称，将世界经济作为"全球公地"的传统描述（除非相互合作，否则各国经济将受损）极具误导性。如果一国的经济政策失败了，很大程度上应归咎于国内而非国际因素。各国为全球经济做贡献的最好办法，应该是以良好国内治理来维持自身经济的正常运转。

经济史学家道格拉斯·欧文的《贸易的冲突》则梳理了美国二百多年的贸易政策史，为这个热门议题提供了更完整的画卷。英国对北美殖民地的贸易和税收政策，引发了美国独立战争和建国运动。南方和北方围绕产业分工和贸易诉求的长期交锋，最终促使美国走向内战。经历一战、由《斯穆特—霍利关税法案》掀起的全球贸易战，以及随后的二战，美国放弃孤立主义政策，在全球推行自由贸易。有趣的是，该书讨论的贸易"冲突"主要不是指美国与其他国家的冲突，而是其内部不同地区、产业、阶层、集团之间的交锋。作者强调，贸易行为和贸易政策总会让一部分人获益，让一部分人受损。不同群体的利益诉求加上特定的政治制度安排（议会选举带有鲜明而稳定的地方色彩），共同导演了美国贸易发展的历史大戏。贸易政策的核心目标从建国之初的关税收入，变成工业革命时期的产业保护，再到二战以后的互惠对等。基本政策导向一经确立，就会在相当长的时期里延续。作者还指出，与代表特定选区的议员相比，总统是全国选民的集体选择，可以摆脱狭隘利益集团的诉求，站在整个国家的立场上思考贸易政策，并将它作为向全球投射美国实力和影响力的手段。而今，各国的贸易政策面临各种新型保护主义的严峻挑战，美国国内对此依然缺乏广泛的政治共识。这种混乱投射在特朗普第二任期捉摸不定的关税政策上，接下来是否会迎来根本性的转折，仍将取决于美国内部的利益整合。

不容回避的市场阴暗面

国际贸易在各国内部制造赢家和输家，很自然地引出了全球化制造的另一个讨论焦点，也是其他许多问题的根源——收入分配。译丛于2014年引入的法国经济学家托马斯·皮凯蒂的《21世纪资本论》无疑是该领域的现象级作品。该书提出，资本主义贫富差距扩大的内在倾向是经济规律使然，资本回报率始终高于经济增长率，导致资本在国民收入中所占的份额不断提高，劳动所占的份额不断减少。对这种分化，市场自身无法遏制，必须通过政治行动去适度矫正。然而自20世纪80年代以来，主张自由放任的新自由主义大行其道，配合全球化带来的生产扩张和技术进步，让各国内部的收入与财富差距普遍拉大，在西方主要国家甚至回升至一战前的高水平，开启“新镀金时代”。收入分配的持续恶化让很大部分民众的生活水平停滞不前，向上流动性减弱，社会阶层固化，给保守排外等民粹主义的滋生提供了沃土。在一体化的世界经济中，只有依靠对资本的全球监管和税收，才有望制约这种分化倾向，实现包容性经济发展。为此，多位来自不同社会科学领域的重量级学者分别撰写文章，汇编为《皮凯蒂之后》一书，提出商榷和讨论。无论如何，皮凯蒂对西方主要国家收入分配历史所做的梳理都极具学术价值，更重要的是如他所愿，在紧迫的社会压力面前，收入分配课题重新回到了经济学研究的中心位置。

对于市场经济的阴暗面，两位身处自由主义大本营芝加哥大学的经济学家拉古拉迈·拉詹与路易吉·津加莱斯也在其著作《从资本家手中拯救资本主义》中发出了警报。他们提醒读者：20世纪初同样有过一轮波澜壮阔的全球化，最后却以世界大战和大萧条黯然收场。该书指出，自由市场经济能够极大地提高生产效率，却需要一系列制度安排作为基础设施，而这些制度的建立和维护又需要良好的政治环境。为此必须克服两方面的威胁：一是强势的垄断利益集团，他们会操纵国家机器，打压自由竞争；二是庞大的贫困人群，他们在市场中失意，从而心生怨恨。特别是在严重经济衰退时期，在善于蛊惑人心的政治家的煽动下，这两个相差悬殊的群体容易结成古怪的联盟，让崇尚开放、鼓励竞争的市场经济蜕变为僵化保守的裙带资本主义。该书的预见不免让我们联想起拜登发表的总统告别演讲：“美国正在形成拥有极端财富、权力和影响力的寡头政治，威胁着我们的整个民主、基本权利和自由，以及每个人取得成功的公平机会。”

思想如何改变世界

面对现实问题，译丛的诸多作者都抱有从认识世界到改造世界的志向。理论认识对现实世界有多大指导作用，决定历史进程的究竟是利益、技术、偶然事件，还是思想观念？经济史学家布拉德福德·德龙的《蹒跚前行：1970—2010 年全球经济史》独辟蹊径，采用哈耶克与波兰尼的思想二重奏作为贯穿这段宏大历史的主题曲。德龙认为，哈耶克的市场至上主义看到了分散式决策释放生产效率的优点，却走向迷信市场能解决一切问题的极端。卡尔·波兰尼主张用其他社会机制作为补充和约束，强调市场为人服务，而不是把人变成市场的奴隶。两位思想巨人的交锋反映在 20 世纪整体发展潮流的激荡中，众多政治家、实业家、思想家、社会活动家共同参与了历史进程的塑造。凯恩斯主义宏观经济学的诞生及社会民主主义国家的兴起，则是哈耶克与波兰尼思想联姻的成果。书中留给读者的疑问是，今天的生产技术和物质富足，早就达到千百年来梦寐以求的理想国的状态，为什么世界依然被各种难题所困扰？特别是 2008 年危机之后，增长失速、社会撕裂、贫富分化、国际冲突和气候变暖等问题愈演愈烈，让我们在很大程度上失去了曾有的共识，且与理想国渐行渐远。德龙曾在克林顿时期入仕美国政府，如今仍高度活跃在新闻媒体和公众论坛上，参与各种政经事件的评论，与我们编辑的沟通也颇为顺畅。在我们的协调下，他接受了不少国内媒体的采访。二十多年前，《比较》编辑室曾邀请德龙教授短暂访华，他很关注中国的发展，希望有机会再次访华。顺便说一下，德龙的这本书，我们早在 2009 年就取得了（期货）版权，中英文版出版后，都赢得了很好的反响，说明好的作品值得等待。

思想观念要想改变世界，前提是赢得充分共识。人类社会的各种制度、规范和组织，在本质上都是被普遍接受的共同信念。诺奖得主罗伯特·希勒的《叙事经济学》与考希克·巴苏的《信念共同体》反映了经济学家对这一新兴视角的重视。希勒希望将生僻呆板的理论还原到贴近现实的场景中，把人们的言谈、话题和故事当作解析经济现象的关键维度。特别是在信息时代，观念的病毒式传播对金融市场、资产估值、品牌形象乃至政策效力等都极具推动力或者杀伤力。巴苏则从共同信念的角度探讨法律经济学：同样属于“纸上的墨迹”，为什么有的意图良好的法律在颁布后没有多少人遵守，沦为摆设，有的却能得到良好执行，发挥预想作用？他运用现代博弈论方法，把执法者和执法对象纳入统一的理论框架，分析法律如何通过创建“焦点”来改变人们的共同信念，最终影响行为。

曾先后担任世界银行首席经济学家与印度政府经济顾问的巴苏，还通过

《政策制定的艺术》分享了学者的从政心得，给我们带来“置身事内”的国际视角。政策制定涉及复杂的多方博弈，仿佛“在旁观者充满兴趣的围观下建造飞机”，被七嘴八舌的争议干扰的复杂机器可能无法起飞。政策实施同样涉及政府之外其他群体的共同行动，例如在印度的扶贫项目中，政府提供了廉价粮食、就业机会、各类贷款和补贴，成功地避免了饥荒，足以救一时之急，却对克服长期贫困和营养不良收效欠佳。巴苏指出，失败的根源在于没有给民众恰当的激励。政府固然需要提供公共品和基础设施，并履行再分配职责，但还有一个核心职能是在稳定的宏观环境下，释放普通民众的智慧和潜能。无论哪种意识形态，都需要营造一种氛围，鼓励人们提供社会所需，共同参与经济增长进程。我们在多次现场接待中感受过巴苏教授“接地气”的风格，他在北京鼓楼的巷陌里穿梭，跟小商贩们聊天合影，联想起这些烟火气跟自己家乡加尔各答的相似之处。这种风格在他的《经济学家拾趣》中俯篇皆是。

从国别特色到一般规律

译丛的选题彰显了“人类命运共同体”的时代特征。经济全球化的收益与冲击、自由贸易同国家利益的协调、体制转轨的路径选择、可持续的包容性发展……来自不同国家和文化背景的学者提出的问题及展开的讨论，都给中国读者似曾相识之感，而且不乏对中国经验的引用和评述。这种密切联系的根本原因显然在于，随着全球化的不断推进，各国的发展愈发具有同步性，遭遇类似的难题，需要共同的对策。正如马克思和恩格斯在 170 多年前所言：“过去那种地方的和民族的自给自足和闭关自守状态，被各民族的各方面的互相往来和各方面的互相依赖所代替了。物质的生产是如此，精神的生产也是如此。”

今天，国内学术界正在开展创建中国经济学理论的积极探索。的确在历史上，社会科学的理论进步与各国的经济社会发展密不可分。例如在英国引领工业革命的时代，从亚当·斯密到大卫·李嘉图，经济学的许多重大创见诞生在不列颠。随着美国成为世界发展的龙头，经济学研究的中心也迁移到大西洋彼岸。中国在最近几十年取得的前所未有的经济增长和社会进步，理应为经济学及其他社会学科的研究提供丰富的课题和素材。但另一方面，中国的发展毕竟是全球发展的组成部分，固然有自身的特殊性，也必然包含普遍性。从鸦片战争到戊戌变法，从以俄为师到改革开放，中国的探索始终与外界保持着相互作用。

译丛的出版使我们有机会邀请这些作者参与我们组织的各种学术活动，我们既可以从他们激烈的讨论中领略严谨规范的学术训练，享受理论思考带来的愉悦和思想冲击，又能观察到他们的视角、思路及论证无不带有自身成长的国别印迹。法国的菲利普·阿吉翁和皮凯蒂强调市场、政府与社会的和谐，意大利的津加莱斯关注国内发达地区与落后地区的差距，土耳其的罗德里克注意到全球化、民主制度与国家主权之间的矛盾，印度的拉詹和巴苏长期牵挂贫困问题，俄罗斯的安德烈·施莱弗和匈牙利的雅诺什·科尔奈则擅长转轨经济领域，日本的青木昌彦从研究日本经济中拓展出比较制度分析……这些学者在全球享有盛誉，不仅是因为他们从各自国家的独特经历中发现了有趣的课题及原有理论的局限，并做出了突破性贡献，还在于他们开创和拓展的理论规律及研究方法具有相当的普遍性，能应用于分析其他国家与其他领域，给更广泛的研究和决策提供参考。

归根到底，或许正是全球化的深入推进，给各国带来了相似的困境，提出了共同的挑战，才引发了当前的反全球化浪潮。然而我们相信，以邻为壑与孤立主义不可能是出路所在。要在喧嚣过后找出真正的解决方案，仍需要各国的精诚合作，其中也包括理论和观念上的开放学习、彼此借鉴。这正是“比较译丛”的宗旨，也是我们坚持此项出版事业的初心所在。当然在持续引进国外著作的同时，我们也期盼中国学者从自身经验总结中得出具有普遍意义的理论认识，协助其推向国际出版市场，为译丛开辟新天地。

比较译丛书目

《身份陷阱》
《货币与政府》
《税的荒唐与智慧》
《利益共同体》
《人的经济学》
《长期危机》
《蹒跚前行》
《战争中的经济学家》
《增长的烦恼》
《事业还是家庭？》
《韧性社会》
《人类之旅》
《绿色经济学》
《皮凯蒂之后》
《创造性破坏的力量》
《人口大逆转》
《不公正的胜利》
《历史动力学》
《价格的发现》
《信念共同体》
《叙事经济学》
《人类网络》
《贸易的冲突》
《全球不平等》
《断裂的阶梯》
《无霸主的世界经济》
《贸易的真相》
《国家、经济与大分流》
《希特勒的影子帝国》
《暴力的阴影》
《美国增长的起落》
《欧元的思想之争》
《欧洲何以征服世界》
《经济学规则》
《政策制定的艺术》
《不平等，我们能做什么》
《一种经济学，多种药方》
《历史上的企业家精神》

《人为制造的脆弱性》
《繁荣的真谛》
《债居时代》
《落后之源》
《21 世纪资本论》
《债务和魔鬼》
《身份经济学》
《全球贸易和国家利益冲突》
《动物精神》
《思考，快与慢》
《强权与富足》
《探索经济繁荣》
《西方现代社会的经济变迁》
《萧条经济学的回归》
《白人的负担》
《大裂变》
《最底层的 10 亿人》
《绑在一起》
《下一轮伟大的全球化》
《市场演进的故事》
《在增长的迷雾中求索》
《美国 90 年代的经济政策》
《掠夺之手》
《从资本家手中拯救资本主义》
《资本主义的增长奇迹》
《现代自由贸易》
《转轨中的福利、选择和一致性》

图书在版编目（CIP）数据

比较．第 139 辑 / 吴敬琏主编．-- 北京：中信出版社，2025.8 -- ISBN 978-7-5217-8126-7

I. F064.2

中国国家版本馆 CIP 数据核字第 20259EE143 号

比较 · 第 139 辑

主　　编：吴敬琏

策 划 者：《比较》编辑室

出 版 者：中信出版集团股份有限公司

经 销 者：中信出版集团股份有限公司 + 财新传媒有限公司

承 印 者：北京华联印刷有限公司

开　　本：787mm × 1092mm 1/16　　印　　张：12　　字　　数：200 千字

版　　次：2025 年 8 月第 1 版　　印　　次：2025 年 8 月第 1 次印刷

书　　号：ISBN 978-7-5217-8126-7

定　　价：68.00 元